D. C. Mandel
Laura unter den Wipfeln und der Prinzipal Tod.
Goethes und Schillers Weltsicht
in Gedichten aus den Jahren 1780 bis 1782

Zᴜᴍ Bᴜᴄʜ

Das vorliegende Buch vereint zwei Essays, die sich beide damit befassen, inwieweit sich in ausgewählten Gedichten die jeweilige Weltsicht ihrer Autoren widerspiegelt. Im ersten wird Johann Wolfgang Goethes Gedicht »Wanderers Nachtlied II« (»Ein Gleiches«) von 1780 sowohl in seiner Entstehungs-, als in seiner Wirkungsgeschichte gründlich unter die Lupe genommen, wobei auch phonologische Untersuchungen nicht ausgespart bleiben, im zweiten gilt die Aufmerksamkeit den Laura-Gedichten aus der »Anthologie auf das Jahr 1782« von Friedrich Schiller und ihrer Verzahnung mit dem philosophischen Prinzip der »Mittelkraft«. Aus den unterschiedlichen denkerischen Ansätzen der beiden Dichter, aus ihren voneinander verschiedenen Lebenserfahrungen, aber auch aus der zeitlichen Nähe der behandelten Texte zueinander bezieht die Zusammenstellung der Essays ihren Reiz, nicht zuletzt, weil der »Prinzipal Tod« — das eine Mal als ein eher von außen in den Text hinein getragenes Deutungselement, das andere Mal als Bestandteil der Widmung — in beiden Fällen eine konstruktive Rolle zu spielen scheint.

D. C. Mandel

Laura unter den Wipfeln und der Prinzipal Tod

Goethes und Schillers Weltsicht
in Gedichten aus den Jahren 1780 bis 1782

Bibliografische Information der Deutschen Nationalbiblio thek: Die Deutsche Nationalbibliothek verzeichnet diese Publikation in der Deutschen Nationalbibliografie; dataillierte bibliografische Daten sind im Internet über http://dnb.d-nb. de abrufbar.

IMPRESSUM
© 2017 by Doris Claudia Mandel
Zweite, korrigierte und erweiterte Ausgabe
(Erstausgabe Galgenbergsche Literaturkanzlei Halle [Saale], 2007)
Cover unter Verwendung des Fotos »Altes Buch im Kerzenschein« von Lisa Spreckelmeyer, veröffentlicht unter der CC-Lizenz, »some rights reserved«. Quelle: www.piqs.de
Herstellung und Verlag: BoD – Books on Demand, Norderstedt, 2017
Printed in Germany
ISBN 9783744883184

Doris Claudia Mandel

Laura unter den Wipfeln und der Prinzipal Tod

Goethes und Schillers Weltsicht
in Gedichten aus den Jahren 1780 bis 1782

RUH' ÜBER ALLEN GIPFELN?

Selbstdistanzierung und Selbststilisierung in Goethes Gedicht »Wanderers Nachtlied«

Über allen Gipfeln
Ist Ruh,
In allen Wipfeln
Spürest du
Kaum einen Hauch;
Die Vögelein schweigen im Walde.
Warte nur, balde
ruhest du auch.

Dieses Gedicht ist eines der berühmtesten, aber auch beliebtesten unter den Deutschen, und nicht nur unter denen. Für die Goethe-Forscherin Sigrid Damm ist es sogar Goethes »vielleicht vollendetster Roman über das Weltall«, weil die »Verse ... in einem einzigen Bild- und Sprachklang gewordenen Gedanken den ganzen Kosmos« durchwandern.[1] »*Eine Umfrage während des Goethejahres 1982 ergab, dass dieses Lied bei den Bürgern der Bundesrepublik Deutschland zum beliebteste Gedicht Goethes gewählt wurde. Dies geschah ganz unerwartet, da man in Fachkreisen eher geglaubt hatte, das ›Heidenröslein‹ als Volkslied oder die Ballade ›Erlkönig‹ stünden höher in der Gunst der Leser.*«[1a] Auch nach der Jahrtausendwende scheint der Zuspruch ungebrochen. Bei einem Rezitationswettbewerb des Mitteldeutschen Rundfunks für Laien aus Anlass der Leipziger Buchmesse im März 2007, bei dem zehn Gedichte Goethes zur Auswahl standen, entschieden sich von zweihundertsechsundsiebzig Teilnehmern immerhin achtundzwanzig für das schwierig vorzutragende »WAN-

DERERS NACHTLIED«. Mehr als hundert Vertonungen gibt es von diesem Text. Sie stammen von Schubert (das berühmte Opus 96 Nr. 3 [D 768]), Schumann, Rubinstein und Hauptmann, von Wolf, Zillich, Reger, Löwe, Weber, Steinbach, Zelter (der es als »RUHELIED« bezeichnet), Weigl, sogar von Charles Ives ... Eine der neuesten steuerten der damals achtzehnjährige Christian Dieck im Jahre 2000 bei und der US-Amerikaner John Ottmans, der im Jahr 2008 für Bryan Singers Film »Valkyrie« (»Operation Walküre – Das Stauffenberg-Attentat«) unter dem Titel »They'll Remember You« ein Klagelied für Sopran und Chor auf Goethes Text verfasste, mit dem er der Trauer um die Opfer des missglückten Attentats auf Adolf Hitler vom 20. Juli 1944 Ausdruck verleihen wollte. Nicht unerwähnt bleiben soll, dass Friedrich Kuhlau ursprünglich einen Text von Johann Daniel Falk vertonte, den dieser 1817 unter dem Titel »ABENDLIED« in Anlehnung an Goethes »WANDERERS NACHTLIED« verfasst hatte, weswegen man dem Komponisten ungerechterweise vorwarf, den Text verstümmelt zu haben; erst später unterlegte man seinem Lied den goetheschen Originaltext:

Unter allen Wipfeln ist Ruh;
In allen Zweigen hörest du
Keinen Laut;
Die Vöglein schlafen im Walde;
Warte nur, balde, balde
Schläfst auch du.

Unter allen Monden ist Plag';
Und alle Jahr und alle Tag'
Jammerlaut!
Das Laub verwelkt in dem Walde;
Warte nur, balde, balde
Welkst auch du!

Unter allen Sternen ist Ruh';
In allen Himmeln hörest du
Harfenlaut;
Die Englein spielen, das schallte:
Warte nur, balde, balde
Spielst auch du!

Falk war immerhin anständig genug, in seinen »Auserlesenen Werken« darauf hinzuweisen, dass der erste Vers »von Göthe« stamme. Freilich zitiert er ihn falsch, wohl aus dem Gedächtnis, das ihn kurzfristig verlassen haben musste. Zwar verfasste er ein Werk mit dem Titel »Goethe aus näherem Umgange dargestellt«, doch lernte er den Großmeister erst im Jahre 1797 kennen, als er, frisch verheiratet, nach Weimar zog. Aber noch im März 1801 beklagt er sich bei seinem Freund Körte in einem Brief, dass es zwischen dem »*Herrn Geheimen Rat*« und ihm »*noch zu keinem rechten Verhältnis kommen wollte.*« Er ahnt den Grund, denn er gehöre »*nicht zu den jungen Leuten, die mit eingezogenem Atem den Worten des Meisters lauschen, als ob er wie die delphische Pythia Orakelsprüche von sich gäbe. Ich bin ein vorwitziges Danziger Kind und widerspreche offen, falls ich anderer Meinung bin. Auch einem Goethe.*«[2]

Heinrich von Kleist steuerte ebenfalls eine Variante zur schier abenteuerlichen Rezeptionsgeschichte dieses Gedichts bei, die aber wohl nur als Autograph vorliegt und wohl auch nicht für die Veröffentlichung bestimmt war:

Unter allen Zweigen ist Ruh,
In allen Wipfeln hörest du
Keinen Laut.
Die Vögelein schlafen im Walde,
Warte nur, balde
Schläfest du auch!

Aufgrund graphologischer Besonderheiten geht man heute davon aus, dass diese Zeilen nicht vor 1805 entstanden sein können. Wann genau und warum sie auf Kleists Zettel gelangten, ist ungewiss.[3]

DER KLEINE VERS AN DER WAND

Wahrscheinlich wurde kein Gedicht auf der Welt öfter tradiert, als eben Goethes »WANDERERS NACHTLIED« von 1780. Karl Kraus nannte es das »*Reichskleinod deutscher Lyrik*«, den »*tiefsten Hauch eines Dichters*«. Und während auch Theodor Wiesengrund Adorno in seiner »REDE ÜBER LYRIK« referiert, dies sei »*das reinste lyrische Gebilde*«, nannte Goethe, also der »*Dichter selbst ... es in seiner ›Frankforterischen Diktion‹: ›der kleine Vers an der Wand*«.[4] — Da sind wir inmitten der ersten Widersprüche, die sich rund um den Text entwickeln, nämlich dem zwischen den dithyrambischen Lobessängern hie und dem coolen Autoren da. Ein zweiter Widerspruch tut sich unversehens auf: Von Liebhabern ebenso wie von Literaturwissenschaftlern wird immer wieder behauptet, dieses Gedicht wirke besonders besänftigend, weil »*bei dem langen U des Wortes ›Ruh‹ und der nachfolgenden Pause schier die schweigende Dämmerung im Walde hörbar würde und ... das langsame Tempo sowohl auf melodischem wie auf rhythmischem Gebiete ausgleichend auf die vorhandenen dynamischen Gegensätze wirke, indem es den Eindruck des Starken mildere, hingegen den des Schwachen steigere*«, man käme also nicht umhin festzustellen, »*Goethe entlasse sein Gedicht auf eine überaus beschwichtigende Weise in unser Leben*«.[5]

In dieselbe Kerbe haut der durch seine Forschung zur Geschichte und Soziologie der Anrede bekannte Armin Kohz: »*In der ersten Zeile ›über allen Gipfeln‹ dominieren die vorderen Vokale [ü] und [i] und erzeugen eine hohe, schnelle Tonlage. Die Glottalverschlüsse [ʔ] vor den Anfangsvokalen und der stimmhafte velare Plosiv [g] unterstützen dies. Die zweite Zeile ›Ist Ruh‹*

10

führt die hohe Tonlage zunächst fort, aber *endet in einem markanten Kontrast. Das uvulare [r] und der hintere Vokal [u] bedeuten einen klanglichen Bruch und zeichnen die später eingeschlagene Richtung vor. In der dritten und vierten Zeile ›In allen Wipfeln / Spürest du‹ überwiegen die hohen Vordervokale und führen die bisherige Klangqualität zwar fort. Sie ist aber bereits abgeschwächt durch [a] und [u] sowie durch die stimmhaften reibenden Frikative [w] und [_]. Die fünfte Zeile ›Kaum einen Hauch‹ enthält keine hohen Vokale mehr, die Diphthonge [au] und [ai] tragen eine deutlich tiefere Tonlage und korrespondieren mit dem Abstieg. Die sechste Zeile ›Die Vögelein schweigen im Walde‹ ist phonetisch betrachtet am uneinheitlichsten, aber inhaltlich die einzige in sich abgeschlossene Zeile. Der hohe Vokal [i] tritt nur in unbetonten Silben auf. Das [ö] ist tiefer als die Vordervokale, das [a] ist ein tiefer Zentralvokal. Die hellen Vokale interpretiere ich als ein nochmaliges Atemholen des Dichters vor dem Ende, die labialen Frikative [f] und [w] evozieren den Eindruck der Beengtheit. Die siebte Zeile ›Warte nur, balde‹ macht mit [a] und [u] in der Vokalhöhe einen weiteren Schritt nach unten. Die achte Zeile ›Ruhest du auch‹ vollendet den Abstieg. Der hintere Vokal [u] und der dumpfe Diphthong [au] verstärken auch phonetisch den Eindruck der Ruhe. Inhaltlich löst ›Ruhest du auch‹ den phonetischen Kontrast in der ersten Zeile auf. Der letzte Laut, der velare Frikativ [x], ist im Grunde genommen kein Laut, da er stimmlos ist. Er symbolisiert für mich das immer schwächer werdende Aushauchen vor der endgültigen Stille.«*[6]

Solche phonetischen Überlegungen werden möglich, weil wir den Vokalen — Monophtongen wie Diphtongen — bestimmte Klangfarben und Tonhöhen zuordnen, die sich (ausgehend von der gesprochenen Sprache) aus den nachfolgend genannten Formantlagen und den zugehörigen Frequenzen ergeben[6a]:

deutscher Vokal	IPA	Formant f_1	Formant f_2
U	u	**320 Hz**	800 Hz

O	o	**500 Hz**	1000 Hz
å	ɑ	**700 Hz**	1150 Hz
A	a	**1000 Hz**	1400 Hz
ö	ø	500 Hz	**1500 Hz**
ü	y	320 Hz	**1650 Hz**
ä	ɛ	700 Hz	**1800 Hz**
E	e	500 Hz	**2300 Hz**
I	i	320 Hz	**3200 Hz**

Daraus leiten wir eine (freilich vereinfachte) Klassifikation von Klangfarbe und Tonhöhe der Vokale ab:

i	
ü	hoch
e	
ö	
	mittelhoch
ä	
a^e	
a	
a_o	erhoben tief
o^e	
o	tief
u	

(*Die Diphtonge notieren wir entsprechend ihrer Umsetzung in der gesprochenen Rede: ei [ai[als a^e, au als a_o und eu [²au] als o^e.*)

Aus dieser Übersicht erhellt, warum das U, sobald es in betonten Silben auftaucht, gewöhnlich als dunkel bezeichnet (und wohl auch so empfunden) wird und das E als hell. Wenn dann noch Assoziationen zu allgemeinmenschlichen Befindlichkeiten hinzutreten, indem z. B. alles Dunkle für

12

unangenehm gehalten wird und alles Helle für angenehm, vollzieht sich auch beim »stillen« Leser eine Wertung der Klangfarben so gut wie von selbst. Allerdings muss diese Wertung nicht mit den dichterischen Intensionen übereinstimmen, zumal sie in den meisten Fällen eben nicht textimmanent ist.

Eine solche textlinguistische Herangehensweise ermutigt etliche Forscher, munter tabellarische Übersichten über Tonhöhenverlauf und Klangfarbe der Vokale in Goethes »NACHTLIED« samt vermeintlicher Wirkungsstratgie der Laute zusammenzustellen, wie es zum Beispiel durch K. H. Weiers geschehen ist (siehe nächste Seite)[7]

In einer eher ingenieur-technisch bionischen Variante gibt es bei Kerber einen heimlichen Rückgriff auf das so genannte Vokaldreieck (bzw. Vokaltrapez — untere Grafik):[8]

Inahlts-Struktur	Reim Kadenz		Metrum		Vokalismus
Ruhe über den Gipfeln	a	w	−v\−v\−v\	Trochäus	Vom
	b	m	−−\	Spondäus	
Windesstille in den Wipfeln	a	w	v\−v\−v	Jambus	Hellen
der Bäume	b	w	−v\−	Trochäus	
	c	m	−v\v−\	Troch. + Jambus	zum
Schweigen der Vögel im	d	w	v\−vv\−vv\−v	Daktylus + Troch	
Wald					Dunklen
Zusicherung der baldigen	d	w	−vv\−v\		
Ruhe	c	m	−vv\−		

Bewegungsablauf des Gedichts:

Topographische Reihung ⇩⇩⇩   Semantische Reihung ⇩⇩⇩

| ZUSTAND DER RUHE IN DER NATUR | Über allen Gipfeln: RUHE / In allen Wipfeln: KAUM EIN HAUCH / Im Wald: SCHWEIGEN DER VÖGEL | Anorgan. Bereich / Organ. Bereich: Pflanzen / Organ. Bereich: Tiere | Gesamt Kosmos |
| ERWART-UNG DER RUHE | Du: Bald RUHE | Psychischer Bereich | Mensch |

Steigerung im topographischen biologischen und genetischen Bereich

13

Die Vokale

														Vers	Klangart
I a	ü		a		i		i		u						1, 2	Dur
		e		e		e										
I b		a		i		ü		u		au			au		3, 4, 5	Dur>Moll
	i		e		e		e				ei	e				
II			ö			ei			a						6	Moll
		i		e	ei		e		i		e					
III	a		u		a		u			au					7, 8	Dur>Moll
	e					e		u								

Die im Hintergrund gefärbten Kästchen markieren die Wiederholungen von Lautkombinationen in den Versen.

Wirkung der Laute insgesamt

		Klang	Wirkung
I	a	Von der Höhe und Weite zur Tiefe	Absolute Ruhe
	b	Von der Höhe und Weite zur Tiefe	Leises Bewegen
II		In die unmittelbare Nähe	Schweigen
III		Zum Inneren des Menschen	Aufrüttelung, innere Besinnung, Ruhe

Wirkung der Vokale und Konsonanten

Laut	Klang	Zutreffende Beispiele	Wirkung	Verse
i, ü	hell	Über, Gipfeln, Ist, In, Wipfeln, Spürest, im	Höhe	1 - 4, 6
a	offen, tief	allen, Walde, Warte, balde	Weite oder Nähe	1, 3, 6, 7
u	dunkel	Ruh, du, nur, Ruhest, du	Innerlichkeit	2, 4, 7, 8
au	abgetönt (Moll)	Kaum, Hauch, auch	Gedämpftheit	5 u. 8
ai	abgetönt (Moll)	einen, Vögelein schweigen	Gedämpftheit	5 u. 6
ö	abgetönt (Moll)	Vögelein	Gedämpftheit	6
r	durchdringend	Spürest, Warte nur, Ruhest u. a. m.	Aufrüttelung	4, 7, 8
st, t	fest	Ist, Spürest, Warte, Ruhest	Festigkeit	2, 4, 7, 8
m, n	klangvoll, zart	kaum, einen, Vögelein, schweigen u. a.	zarter Klang	5 u. 6
l	klangvoll, voll	allen Gipfeln, allen Wipfeln, Walde, balde u. a. m.	voller Klang u. a.	1, 3, 6, 7
ch	verstummend	Hauch, auch	Leises Verstummen	5 u. 8

Die oben angeführten Laute haben nicht an allen Stellen des Gedichts die gleiche Wirkung. Dies hängt u. a. vom Wortinhalt des betreffenden Wortes und vom Rhythmus des Verses ab, in dem das Wort mit dem betreffenden Laut steht.

14

Im Gegensatz zu Stauff und früheren Autoren sieht Kerber also durchaus eine gewisse metrische Regelung in Goethes Text, wobei uns nicht ganz klar ist, wie er sie zum »Vokalismus« (»Vom Hellen zum Dunklen«) in Beziehung setzt. Andere Interpreten entdecken im Vers fünf (»*kaum einen Hauch*«) sogar noch ein weiteres Metrum: den Choriambus (— v v —). So spricht Leopold Liegler vom Choriambus als dem »*Baustein der Struktureinheit*«[8a], wobei Theodor Lipps im Choriambus »*zugleich auch die beiden Momente der Bewegung, das Hervorgehen aus dem Anfangspunkt, und das Fortgehen zum Endpunkt, durch einen Wortabsatz geschieden*« sieht.[8b] Weiers fügt dem Ganzen bei der Textstelle »*Warte nur*« noch einen Kretikus (— v —) hinzu, wodurch der »*Einschnitt zwischen dem ›Warte nur‹ und dem ›balde‹*« »*besonders groß*« sei. Auf diese Weise werde »*der Vers sehr deutlich in zwei Kola gegliedert*«.[8c]

Abenteuerlich! Natürlich kann man jedem beliebigen Text, auch jeder Prosa, ein metrisches Schema unterschieben, wenn man nur will und die zu untersuchenden Perioden klein genug hält. Folglich sei uns erlaubt, Zweifel an derartigen Auslegungen zu hegen, die immer auch stark voluntativ daherkommen. Statistisch gesehen, verwerten Gedichte die Laute nämlich so, wie es für die Sprache, in der sie geschrieben sind, typisch ist. Auch dann, wenn onomatopoetisch eingegriffen worden ist, was sich naturgemäß besonders anhand von Vokalhäufungen, Alliterationen u. ä. bemerkbar macht, erhält die dadurch erzielte Klangfärbung ihre Bedeutung nicht aus den phonetischen Aspekten des Textes, sondern aus semantischen, meist außertextlichen. Wenn wir einen Klang auf einem langen ›U‹ als kongenial für die Darstellung der ›Ruhe‹ deuten, hat das zu allererst etwas damit zu tun, dass das Phonem ›u‹ im Lexem ›Ruhe‹ semantisch verortet ist. Indem wir dies feststellen, haben wir bereits eine Selektion vorgenommen, denn in unseren Assoziationsketten lassen wir einen Begriff wie

›Stille‹ wohlweislich außer Acht, obwohl er zum selben Bedeutungsumfeld wie ›Ruhe‹ gezählt werden muss, aber im Gegensatz zu seinem Bruderbegriff — offensichtlich ganz unpassend — einen hohen, sogar den höchsten deutschen Vokal, nämlich ›i‹, beinhaltet, nach herkömmlicher Deutung also für die Darstellung von Seelenfrieden, Lautlosigkeit, Entspannung usw. nicht prädestiniert sein dürfte, umso weniger als das ›I‹ landläufig als schrill verschrien ist und gern in Interjektionen Verwendung findet, mit denen dem Ekel (»igittigitt«) oder der Selbstdarstellung (»kikeriki)« Ausdruck verliehen werden soll.

Welch hohen Rang ein einzelnes Phonem in klanglicher und semantischer Hinsicht für einen Dichter einnehmen kann, ohne dass es durch Spekulationen von außen desavouiert wird, beweist mehr als ein Jahrhundert später Rainer Maria Rilke mit einem Brief, den er am 8. November 1908 aus Paris an seinen Verleger, den »verehrten und lieben Herrn Doktor« Anton Kippenberg, schrieb, als er die Herausgabe von »Der neuen Gedichte anderer Teil« vorbereitete und beim Korrekturlesen stutzte: »Mir sind gleich bei der ersten Durchsicht ein paar Fehler aufgefallen, davon einer mir so schmerzlich ist, daß ich Sie fast bitten würde, ihn auf einem einzulegenden Streifen zu verbessern. (...) Der Zufall hat mir nämlich in der ›Klage um Jonathan‹ (Seite 9, 4. Zeile der 3. Strophe) das schöne alte Wort löhren in ›röhren‹ verwandelt. Es mag übertrieben sein, wenn ich diese Abänderung als wesentlich störend empfinde, aber es i s t so: ›löhren‹ enthält so viel von Tierklage, auch wilder Tiere, hat einen etwas anderen ö-Laut und das l ist an dieser Stelle ebenso korrespondierend mit ›Lagern‹ und dem ›legen‹ der kommenden Zeile, wie das r schwierig und widerstrebend und nach ›Lagern‹ geradezu unmöglich ist; überdies: röhren ist ein Fachausdruck, nur für bestimmte Wildarten gültig: Sie sehen, ich habe lauter Gründe dagegen, so wie ich sie aufrichtig aufzähle. Läßt sich da etwas

16

tun? (In der Korrektur stand richtig: l ö h r e n.)« Dieser Fehler »hebt für mein Gefühl den harmonischen Verlauf des Gedichtes auf und frißt von seiner Stelle aus in die gesunden Zeilen hinein.«[8d]

Zurück zu Goethe. Oft wird vergessen, dass Reim, Assonanz, Alliteration gleichermaßen dem Rhythmus angehören, denn wie er unterliegen sie dem Prinzip der Wiederholung. Nun geschieht im »NACHTLIED« aber etwas Merkwürdiges. So wenig Probleme den Germanisten der vokalische Sprachklang des Gedichts und seine Deutung zu bereiten scheint, so viel Kopfzerbrechen macht ihnen die rhythmische Konfiguration, zumal sie alles andere als »ruhig« verläuft. Woldemar Masing stöhnt: »*Schon die rhythmische Gliederung ist so mannigfaltig, daß eine Einteilung der Verse in bestimmte Versfüße unmöglich durchzuführen ist, ja daß man nicht einmal mit Bestimmtheit entscheiden kann, ob der für das Ganze charakteristische Rhythmus ein steigender oder ein sinkender ist.*« Er sieht sogar den »*altgermanischen Vers der Willkür des Dichters anheimgestellt*«, was ihn aber, nach abenteuerlichen arithmetischen Übungen im Zusammenzählen von Hebungen und Senkungen, nicht an der Feststellung hindert, »*daß die rhythmische Gliederung des Ruheliedes trotz ihrer scheinbaren Unregelmäßigkeit nach nicht weniger festen Gesetzen geordnet ist, als die melodische, und daß sie gleich dieser und der plastischen Gliederung dem Inhalt nicht nur zum Ausdruck, sondern auch zur Schönheit verhilft*«.[8e] Ein Lehrer für Deutsch und Mathematik, Heiner Stauff, schürt die Bedenken gegenüber solcher Harmoniesucht: »*Das Gedicht hat für seine Zeit eine keineswegs gewöhnliche FORM. (...) Der Zweck ..., aber allemal der Effekt scheint klar: es soll (im Leser) die Ruhe HERGESTELLT werden, von der im Folgenden die REDE ist: das Gedicht TUT genau das, wovon es auch SPRICHT. Doch plötzlich scheint es, als sei dieses Gedicht KEINESWEGS so ruhig und regelmäßig, wie es auf den ersten Blick erscheinen mag. Vielmehr scheint das Versmaß von völliger UNORDNUNG oder ... bloß ›freier ... Rhythmik‹*

zu zeugen. Erstaunlicherweise ist also das Versmaß erheblich LEB-HAFTER oder auch IRRITIERENDER als die Ruhe, von der das Gedicht SPRICHT/ zu sprechen SCHEINT (...) Insbesondere scheint ... zwischen der 4. und 5. Zeile ... ein BRUCH zu liegen. (...) Da ist nicht von ›KEINEM Hauch‹, sondern von ›[...] KAUM EIN[EM] Hauch [...]‹ die Rede. Erst HIER ... wird klar, WAS eigentlich über den Gipfeln und in den Wipfeln fehlt: WINDBE-WEGUNG. Und entsprechend könnte NACH dieser Zeile (in ihrem besonders statischen Versmaß) auch schon der SCHLUSS des Gedichts sein. Die Vögel ... schweigen als FOLGE. Man könne auf die Vermutung kommen, dass die Ruhe vielleicht GAR NICHT SO SCHÖN, sondern eher BEDRÜCKEND ist: sogar die Vögel haben vor Angst ihr Tirili eingestellt. PLÖTZLICH ahnt man, dass es — wortwörtlich oder im übertragenen Sinne — die ›Ruhe vor dem Sturm‹ sein könnte.«[9]

Auf die Vögel kommen wir im Kapitel DIE TATZEIT noch zu sprechen. Vorerst bleiben wir bei Stauff. Nach ausführlicher Interpretation zweier von ihm entdeckter Ebenen der Beruhigung und der Beunruhigung, stellt er fest, die letzte Zeile ließe sich lesen

»· einmal im DROHENDEN Sinne von ›dich erwischt es auch nochmal‹,

· das andere Mal als VERHEISSUNG, wie die anderen auch, also fast schon solidarisch zu ruhen ...

Der Doppelsinn wird insbesondere dann klar, wenn man mit der verheißenen Ruhe die ›LETZTE Ruhe‹, also den Tod, assoziiert. So gesehen wird dem ›du‹ hier ein baldiger (sanfter) Tod versprochen — nach dem es sich so sehnt. (...) Und von da aus gewinnt auch noch der ›Hauch‹ einen neuen Hintersinn: nicht mehr üblicher WIND, sondern der ›Hauch des Todes‹ bzw. der letzte Atemstoß könnte gemeint sein. Das scheint sich auch durch den Reim ›Hauch/ [ruhest] auch‹ anzudeuten. (...) Interessant ist auch die RICHTUNG des Gedichts: von OBEN (1. Zeile) nach UNTEN (8. Zeile) geht es auch tatsächlich immer weiter VON OBEN NACH UNTEN:

18

· ›Über allen Gipfeln [...]‹, *also dem denkbar Höchsten, liegt nur noch der freie Himmel (den man ja durchaus geographisch-astronomisch statt schon theologisch denken mag).*

· *Es folgt, schon tiefer, ›[...] In allen Wipfeln [...]‹.*

· *Und sieht man die Wipfel als Spitzen des darunterliegenden Waldes, so sitzen die Vögel nochmals eine ›Etage‹ tiefer.*

· *Der Endpunkt der Bewegung, nämlich der Erdboden (das Grab?), wird immerhin angedeutet, wenn auch nicht platt ausposaunt.*

Und ist da nicht eben DOCH eine RELIGIÖSE Metaphorik heraushörbar: Himmel oben, Hölle oder Totenreich unten? Und noch ein wenig weiter gedacht: erst ist der Himmel (über den Gipfeln) leer und tot, am Ende verheißt eine himmlische Stimme einen sanften Tod?‹«[10]

Aus diesem Furor gehen wir ein wenig atemlos hervor. Wir dürfen konstatieren, dass Stauffs Auffassung der unseren nahe kommt, wenngleich nur in dem Maße, wie sie das Unbehagen an der RUHE als einem zentralen Begriff des Textes und mit ihm die mannigfaltigen Brechungen auf den verschiedensten Ebenen reflektiert. Nicht anschließen können wir uns Stauffs Meinung, es handele sich bei dem Achtzeiler um den sanften Trost für einen Lebensmüden, um die Beschreibung der Sehnsucht nach dem Tode. Aber dazu kommen wir später.

Die Missverständnisse mit dem Text beginnen zumeist schon beim Titel. »WANDERERS NACHTLIED« von 1780 erscheint in den einschlägigen Ausgaben gewöhnlich als »EIN GLEICHES«. Im Lyrik-Kalender des Deutchlandradios Berlin vom 22. 08. 2006 wird deswegen räsoniert, die »*spätere nüchterne Titelgebung in der Werkausgabe*« wolle »*die emotionale Ergriffenheit, die den Leser angesichts der Todesahnung des Ich in der verstummenden Natur erfasst, etwas objektivieren. Ein Seelenfrieden, so eine Lesart des Gedichts, kann sich erst einstellen, sobald der Mensch seine eigene Position erkennt, die ihm in der Evolutionsgeschichte zugemessen ist.*«[11]

In Wirklichkeit verhält es sich so, dass Goethe besagtes Gedicht im ersten Band der autorisierten Gesamtausgabe seiner Werke von 1815 bei Cotta dem 1776 entstandenen Gedicht »WANDERERS NACHTLIED« beigesellte (»*Der du von den Himmeln bist, / alles Leid und Schmerzen stillst* ...«), dem es thematisch entsprach, und bei dieser Gelegenheit anordnete, dass beide Gedichte fortan stets gemeinsam abgedruckt werden sollten, und zwar unter den sie unterscheidenden Titeln. Weiter nichts. Das ist alles. Kein Objektivierungsversuch. Kein Bemühen um einen aus der Evolutionsgeschichte begründeten Seelenfrieden. Obendrein war Goethe 1780, als dieses zweite, darum oft »WANDRERS NACHTLIED II« genannte, Gedicht entstand, von ärgsten Skrupeln über seine dichterischen, wissenschaftlichen und schriftstellerischen Fähigkeiten gepeinigt, und er hatte mit der Weimarer Hofkamarilla härteste Kämpfe auszufechten, während derer er sich ohnmächtig an sich selbst und als Erzieher des Herzogs fühlte, was uns auch angesichts der übrigen Eigenheiten des Textes stutzig macht, vor allem aber wegen jener Interpretationsversuche, die sich immer wieder an der »Ruhe« delektieren. Woher soll sie kommen, diese »*Ruh*«? Auch ließe sich naiv fragen, warum wir uns *beschwichtigt* fühlen sollen, wenn uns von einem Provinzpolitiker prophezeit wird, dass auch wir bald sterben werden? — Goethe war, als er der Welt dergleichen mitteilte, einunddreißig Jahre alt. Wir können ihm zugutehalten, dass er in jungen Jahren bereits einen Blutsturz hinter sich hatte und von daher ein gespaltenes Verhältnis zum Tod entwickelte, dessen Nähe er künftig zu meiden verstand. Es scheint mehr als berechtigt, wenn Wulf Segebrecht bemerkt, seiner Meinung nach repräsentiere der Wortlaut des 1815 publizierten Gedichts den »Willen des 66jährigen Goethe, der das Gedicht in eine Sammlung seiner Lyrik einfügte, er repräsentiert aber möglicherweise nicht den Willen des 31-jährigen Goethe, der es schrieb«[11a], zumal es der Allgemeinheit erst 35 Jahre nach seinem Entstehen zugänglich gemacht wurde. Durchaus merkwürdig ist auch, dass Goethe an jenem 27. August 1831 von eigener Hand die Niederschrift eines Gedichts »renovirt«, die er in der Nacht zum 7. September 1780 mit Bleistift, also wohl auch provisorisch, vorgenommen hat, statt den Text, der für ihn in der »Kickelhahn-Fassung« (mit »Vögel« statt »Vögelein« und einem Ausrufezeichen nach »Hauch«) keine Berechtigung mehr gehabt haben dürfte, zumal die neuere, autorisierte Fassung inzwischen im Druck erschienen war, zu tilgen oder noch einmal ganz neu aufzuschreiben, ganz zu schweigen davon, dass unzählige die Wände beschmierende Narrenhände anderer Wanderer mittlerweile ihre verheerenden Spuren hinterlassen hatten (oder gehen nur wir Nachgeborenen dermaßen pingelich mit Goethes gültigen Gedichtfassungen um?).

Auch mit der vielbeschworenen zarten Zerbrechlichkeit dieses Gedichtes kann es nicht weit her sein, denn seit mehr als zweihundert Jahren übersteht es alle Versuche, es zu sezieren und zu vermanschen oder es ins Bajowarische und Sächsische und Schwäbische zu transferieren in weitgehend guter Konstitution. Es handelt sich bei ihm um eines der am häufigsten in fremde Sprachen übersetzten Gedichte. Alleine für das Bulgarische hat Ljuben Ljubenov achtundzwanzig Nachdichtungen ermittelt. Der Germanist Wulf Segebrecht berichtet von einer Übersetzung des Gedichts ins Japanische, die im Jahre 1902 vor sich gegangen ist und zehn Jahre später einem Franzosen, der sich geschäftlich in Japan aufhielt, so gut gefiel, dass dieser sie, indem er sie für ein fernöstliches Original hielt, in seine Muttersprache übersetzte. Dann kam ein Deutscher daher und verdolmetschte die französische Version des vermeintlichen japanischen Originals ins Germanische, so dass ein »JAPANISCHES NACHTLIED« daraus wurde:

21

Stille ist im Pavillon aus Jade.
Krähen fliegen stumm zu beschneiten Kirschbäumen im Mondlicht.
Ich sitze
Und weine.[12]

Niemand wird behaupten dürfen, dies wäre ein schlechtes Gedicht. Bloß: Mit Goethes »WANDERERS NACHTLIED« hat es nur mehr die STILLE, sprich: RUHE, gemeinsam. Allerdings heißt es dazu in der Wikipedia: »*Eine Primärquelle, die sogenannte deutsche ›Literaturzeitschrift‹, wird ... nie namhaft gemacht. Es dürfte sich mithin um eine parodistische Mystifikation handeln, die inzwischen ... wie eine moderne Sage vielfach für bare Münze genommen wird.*«[13]

Auch in Daniel Kehlmanns Roman »DIE VERMESSUNG DER WELT« gibt es so etwas wie ein »Lost in Translation«, als Alexander von Humboldt seinen Begleitern Goethes »NACHTLIED« in der spanischen Übersetzung zum Besten gibt:

Oberhalb aller Bergspitzen sei es still,
in den Bäumen kein Wind zu fühlen,
auch die Vögel seien ruhig,
und bald werde man tot sein.

Woraufhin alle Beteiligten auf eine Fortsetzung warteten, weil sie sich wunderten, dass das schon alles gewesen sein soll.[14]

Bis zum heutigen Tage folgten unzählige andere Varianten. Während des Ersten Weltkriegs wurde Goethes Gedicht 1917 sogar zur Marine einberufen, als ausgerechnet der Generalanzeiger seiner Geburtsstadt ein Unterseeboot-Lied druckte unter dem Titel:

ENGLISCHER KAPITÄN AN SEINEN KOLLEGEN

Unter allen Wassern ist - ›U‹.
Von Englands Flotte spürest du
Kaum einen Rauch ...
Mein Schiff versank, daß es knallte;

Warte nur, balde,
R-U-hst du auch! [15]

Mit leichten textlichen Varianten erschien das Meister-
werk auch auf einer Bildpostkarte (Abbildung 1, unten):

Lied des englischen Kapitäns.
(Frei nach Goethe.)

Unter allen Wassern ist — „U"!
Von Englands Flotte spürest du
Kaum einen Hauch . . .
Mein Schiff versank, daß es knallte —
Warte nur, balde
Versinkst du auch!

In einem Sonderheft seiner berühmten »FACKEL« sieht Karl Kraus angesichts dessen »*das heiligste Gedicht der Nation, ein Reichskleinod, dessen sechs erhabene Zeilen vor jedem Windhauch der Lebensgemeinheit bewahrt werden müssten, ... der Kanaille*« preisgegeben, »*den letzten, tiefsten Atemzug des Dichters zu diesem entsetzlichen Rasseln*« umgehöhnt.[16] Für diese Schändung des heiligsten Gedichts der Nation wäre ein verlorener Weltkrieg wahrlich die gerechte Strafe. Geholfen hat's nichts. Der »Dichter« erhielt die Ehrendoktorwürde.

Kraus konterte in seinem berühmten Stück »DIE LETZTEN TAGE DER MENSCHHEIT« mit einer Parodie auf die vielen Parodien. In der 13. Szene des II. Akts lässt er einen seiner Protagonisten ein »WANDERERS SCHLACHTLIED« vortragen:[17]

»DLAUHOBETZKY V. DLAUHOBETZ:

Bin neugierig, ob morgen in der Mittagszeitung — du, das is mein Lieblingsblatt, ob morgen also mein Gedicht erscheint, gestern hab ich ihr's eingschickt. Willst es hören? Wart — (Zieht ein Papier hervor.)

TIBETANZL:

Hast wieder ein Gedicht gemacht? Worauf denn?

DLAUHOBETZKY V. DLAUHOBETZ:

Wirst gleich merken, worauf. Wanderers Schlachtlied. Das is nämlich statt Wanderers Nachtlied, verstehst —

Über allen Gipfeln ist Ruh,
Über allen Wipfeln spürest du
Kaum einen Hauch —

TIBETANZL:

Aber du — das is klassisch — das is ja von mir!

DLAUHOBETZKY V. DLAUHOBETZ:

Was? Von dir? Das ist klassisch, das is von Goethe! Aber pass auf, wirst gleich den Unterschied merken. Jetzt muss ich noch einmal anfangen. Also:

Über allen Gipfeln ist Ruh.

24

Über allen Wipfeln spürest du
Kaum einen Hauch.
Der Hindenburg schlafet im Walde,
Warte nur balde
Fällt Warschau auch.

Ist das nicht klassisch, alles passt ganz genau, ich hab nur statt Vöglein Hindenburg gesetzt und dann also natürlich den Schluss auf Warschau. Wenn's erscheint, lass ich mir das nicht nehmen, ich schick's dem Hindenburg, ich bin ein spezieller Verehrer von ihm.

TIBETANZL:
Du, das is klassisch. Gestern hab ich nämlich ganz dasselbe Gedicht gemacht. Ich habs der Muskete einschicken wollen, aber —

DLAUHOBETZKY V. DLAUHOBETZ:
Du hast dasselbe Gedicht gemacht? Gehst denn nicht —

TIBETANZL:
Ich hab aber viel mehr wie du verändert. Es heißt: Beim Bäcken.
Über allen Kipfeln ist Ruh,
Beim Weißbäcken spürest du kaum einen Rauch.

DLAUHOBETZKY V. DLAUHOBETZ:
Das is ja ganz anders, das is mehr g'spassig!

TIBETANZL:
Die Bäcker schlafen im Walde
Warte nur balde
Hast nix im Bauch.

DLAUHOBETZKY V. DLAUHOBETZ:
Du, das is förmlich Gedankenübertragung!

TIBETANZL:
Ja, aber jetzt hab ich mich umsonst geplagt. Jetzt muss ich warten, ob deins erscheint. Wenn deins erscheint, kann ich meins nicht der Muskete schicken. Sonst glaubt man am End, ich hab dich paradiert!«

Auch Christian Morgenstern schien die Nase voll zu haben von dem unerträglichen Kult, der um Goethes Gedicht veranstaltet wurde, vor allem aber von den gnadenlos unbegabten Nachäffereien. Sein »FISCHES NACHT-GESANG«, von dem er 1905 behauptet, es sei das *tiefste deutsche Gedicht*, kann als eine direkte Parodie auf Goethes »WANDERERS NACHTLIED« gelten:[18]

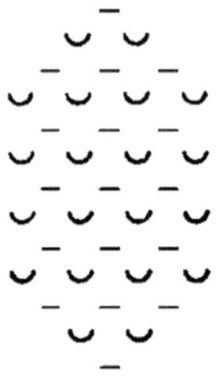

Wenig später schließt sich ihm Joachim Ringelnatz an, der in seinem Gedichtband »KUTTEL DADDEL-DU« »DAS ABENDGEBET EINER ERKÄLTETEN NEGERIN« (Pardon, aber so heißt es nun mal) mit folgenden Versen ausklingen lässt:

> *»Drüben am Walde*
> *Kängt ein Guruh — —*
> *Warte nur balde*
> *Kängurst auch du.«*[19]

In der »LITURGIE VOM HAUCH« aus seiner »HAUS-POSTILLE« parodiert im Jahre 1924 ein anderes Genie, Bert Brecht, Goethes RUHE, die ihm wohl verdächtig bourgeois erschien. Brecht schlägt in den Versen 37 bis 40 seiner Liturgie zu — und wenigstens wir Ostdeutschen wissen, was wir von dem ROTEN BÄREN zu halten haben:[20]

> *Da kam einmal ein großer roter Bär einher,*
> *der wusste nichts von den Bräuchen hier, das brauchte er nicht als*
> > *Bär.*
> *Doch er war nicht von gestern und ging nicht auf jeden Teer,*
> *und er fraß die Vögeleien im Walde.*
> *Da schwiegen die Vögelein nicht mehr.*
> Über allen Wipfeln ist Unruh.
> *In allen Gipfeln spürest du*
> *Jetzt einen Hauch.*

Wir werden bald wissen, dass Brecht Goethes Nachtlied nicht im Mindesten verstanden hat. Außerdem nimmt der Augsburger krasse Fehler in Kauf, die ihm jede linientreue Deutschlehrerin rot angestrichen hätte und die als

Verfremdungseffekt wohl kaum durchgehen können: Die ‚Ruh' bzw. ‚Unruh' *»verlegt er in die ‚Wipfel' und den ‚Hauch' in die ‚Gipfel'. Dazu vertauscht er die Zeilen miteinander, insgesamt siebenmal. Wer einmal auf dem Kickelhahn stand an einem stillen Tag ..., der weiß, dass die Ruhe über den fernen Gipfeln liegt und der Hauch durch die nahen Wipfel geht; umgekehrt ist es ein lyrischer Unsinn"*, meint der Radio-Redakteur H. Fritz.[21]

»Walter Moers' Fantasy-Roman Die Stadt der Träumenden Bücher präsentiert Goethes Gedicht als Der Nurnenwald des zamonischen Dichters Ojahnn Golgo van Fontheweg, bei dem Goethes ›Vögelein‹ durch ›Nurnen‹ ersetzt sind, meterhohe, blutrünstige Tiere mit acht Beinen, die Bäumen ähneln und deshalb im Wald kaum zu erkennen sind.«[22]

Wir fragen noch einmal: Wie zerbrechlich ist ein Gedicht, das dergleichen aushält, zweihundert und mehr Jahre lang? Was also hat es mit diesem »WANDERERS NACHTLIED« Besonderes auf sich, so dass es nicht kaputtzukriegen ist?

IDYLLE ODER GEMETZEL?

Das Gedicht tritt erstmals am 6. September 1780 nach Sonnenuntergang in die Literaturgeschichte ein, als Goethe es, einunddreißigjährig, mit Bleistift auf die Bretterwand einer Jagdhütte auf dem Kickelhahn bei Ilmenau, dem *»höchsten Berg des Reviers«*, kritzelt. Ein Indiz dafür, dass dies wirklich geschehen ist, liefert ein Tagebucheintrag Karl Ludwig von Knebels vom 7. Oktober 1780, in dem es heißt: *»Morgens schön. Mond. Goethens Verse. Mit dem Herzog auf die Pürsch [...] Die Nacht wieder auf dem Gickelhahn.«*[23] Ob jener Text mit dem auf uns überlieferten identisch war, wissen wir nicht, da die Originalhandschrift zerstört wurde. *»Zwei frühe Abschriften (oder Mitschriften) von Herder und Luise von Göchhausen haben in Vers 1: Über allen Gefilden und in Vers 6: Die Vögel.*

*Dies wird allgemein als authentische Früh- oder Erstfassung ange-
sehen. Die 1869 fotografierte Handschrift auf der Bretterwand hat
ebenfalls Vögel und nicht Vögelein, andererseits bereits Gipfeln in
Vers 1. Das mag jedoch erst bei späteren Erneuerungen und Über-
malungen, die Goethe selbst oder wohlmeinende Besucher im Lauf der
Jahrzehnte an der verblassenden Handschrift in der Hütte vorgenommen haben, ein ursprüngliches Gefilden ersetzt haben.«*[24] Eine erste
gedruckte, aber keineswegs autorisierte Veröffentlichung
erfolgte 1800 durch Joseph Rückert im Heft 3 der Alto-
naer Zeitschrift »DER GENIUS DER ZEIT« im Rahmen
seiner »BEMERKUNGEN ÜBER WEIMAR: 1799«, und
zwar mit wesentlichen Abweichungen von der uns heute
bekannten Gestalt. So heißt es am Schluss »*schläfst du auch*«,
was zumindest einige der Cosmos-Menschheit-Interpreten
verstimmt gehabt haben dürfte. Als nächster gab Kotzebue
das Gedicht am 20. Mai 1803 in seiner Berliner Zeitung
»DER FREIMÜTHIGE« heraus, wobei er die »*Vögel*« in
»*Vöglein*« verwandelte. Zwischen Buchdeckel gepresst wurde das »NACHTLLIED« allerdings erst fünfunddreißig
Jahre nach seinem Entstehen, im ersten Band der von Goethe autorisierten Gesamtausgabe seiner Werke von 1815,
da war der Dichter bereits sechsundsechzig Jahre alt, und
wir dürfen uns wundern, dass er dermaßen lange gewartet
hat. Beinahe zu lange, denn bei einem späteren Besuch auf
dem Kickelhahn kurz vor seinem letzten Geburtstag erinnerte sich der Meister schon gar nicht mehr an die näheren
Entstehungsumstände und nahm fälschlich an, er hätte das
Gedicht am 7. September 1783 an die Wand gekritzelt, ein
Irrtum, mit dem er etlichen Germanisten Lohn und Brot
verschaffte.[25] Die haben herausgefunden, dass er das Gedicht sehr wohl in der Nacht vom 6. zum 7. September
1783 verfasst, aber auf gar keinen Fall auf die Bretterwand
des Jagdhauses geschrieben haben kann, denn zum inkri-
minierten Termin weilte er nachweislich auf einer Reise in
den Harz. Er schickte seiner Frau von Stein drei Schlüssel

mit einem brieflichen Abschiedsgruß: »Du hörst balde von mir.« Das nächste Schreiben an die Stein folgte am 9. September 1783 aus Langenstein vom Gut der Marquise Branconi. Von Ilmenau aus wäre die Strecke dorthin unter den damaligen Bedingungen nicht in zwei Tagen zu schaffen gewesen.

Das Goethehäuschen auf dem Kickelhahn.

Abb. 2 aus der »Gartenlaube« vom 1. Januar 1870

Die Zeichnung täuscht insofern, als die Kuppe des Kickelhahns im Jahre 1783 noch nicht mit Bäumen bewachsen war. Vielmehr baute man dort aus Gründen der Wildhege Hafer und Kohl an. Weil das zweistöckige, mit Holzschindeln gedeckte Jagdhaus einsam emporragte, konnte der Blick des Wanderers vom Obergeschoss des Turms aus ungehindert in die Ferne schweifen. Erst später wurden ringsum Nadelhölzer angepflanzt, die bei Goethes letztem Besuch bereits bis zur Höhe des Häuschens herangewachsen waren. Zur Kultstätte entwickelte sich das ›Goethe-Häuschen‹ erst, ›als Ilmenau 1838 zum Badeort erhoben wurde, als für die Badegäste Wege angelegt, Karten und topographische Beschreibungen angefertigt wurden und (1839) Bernhard von Arnswaldts lithographierte und kolorierte Erinnerungsblätter an Ilmenau und seine Umgebungen erschienen (deren erstes das Kickelhahn-Häuschen mit Goethes Versen zeigte)‹«.[26] »*Während der Sommerzeit wurde das Häuschen stets offen gehalten und den Besuchern kein Hindernis in den Weg gelegt. Aber wenn auch das Auge K i l i a n M e r t e n ‛ s, des Forstaufsehers auf dem Gabelbache bei Ilmenau, in dessen Aufsichtsbezirk das Goethehäuschen lag, mit ängstlicher Sorgfalt darüber wachte, daß das seiner Obhut schon seit einer langen Reihe von Jahren anvertraute Heiligthum nicht profanirt werde, so konnte er doch nicht verhindern, daß rohe Hände durch Einschreiben und Einschneiden von Namen und allerlei Thorheiten die Stätte entweihten.*

Als man bereits angefangen hatte, unmittelbar neben der Inschrift herumzukritzeln und zu schneiden, brachte Merten, um wenigstens letztere zu schützen, eine Glastafel darüber an, welche durch Kopfnägel an der Wand festgehalten wurde. Diese Tafel hatte einst ein frecher Tempelschänder … abgenommen und schickte sich eben an, das werthvolle Brettstück mit einer kleinen Säge herauszuschneiden, als glücklicherweise Merten gerade hinzukam. Zwei derbe Thüringer Fäuste machten mit verschiedenen Körperbestandtheilen jenes Spitzbuben gründliche Bekanntschaft. ›Verklagt hat er mich nicht!‹ setzte der ›Faustrichter‹ treuherzig hinzu, als er mir die Geschichte später erzählte. Nun wurde zwar die Glastafel mittels vier Rahmen fest mit der Bretterwand verbunden, aber die Besorgniß eines Verlustes wollte nicht mehr von dem treuen Hüter weichen. Um für den schlimmsten Fall wenigstens etwas zu retten, ließ er vor einigen Jahren das denkwürdige Manuscript photographisch nachbilden. (…)

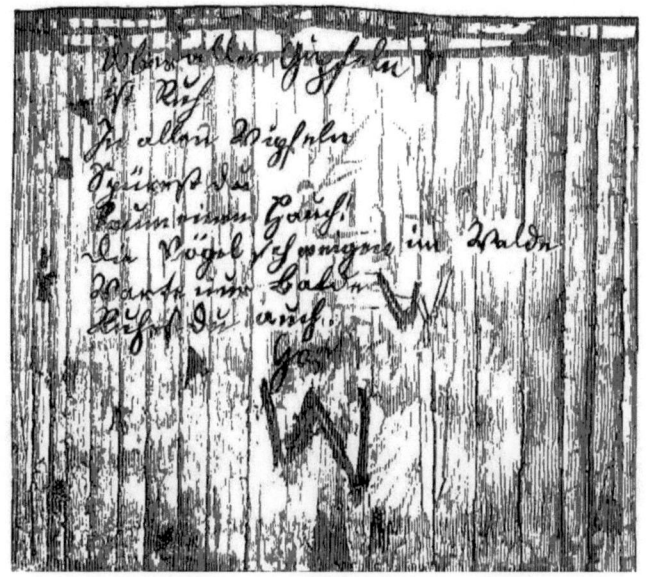

*Abb. 3: Goethes Handschrift im Kickelhahn-Häuschen
im Zustand von etwa 1869.*

Seit dem 12. August 1870 existirt das Goethe h ä u s c h e n nicht mehr; nur das geringe Fundamentalgemäuer, auf dem es errichtet war, ist noch zu sehen. Das Häuschen selbst wurde an jenem Tage, früh zwischen sechs und sieben Uhr ein Raub der Flammen. Die Tagesblätter haben damals vielfach über die Katastrophe berichtet; zum Theil gegen die Wahrheit. So liegt mir zum Beispiel ein amerikanisches Blatt vor, der ›Baltimore Wecker‹ Nr. 212, wonach ›eine tempelschänderische Frevlerhand‹ das Goethehäuschen bei Ilmenau durch Brandstiftung vernichtet haben soll. Dem ist aber nicht also. (…)

Am 11. August hatten sich drei Personen aus dem zwei Stunden entfernten Dorf Geschwende in die Nähe von Gabelbach in den Wald begeben, um Beeren zu suchen, welche sie dann in Ilmenau verwerthen wollten. Durch starke Regengüsse wurden die Leute durchnäßt; sie beschlossen, als der Abend herbeikam und sie das genügende Quantum von Beeren noch nicht zusammengebracht hatten, ihre Heimath auch zu entfernt war, in dem stets offen gehaltenen Goethehäuschen zu übernachten und ihr Geschäft dann am andern Morgen fortzusetzen. Sie gingen nach dem Goethehäuschen und nahmen Besitz von dem obern Raume, in welchem sich eben das Goethe'sche Manuscript befand. Dort entzündete ein Mann auf einem kleinen Estrichguß, worauf früher ein Ofen gestanden, ein Feuer, um die nassen Kleider zu trocknen und die frierenden Glieder zu wärmen. Als die Leute am andern Morgen früh gegen fünf Uhr das Häuschen verließen, glimmten noch Kohlen auf der Feuerstätte und es stieg noch schwacher Rauch auf. Um diesem Abgang zu verschaffen, öffnete derselbe Mann, der das Feuer angezündet hatte, beim Weggange ein Fenster und ließ die Thür offen stehen. Es ist nicht zu bezweifeln, daß die Fahrlässigkeit jenes Mannes die Ursache des Brandes geworden, indem durch den hergestellten Luftzug das noch glimmende Feuer angefacht worden ist, welches dann das dürre Holzwerk entzündet haben mag.« [27] Vom großherzoglichen Kreisgericht Arnstadt wurde der Schuldige wegen fahrlässiger Brandstiftung zu zwei Monaten Gefängnis verurtheilt.

Seit der »Darstellung Mahrs verbindet man mit Goethes Gedicht die Vorstellung vom greisen Alten auf dem Kickelhahn, der voller Wehmut und Todesahnung in den Anblick der abendlichen Natur versunken ist (Segebrecht).«[28] Als sein Gedicht entstand, war er aber durchaus kein Greis, wenngleich von ersten Krankheiten, wie einem Blutsturz, gezeichnet. Wovon ist dieses Gedicht inspiriert, das die einen für beschwichtigend, die anderen für bedrohlich halten? War es die Stimmung rund um den Kickelhahn, die Gebärde des Trostes, wie sie in der Natur herrscht?[29] Aber was war zu trösten? Auf einer getuschten Bleistiftzeichnung vom 22. Juli 1776, die Goethe seiner Frau von Stein widmete, hat der Dichter die Landschaft festgehalten. Dort ist zu sehen, wie sich unterhalb des Berggipfels die Nebel durchs Tal wälzen.

Abb. 4: Dampfende Täler bei Ilmenau. Bleistift und Tusche auf blaugrauem Papier. Handzeichnung Goethes von der Südseite des großen Hermannsteins in der oberen Hälfte des Kickelhahnhanges in Richtung nach den Finsterberger und die das Taubachtal umschließenden Höhen gesehen. [»Auch in dieser Zeichnung gleitet der Blick des Betrachters in die Ferne und wieder zurück.«][30]

Das mag man eine IDYLLE nennen. In einem Brief an dieselbe Frau schreibt Goethe, und zwar am Abend, bevor unser Gedicht entstand (!): »*Es ist ein ganz reiner Himmel und ich gehe des Sonnenuntergangs mich zu freuen. Die Aussicht ist gros aber einfach. — Die Sonne ist unter. Jetzt ist die Gegend so rein und ruhig und so uninteressant als eine grose schöne Seele wenn sie sich am wohlsten befindet. — Wenn nicht noch hie und da einige Vapeurs von den Meulern aufstiegen wäre die Scene unbeweglich ...*«[31] Das nenne er nun wieder heilige Ruhe, sagt er. Wir können uns gut vorstellen, dass es der Blick auf ebendiese Landschaft war, die am Abend des 6. Septembers 1780 das auslösende

33

Moment für das Gedicht gegeben hat und gleich auch noch die Vorlage für den deiktischen Gestus dazu. »*Goethes Blick ... haftete zuerst an den Bergen in der Ferne. Dann senkte sich das Auge in die Gegend unterhalb des Kickelhahns. Von dort wendete es sich in die unmittelbare Nähe, die sich um den Betrachter und über ihm ausbreitete. Am Ende erreichte der Blick sein Inneres.*«[32] Über die essentielle Frage, von wo nach wohin sich der Blick des lyrischen Ichs wendet, von der Ferne zur Nähe oder von der Nähe zur Ferne oder in einer Art Evolution des Lebens »vom Himmel zum Menschen« (wie bei Heinrich Lausberg) oder weder noch, ist unter den Gelehrten ein fortdauernder Streit ausgebrochen. Gero von Wilpert meint, der »Blick gleitet von der Ferne zur Nähe, vom Dauernden zum Vergänglichen, vom Ruhigen zum Ruhelosen, von der unbelebten Natur (Gipfel) über Pflanzenwelt (Wipfel) zur Tierwelt (Vögelein) zum Menschen, der in den Rahmen der Naturevolution gestellt wird.« Ähnlich wie Masing und andere, erkennt Elizabeth M. Wilkinson eine Art irdischer Phylogenese in der Grundhaltung Goethes, indem aus seinem Gedicht eine »Stufenordnung fortschreitender Entwicklung der Natur« herauszulesen sei, nämlich, dem Blick des lyrischen Ichs folgend, von der unbelebten zur vegetativen und von der vegetativen zur animalischen Natur, sowie schließlich zum Menschen. Gerade diesen Umstand hält nun wieder Emil Staiger für unlyrisch. Das Goethe »alle Schichten des Reiches der Natur zur Sprache bringt«, charakterisiere »viel eher den epischen Stil, der in der homerischen Parataxe die reinste Erfüllung gefunden« habe. Aber auch dramatische Elemente will er in dem kleinen Text entdeckt haben.[32a] Was für eine germanistische Kraftmeierei!

Eines lässt sich thesenübergreifend sagen: Ruhe ist offenbar nicht gleich Ruhe. Wenn Goethe an anderer Stelle fordert, man solle ihm die erhabene Ruhe gönnen, die jene einsame stumme Nähe der großen, leise sprechenden

Natur gewährt[33], dann deswegen, weil er zuvor durch die Abwechslungen der menschlichen Gesinnungen, durch die schnellen Bewegungen derselben in ihm selbst und in anderen manches gelitten hat und leidet. Wir haben bereits erwähnt, dass »*Warte nur, balde, ruhest du auch*« gar nicht unbedingt etwas mit dem Tod zu tun haben muss. Überhaupt sollten wir nicht übersehen, dass Goethe in demselben Brief an die Stein den Kickelhahn launig »ALECKTRÜOGALLONAX« nennt. Macht man das, wenn man soeben an den großen Thanatos zu denken im Begriff ist? ALECKTRÜOGALLONAX ist weiß Gott weder ein Wort der Beschaulichkeit noch ein liebkosender Spitzname - es ist eher eine phoniatrische Zungenübung. Und ein bisschen Angeberei, um vor der Frau von Stein zu glänzen. Wahrscheinlich hat Goethe das doppelte Hühnchen[34] aus dem umgangssprachlichen »Kickel« und dem hochdeutschen »Hahn« in ein griechisch-lateinisches Kunstwort verwandelt, hat zum griechischen »alektryon« für Hahn das lateinische Wort »galluas« hinzugefügt und das Kompositum mittels eines Fugenelements »-n-« und einer gräzisierenden Endung »-ax« zusammengebunden. Ein Spiel. Wie so manches in Goethes Leben ein Spiel war, das wir heute in Ermangelung anderer Genies moralinsauer allzu ernst nehmen.

Nein, dieses Gedicht hat nichts mit Idylle zu tun oder mit heiliger biedermännischer Ruhe. So wenig, wie die ganze Welt damit zu tun hat. Vielleicht hat jener Rundfunkredakteur recht, der allen Ernstes meint, der Wanderer Goethe stünde wie der letzte Mensch auf dem Kickelhahn und blickte über die schweigenden Gipfel, als wäre überall Tschernobyl, was wohl den Hintersinn erklären könnte der Adornoschen Einlassung, das Gedicht wäre abgrundtief schön.[35] Abgründe also tun sich uns auf. Hier ein erster:

Frühe Anzeichen einer gewaltigen Verdrängungsarbeit genauso wie einer — wir würden heute sagen: — Managerkrankheit gibt es schon, als Goethe, sechsundzwanzigjährig, vor seiner sechzehnjährigen Verlobten Anna Elisabeth Schönemann, genannt Lilli, Hals über Kopf flieht, vor einer Frau, die nichts anderes im Sinn gehabt zu haben scheint, als ihn »in das leere Treiben des Frankfurter Goldprotzertums zu verstricken«, wie Franz Mehring behauptet. Lillis Mutter, eine Bankierswitwe reformierter Religion, lässt es zwar hingehen, dass Goethe sich mit ihrer Tochter verloben will, doch während eines pompösen Essens unter Anteilnahme einer großen Gesellschaft verkündet sie, eine solche Verbindung schicke sich wegen der unterschiedlichen Konfessionen keineswegs. Goethe, überrumpelt, findet, dass ihm seine Schwiegermutter in spe diese Offerte auch unter vier Augen hätte machen können und verschwindet beleidigt. Doch eines hat er nicht bedacht: Lillis Mutter benötigt die voyeuristische Clique zu ihrer Rückendeckung, weil sie befürchtet, bei einer Aussprache tête à tête der Goetheschen Disputierkunst zu erliegen. Allemal, auch später in Weimar, wird des Meisters »Disputierkunst« noch mehr beargwöhnt als seine »Mutwilligkeit«. Goethe findet eine andere Spezifikation für die Verweigerung. In seinen Lebenserinnerungen, die von aufschneiderisch vielen Paralipomena begleitet sind, souffliert er uns: »*Je mehr aber, um des wachsenden Geschäftskreises willen, den ich aus Liebe zu ihr« (womit er Lili meint) »zu erweitern und zu beherrschen trachtete, meine Besuche in Offenbach sparsamer werden und dadurch eine gewisse peinliche Verlegenheit hervorbringen mussten, so ließ sich wohl bemerken, dass man eigentlich um der Zukunft willen das Gegenwärtige hintansetze und verliere.*«[36] So biegt man sich seine Biographie zurecht und bringt gleichzeitig eines der Lieblingsmotive ins Spiel, das nicht nur bei Goethe die zwischenmenschlichen Beziehungen bei Schriftstellern im Allgemeinen regelt: Workaholismus. Wie in anderen solchen Fällen oft, erleben wir auch hier eine Ersatzhandlung. In seinem Gedicht LILIS PARK verwandelt Goethe sich in einen Bär (freilich nicht in einen roten) und brummt die ganze Wahrheit: »*Ha, manchmal läßt sie mir die Tür halb offen stehn, / Seitblickt mich spottend an, ob ich nicht fliehen will*« und »*Nicht ganz umsonst reck' ich so meine Glieder: / Ich fühl's! Ich schwör's! Noch hab' ich Kraft!*«[37]

»*Wenn Sie sich einen Goethe vorstellen können*«, heißt es in einem Brief aus jener Zeit, »*der in galoniertem Rock, sonst von Kopf bis Fuß auch in leidlicher Galanterie, umleuchtet vom unbedeuteten Prachtglanze der Wandleuchter und Kronenleuchter, mitten unter allerlei Leuten von ein paar schönen Augen am Spieltische gehalten wird, einen Goethe, der aus der Gesellschaft ins Konzert und von da auf den Ball getrieben wird und mit allem Interesse des Leichtsinns einer niedlichen Blondine den Hof macht, so haben Sie den gegenwärtigen Fastnachts-Goethe*«.[38] Weg ist er. Der Workaholismus eine feige Ausrede. Und das nicht zum ersten Mal. Schon Friederike von Brion (»Es schlug mein Herz, geschwind zu Pferde, / es war getan fast eh gedacht ...«) war von Goethe sitzengelassen worden, in Sesenheim, was dem Meister zu dem sophistischen Schuldeingeständnis Anlass gab, er habe das schönste Herz in seinem Tiefsten verwundet. Wollen wir hoffen, dass ihm die geißlerische Selbstkasteiung ebenso gut bekommen ist wie seine Flucht im September 1772 aus Wetzlar, wo er am Reichskammergericht, der obersten juristischen Behörde des alten deutschen Reiches, als Praktikant knuffte und nebenher Charlotte Buff kennenlernte, als er sie von daheim zu einem ländlichen Ball abholte, das liebenswürdigste Geschöpf; aber Charlotte war einem Juristen verlobt, und diesen Konflikt vermochte Goethe nicht aufzulösen außer in der Literatur — er verdrückte sich abermals, pilgerte liebeskrank durchs Lahntal und schrieb zwei Jahre später den Roman »DIE LEIDEN DES JUNGEN WERTHERS«, in dem er seinem Nebenbuhler den Namen Albert verpasste. Auch hier wieder stößt uns die sado-masochistische Selbstbezichtigung auf: Unter dem Datum vom 20. Dezember 1772 heißt es: »*Es ist beschlossen, Lotte, ich will sterben, und das schreibe ich dir ohne romantische*

*Ueberspannung, gelassen, an dem Morgen des Tages, an dem ich dich zum letztenmale sehen werde. Wenn du dieses liesest, meine Beste, deckt schon das kühle Grab die erstarrten Reste des Unruhigen, Unglücklichen, der für die letzten Augenblicke seines Lebens keine größere Süßigkeit weiß, als sich mit dir zu unterhalten. Ich habe eine schreckliche Nacht gehabt, und ach!, eine wohlth*ätige Nacht. Sie ist es, die meinen Entschluß befestigt, bestimmt hat: ich will sterben! Wie ich mich gestern von dir riß, in der fürchterlichen Empörung meiner Sinne, wie sich alles das nach meinem Herzen drängte und mein h*offnungsloses, freudeloses Daseyn neben dir in gräßlicher Kälte mich anpackte — ich erreichte kaum mein Zimmer, ich warf mich außer mir auf meine Knie, und o Gott! du gewährtest mir das letzte Labsal der bittersten Thränen! Tausend Anschläge, tausend Aussichten wütheten durch meine Seele, und zuletzt stand er da, fest, ganz, der letzte, einzige Gedanke: ich will sterben! — ich legte mich nieder, und Morgens, in der Ruhe des Erwachens, steht er noch fest, noch ganz stark in meinem Herzen: ich will sterben! — Es ist nicht Verzweiflung, es ist Gewißheit, daß ich ausgetragen habe, und daß ich mich opfere für dich. Ja, Lotte! warum sollte ich es verschweigen? Eins von uns dreyen muß hinweg, und das will ich seyn!*«[39]

Verfügte Werther alias Goethe nicht über Tränen aus eigener Kraft, dass er Gott darum bemühen musste? Goethe jedenfalls ist seinerzeit nicht gestorben, schon gar nicht von eigener Hand. Vielmehr verstand er es fortan, über die Frauen mit nunmehr sublimiertem Selbstverständnis zu dozieren. In dem Bericht seines Famulus' Johann Peter Eckermann über eines seiner Gespräche mit dem Dichter vom 22. Oktober 1828 heißt es: »*Heute war bey Tisch von den Frauen die Rede, und Goethe äußerte sich darüber sehr schön. ›Die Frauen, sagte er, sind silberne Schalen, in die wir goldene Äpfel legen. Meine Idee von den Frauen ist nicht von den Erscheinungen der Wirklichkeit abstrahirt, sondern sie ist mir angeboren, oder in mir entstanden. Gott weiß wie. Meine dargestellten Frauen-Charactere sind daher auch alle gut weggekommen, sie sind alle besser, als sie in der Wirklichkeit anzutreffen sind.‹*«[40]

Der gütige Zufall wollte es, dass in dieser prekären Situation Karl August, der Herzog von Sachsen-Weimar-Eisenach, nachhalf und Goethe zu sich einlud. Er hatte den Dichter im Dezember des Vorjahres zu Frankfurt auf Vermittlung seines Reisebegleiters, des Majors von Knebel, kennengelernt. »*Ich muß fort!*« ächzt Goethe augenblicklich. »*Ich wär ein Tor, mich fesseln zu lassen. Dieser Zustand erstickt alle meine Kräfte, dieser Zustand raubt mir allen Mut der Seele, er engt mich ein. Was liegt nicht alles in mir, was könnt' ich nicht alles entwickeln. Ich muß fort in die freie Welt!*«[41] Aber der Vater ist — wie so oft, wenn Goethe erwachsen werden will — dagegen. Goethe hatte auf dessen Geheiß in Leipzig Jura studieren müssen, obwohl er lieber Literatur in Göttingen hätte hören mögen (sogar das Colleg des Dichters Gellert, der in Leipzig Moral las, enttäuschte den Sechzehnjährigen), und dort den bereits erwähnten Blutsturz erlitten, dessen physische wie psychische Nachwirkungen auszukurieren er volle anderthalb Jahre brauchte, dann erst konnte er in Straßburg, ebenfalls auf Vermittlung des Vaters, seine Studien fortführen (wo ihn das als barbarisch verschriene gotische Münster, auf dessen Turm er seine Höhenangst zu besiegen suchte, gleichgesinnt stimmte), und schließlich gab es noch das besagte Intermezzo in Wetzlar. Nun erwartete der Vater, als freier Bürger einer freien Stadt, von dem Angebot des allzu jungen Fürsten wieder nur Unheil. Als der von Karl August zugesagte Reisewagen nicht eintraf, fühlte er sich bestätigt. Er befahl den Sohn nach Italien. Goethe kam aber nur bis Heidelberg, wo ihn ein Kurier des Weimarer Herzogs einholte und die Verzögerung glaubhaft aufklärte. Nun erst recht setzte Goethe gegen den Willen seines Vaters endlich einmal seinen Kopf durch und folgte dem Kurier des thüringischen Herzogs.

Am 7. November 1775 um 5:00 Uhr in der Frühe trifft der Lizentiat des Rechts nach neun Reisetagen in der Kutsche des Kammerpräsidenten Johann Karl Alexander von

Kalb und begleitet von dessen Sohn in Weimar ein, einem hinterwäldlerischen Nest von sechstausend Seelen (von denen zweihundertsiebzig zum Hofstaat gehören) — das gesamte Herzogtum Sachsen-Weimar-Eisenach umfasst ohnehin nur vierunddreißig Geviertmeilen und beherbergt schlappe neunzigtausend Landeskinder. Ackerwagen begegnen der Kutsche, eine Kanalisation gibt es in dem »halben Dorf« Weimar nicht. Auf den kotigen Straßen tummeln sich die Schweine und Hühner. Später wird Goethe in aller Wissenschaftlichkeit die Ratten untersuchen, die durch sein Haus am Entenplan spazieren. Dergleichen kennt er aus seinem patrizischen Frankfurt am Main, der nach Berlin und München drittgrößten Stadt Deutschlands, die gepflasterte Straßen und einen schiffbaren Fluss vorzuweisen hat und in der seit Jahrhunderten die deutschen Kaiser gewählt werden, ganz anders. Weimar — Hauptort eines Staates, der, man stelle sich vor, keinerlei offiziellen Handel treibt und deshalb zum Gespött Europas geworden ist: hie der literarische Höhenflug der (mit Herder und Schiller dann) vier Genien, dort die Erbärmlichkeit des praktischen Lebens. Hofstaat und Militär, im Verhältnis ausgestattet wie bei einer europäischen Großmacht, verschlingen Unsummen. Die Kammerschulden belaufen sich auf etwas weniger als zweihunderttausend Taler, was heute einem Wert von knapp einer Million Euro entspräche. Auch deshalb wird Goethe bald einige seiner Projekte scheitern sehen. Seine Bemühungen, den Tagebau wiederzubeleben, nachdem die Gruben jahrzehntelang geschlossen gewesen waren, schlagen fehl. Angesichts eines Stolleneinbruchs und eines verödenden Flözes, das die Bergleute arbeitslos macht, lässt er am Donnerstag, dem 7. September 1780 in einem mit Bleistift geschriebenen Brief an seine Frau von Stein einen Seufzer vernehmen: »*Wir sind auf die hohen Gipfel gestiegen und in die Tiefen der Erde eingekrochen, und möchten gar zu gern der großen formenden Hand nächste Spuren entdecken. Es kommt gewiß noch ein Mensch, der darüber klar sieht. Wir wollen ihm vorarbeiten. Wir haben recht schöne große Sachen entdeckt, die der Seele einen Schwung geben und sie in der Wahrheit ausweiten. Könnten wir nur auch bald den armen Maulwürfen von hier Beschäftigung und Brot geben.«*[42] Noch leidet er mit den Armen und Bedürftigen, was sich auch in einem Brief vom 20. Juni 1784 an Gottfried Herder und dessen Frau bestätigt, in dem es heißt: *»Das arme Volk muß immer den Sack tragen und es ist ziemlich einerlei, ob er ihm auf der rechten oder linken Seite zu schwer wird.«*[43] Am 17. April 1782 weist Gothe in einem Schreiben an Karl Ludwig Knebel auf eines der Grundübel hin, das ihn mehr und mehr verbittert: *»So steig ich durch alle Stände aufwärts, sehe den Bauersmann der Erde das Nothdürftige abfordern, das doch auch ein behäglich Auskommen wäre, wenn er nur für sich schwitzte; Du weißt aber, wenn die Blattläuse auf den Rosenzweigen sitzen und sich hübsch dick und grün gesogen haben, dann kommen die Ameisen und saugen ihnen den filtrirten Saft aus den Leibern. Und so geht's weiter, und wir haben's so weit gebracht, dass oben immer an einem Tage mehr verzehrt wird, als unten in einem organisiert / beygebracht werden kann.«*[44]

Fürs erste und weil der Aufenthalt nicht von langer Dauer sein soll, logiert Goethe beim Kammerpräsidenten von Kalb im Schatten der Stadtkirche am Töpfermarkt. Am Hofe ist er mit Ungeduld erwartet worden. Schon am ersten Abend lernt der Dichter auf der Redoute alle Höflinge kennen. Der achtzehnjährige Herzog Karl August, die KRAFTNATUR, hat erst zwei Monate zuvor die Regierung übernommen und geheiratet (über seine stille Gemahlin Luise von Hessen-Darmstadt, die schon bald unter seinen Ausschweifungen und an ihres Gatten Urteil leiden wird, es fehle ihr an jener Lieblichkeit und geistigen Anmut, die zum Glück der Ehe erforderlich sei,[45] spricht heute kaum noch jemand). Der sechsundzwanzigjährige Goethe gerät in die nicht enden wollenden Krönungs- und Hochzeitsfeierlichkeiten, die allerdings in vergleichsweise bescheidenem Rahmen ablaufen, weil das Weimarer Schloss im Jahr davor abgebrannt ist. An seine Eltern schreibt Goethe, der Hätschelhans, schon nach zwei Wochen seines Aufenthalts: »Gott weiß, wozu ich noch bestimmt bin, dass ich solche Schule durchgeführt werde. Sie gibt meinem Leben neuen Schwung, und es wird alles gut werden« und »Wie eine Schlittenfahrt geht mein Leben — rasch weg und klingelnd.«[46]

Er hat allen Grund zu frohlocken. Bei Hofe ist man den Musen freundlich gesonnen. Im Wittumspalais der Herzogin Anna Amalia, die im Alter von zwanzig Jahren schon Witwe geworden ist, trifft sich am Runden Tisch regelmäßig der MUSENHOF — Künstler, Gelehrte und Mitglieder der Hofgesellschaft. Man parliert über die Zeitläufte und liest einander tintenfrische Gedichte vor. Wieland (der 1772, sozusagen als Vorgänger Goethes, von der Herzogin Anna Amalia als Erzieher ihres Sohnes an den Hof geholt worden ist) und später Herder (der 1776 auf Empfehlung Goethes gegen den Widerstand der alteingesessenen Geistlichkeit zum Hofprediger berufen wird), gehören diesem erlauchten Kreis an. Hier begegnet Goethe auch Charlotte von Stein, der Gattin des Oberstallmeisters Josias von Stein, mit dem sie sieben Kinder hat, und die mystische sieben Jahre älter ist als der Dichter. Goethe erregt allgemein unerhörtes Aufsehen. Er gilt als der neue stürmisch-drängende Geist, gleichzeitig genialisch und elegant — mit Stiefeln, Sporen und grünem Jagdrock (seit er sich weigert, die altmodische Gewandung zu tragen, die ihm bislang von seinem Vater verordnet worden war, entwickelt er einen eigenwillig grellen Geschmack). Er scheint die Inkarnation des neuen Menschen — frei von Zwängen. Wir ahnen bereits, dass es dabei einen Haken gibt. Kurzum: Diejenigen, die ihn bisher noch nicht kannten, seift er kräftig ein mit seiner verführerischen Kunst, beim Vortrag von einem Versfuß in den nächsten zu springen. »Das ist entweder Goethe oder der Teufel«, ruft ein Besucher Wieland zu, der in einer der Musenhofgesellschaften hinter ihm am Tische sitzt. »Beides«, antwortet Wieland bescheiden.[47] Wieland schreibt am 10. November 1775 an Jacobi: *»O bester Bruder, was soll ich dir von Goethe sagen? Wie ganz der Mensch beim ersten Anblick nach meinem Herzen war! Wie verliebt ich ihn wurde, da ich an der Seite des herrlichen Jünglings zu Tische saß! (...) Seit dem heutigen Morgen ist meine Seele so voll von Goethe wie ein Tautropfe von der Morgensonne!«*[48]

Nachdem er im Sommer 1776 in sein Refugium, das Gartenhaus an der Ilm, gezogen ist und ihm vom Herzog angetragen ward, in den Staatsdienst einzutreten, liefert uns Goethe ein Panorama seiner euphorischen, kraftmeierischen Stimmungen. In seinem von energischen Trochäen geprägten Gedicht »SEEFAHRT«, das am 11. September entsteht und handschriftlich an Herder geht, sehen wir ihn, wie er sich im Durchhaltejargon einem bedrohlichen Schicksal entgegenstemmt.[49] Gottgesandte Wechselwinde stürmen in den Versen vor sich hin, und dann verlautet zu guter Letzt über den Schiffer:

»Doch er stehet männlich an dem Steuer.
Mit dem Schiffe spielen Wind und Wellen,
Wind und Wellen nicht mit seinem Herzen.
Herrschend blickt er auf die grimme Tiefe
Und vertrauet, scheiternd oder landend,
Seinen Göttern.«[50]

Letzte Nachwehen des so genannten »STURM UND DRANG«. Als der Dichter diese Probe postpubertären Protzertums gibt (des »männlichen Willens, der sich ein festes Ziel setzt und den Kampf mit dem Schicksal bewusst aufnimmt«, wie es bei Erich Trunz heißt), weilt er mal gerade ein knappes Jahr in Weimar. Noch widersteht er den Anfeindungen »herrschend«. Er wird, denkt er, seinen Weg nehmen, »scheiternd oder landend«, denkt er, und bei alledem wird sein Herz kalt bleiben, weil er die Gewalten nicht mit ihm spielen lässt, denkt er. Am 6. März 1776, also ein halbes Jahr vor der Entstehung des Gedichts, schreibt Goethe an Johann Caspar Lavater: »*Ich bin nun ganz einge-schifft auf der Woge der Welt — voll entschlossen: zu entdecken, ge-winnen, streiten, scheitern oder mich mit aller Ladung in die Luft zu sprengen*«.[51] Dergleichen lässt sich leichten Herzens behaup-ten, wenn man(n) stinkreich ist. Goethe verfügt immerhin über ein Familienvermögen von achtzigtausend Gulden und leidet zeitlebens nie unter Geldsorgen (Wilhelm von Humboldt, der 1816 gegenüber seiner Frau das Gegenteil behauptet, weil sich Goethe darüber beklagt habe, dass er seinen Bediensteten hätte anborgen müssen, irrt). Freilich ist es angeraten, die tausendzweihundert Taler, die Goethe pro Jahr erhält, nicht aufzuwiegen gegen die zehntausend Taler, die Karoline Jagemann, die Geliebte des Herzogs, einheimst. Ein durchschnittlicher Weimarer Beamter ver-dient 600 Taler, also die Hälfte, ein Handwerker etwa hun-dert Taler jährlich; später wird Goethes Jahresgehalt auf zweitausend Taler aufgestockt werden). Alles in allem muss sich der Legationsrat um die existentiellen Bedrängnisse des Alltags kaum bekümmern und darf sorglos promethe-isch vor sich hin träumen.

Allerding — diese Stürmer-und-Dränger-Ideologie ab-zubauen, wird er als erstes gezwungen sein, und dass er dann in Weimar seinen Weg tatsächlich macht, ist nichts weniger als das Verdienst einer männlichen Steuermanns-mentalität, vielmehr ist Goethe bald, spätestens nach den schweren Krisen zu Anfang der neunziger Jahre, als ein Wendehals verschrien. Er selbst betrachtet jene zunehmen-de Betäubung der inneren Ruhelosigkeit nicht als eine krän-kende Niederlage, sondern als einen Reinigungsprozess, der ihn von vielen Schlacken befreie.[52] Das ist eine Selbstlü-ge, die, wie wir noch sehen werden, seinen philosophischen Auffassungen widerspricht. Die Deutschen aller Epochen wissen nur zu gut, dass es nicht die Helden sind, die überleben. Schon werden in Weimar Stimmen laut, die beck-messerisch maulen, so wie Charlotte von Stein in einem Brief vom 10. Mai 1776 an Louise von Döring: »*Goethe cause ici un grand bouleversement; s'il sait y remettre ordre, tant mieux pour son genie.*«[54] (»*Goethe verursacht hier einen großen Umsturz. Wenn er auch wieder Ordnung machen kann, umso besser für sein Genie.*«)[53] Vielleicht deshalb ist Goethe auch bald selbst von Vorahnungen geplagt, womöglich hat ihn der frühe Blutsturz sensibel gemacht dafür, dass der Mensch nur Gast auf Erden ist: » *Das Tagewerk, das mir aufgetragen ist, das mir täglich leichter und schwerer wird, erfordert wachend und träumend meine Gegenwart, diese Pflicht wird mir täglich theurer, und darin wünschte ich's den größten Menschen gleich zu thun, und in nichts Größerem. Diese Begierde, die Pyramide meines Daseins, deren Basis mir angegeben und gegründet ist, so hoch als möglich in die Luft zu spitzen, überwiegt alles Andere, und läßt kaum augenblickliches Vergessen zu. Ich darf mich nicht säumen, ich bin schon weit in Jahren vor, und vielleicht bricht mich das Schicksal in der Mitte, und der babylonische Thurm bleibt stumpf unvollendet. Wenigstens soll man sagen, er war kühn entworfen, und wenn ich lebe, sollen, will's Gott, die Kräfte bis hinauf reichen.*«[55] In solchen »*Anspannungen*«, »*die weit über das Mass dessen hinausgehen, was bei den angestrengtesten körperlichen Leistungen der Triebe, bei der Stärksten Sehnsucht nach Befriedigung organischer Lust zu erwarten wäre*«, erkennt der Wiener Psychiater Adolf Adler bei Goethe einen Akt der psychischen Kompensation und einen »*Zwang zur Erhöhung des Persönlichkeitsgefühls*«.[56]

DER LETZTE VERSUCH

Goethe ist — nach Leibniz — der wohl letzte Versuch eines Universalgenies, und wir befürchten, mit zunehmendem Alter ahnt er, dass er nichts anderes als ein letzter Versuch ist. Anfänglich ist er unsicher, ob er nicht eher zum Politiker oder Naturwissenschaftler oder bildenden Künstler taugt, denn zum Dichter, als der er freilich, vor allem mit dem »GÖTZ« und dem »WERTHER«, dem »URFAUST« und »EGMONT« sowie mit zahlreichen Gedichten schon einigen succès gehabt hat (und übrigens auf so manchem Index steht). Seine neuen Ämter versieht er mit dem gehörigen Ernst, aber auch mit einer kräftigen Portion Blauäugigkeit. Als Staatsmann wagt er die politische Sysiphusarbeit, einen zwar kultivierten aber ungestümen Duodezpotentaten zu Wohlfahrt und Schöngeisterei zu erziehen — wozu es, wie wir sehen werden, etlicher Umwege bedarf, denn Goethe selbst war ungestüm — sowie die finanziellen Belange des Staates zu ordnen, als Naturwissenschaftler ficht er gegen die klerikale Orthodoxie, wie sie ihm in der »SYSTEMA NATURAE« des Botanikers Carl von Linné entgegentritt oder in dem metaphysischen Materialismus des Anatomen Georges Cuvier, und auch Isaac Newtons und Albrecht von Hallers Mechanismus, des ersteren in der Optik, des letzteren in der Medizin, bieten ihm reichlich Angriffsflächen. Der trübselige Erfolg all dieser Verstrickungen ist, dass die Tagesgeschäfte eine kontinuierliche Fortführung seiner großen poetischen Entwürfe weitgehend verhindern. Ausgeführt werden, wohl auch in Goethes Daseinsform als Maître de plaisir (wie Herder ihn abfällig tituliert), Gelegenheitsarbeiten zur Befriedigung der höfisch-ständischen Lustbarkeitsbedürfnisse im herzoglichen Liebhabertheater — wie »LILA, EIN FEENSPIEL«, »JERY UND BRÄTELY« (Ein Schweizerdrama), »DIE VÖGEL« (nach Aristophanes, worin, wie Friedrich Heinrich Jacobi an Johann Jakob Wilhelm Heinse schreibt, »*Klopstock als Uhu und der junge Cramer als Ente die vornehmsten Rollen spielten*«) und »ELPENOR« (womit die Aristokraten sich die Wartezeit vor der Geburt des Prinzen Konstantin zu verkürzen trachten). Erst 1779, innerhalb von sechs Wochen, vollendet er in einem großen Wurf die Erstfassung seiner »IPHIGENIE«, aber »*Den ganzen Tag brüt ich über Iphigenien daß mir der Kopf*

*ganz wüst ist, ob ich gleich zur schönen Vorbereitung letzte Nacht
10 Stunden geschlafen habe. So ganz ohne Sammlung nur den einen
Fus im Steigriemen des Dichter-Hippogryphs, wills sehr schwer sein
etwas zu bringen das nicht ganz mit Glanzleinwandlumpen gekleidet
sei. Musik habe ich mir kommen lassen die Seele zu lindern und die
Geister zu entbinden«.*[58] Trotz bescheidener Erfolge im operet-
tenhaften Liliputformat, wie Wolfgang Vulpius es nannte,
vor allem im Militärwesen und im Wegebau, schlagen viele
der anderen Goetheschen Reformversuche im Bergbau sowie zur Verbesserung der manufakturellen und landwirt-
schaftlichen Produktion fehl, weil sie das Misstrauen derer
erregen, die auf ihren Pfründen hocken. So geschehen, als
Goethe in seiner Eigenschaft als Kammerpräsident, die ihn
auch zur Reorganisation des Finanzwesens verpflichtet, einen Einnahme-Ausgabe-Etat festsetzt und damit zugleich
die Schmerzgrenze, bis zu welcher der Herzog sich aus den
Fleischtöpfen bedienen darf.

Mit verblüffender Rasanz schafft sich Goethe Feinde.
Vornehmlich handelt es sich um solche, die ihm um seine
Favoritenrolle beim Herzog beneiden. Karl Augusts Groß-
zügigkeit tut ihr Übriges. Um seinen neuen Freund an Weimar zu binden und ihn gleichzeitig zum Weimarer Bürger
zu machen, schenkt er Goethe ein altes Winzerhaus aus
dem 16. Jahrhundert, oder, wie es im Kaufvertrag vom 22.
April 1776 steht, den er aufsetzen lässt, damit sich die Hof-
schranzen nicht die Mäuler zerreißen, den »*Garten auf dem
Horne samt dem darinnen befindlichen Garten-Hause, nebst allen,
was darinnen Erd-, Wand-, Band-, Nied- und Nagelfest ist*«. Pro
forma erwirbt Goethe das Grundstück, das den Erben der
1775 verstorbenen Elisabeth Börner gehört hatte, für 600
Taler, allerdings mit dem Geld des Herzogs, wobei Friedrich
Justin Bertuch in seiner Eigenschaft als Geheimsekretär
und Verwalter der herzoglichen Privatfinanzen den
Vermittler abgab (in Bertuchs 1782 gegründeter Fabrik für
Kunstblumen war Goethes spätere Frau Christiane Vulpius

beschäftigt). Das Küfer-, sprich: Gartenhaus steht am so genannten Stern unweit jenes Anwesens, in dem die Frau von Stein wohnt (drei Minuten Fußweg), und wir mutmaßen, der junge Herzog weiß in jeder Hinsicht, womit er seinen neuen Freund fest an sich binden kann. Weil das Gartenhaus ziemlich heruntergekommen und der Garten völlig verwildert ist, steckt Goethe noch einmal 300 Taler in die Renovierung (Dach, Fußböden, Fenster, Türen) und die Landschaftsgestaltung. Für weitere 350 Taler, ebenfalls aus dem Geldsäckel des Herzogs, beschafft er sich für sein neues Domizil die Inneneinrichtung.

Abb. 5: Goethes Gartenhaus, Arbeitszimmer. Bildpostkarte, Verso.

Während Goethe von den Hofhandwerkern und Gärtnern Baum an Baum pflanzen, Spaliere an den Hauswänden hochziehen, den Abhang hinter dem Haus in Terrassen anlegen und steinerne Treppen bauen lässt, braut sich weiteres Ungemach zusammen: Als nämlich Karl August seinen Günstling wenig später als Geheimen Legationsrat mit Sitz und Stimme ins dreiköpfige Geheime Conseil, das oberste Staatsorgan, berufen will, wird dessen Präsident,

48

Jakob Friedrich Freiherr von Fritsch (der Dritte im Bunde ist Christian Friedrich Schnauß), beim Landesfürsten vorstellig, er wolle der Ernennung nicht beipflichten, weil Goethe zwar seit dem Juni 1776 den Titel eines Geheimen Legationsrats trage, sich aber nicht »*von unten auf*«, also als Amtmann, Professor (sprich: Lehrer), Kammer- und Regierungsrat empor gedient habe — ein durchaus tragfähiges Argument, wenn wir bedenken, dass der Verkauf von Ämtern im Staatsdienst (im Württemberg Schillers kriegt man ein Amt ab fünfzig Gulden) gang und gäbe ist. Außerdem ist Goethe ein schnöder Bürgerlicher. Der Zyniker Karl Friedrich Siegmund Freiherr von Seckendorff, seines Zeichens Kammerherr, Schriftsteller und Komponist, bebt vor Neid über die tausendzweihundert Taler Jahresgehalt, die Goethe bezieht, und fürchtet (gleich anderen) um seinen Posten, weil höheren Orts beschlossen worden sei, »*allen denjenigen bedeutende Stellen zu verleihen, die bisher nur zur Unterhaltung des Herrn da waren ...*«[59] Als Goethe am 5. September 1779 zum Geheimen Rat ernannt wird, vermehrt sich der Hass, die stille Wut (das »*odium Vatinianum*«, wie es Wieland nennt). Daran ist Goethe allerdings nicht unwesentlich beteiligt. Er überwirft sich mit einem seiner innigsten Freunde, dem Philosophen und Schriftsteller Friedrich Heinrich Jacobi, mit dem er seit fünf Jahren auf Duz-Fuß steht und den er in liebesbriefähnlichen Billets immer einmal wieder als »FRIDERICE FRITZEL« anredet. Das Schicksal nimmt seinen Lauf, als Goethe Jacobis Roman »WOLDEMAR. EINE SELTENHEIT AUS DER NATURGESCHICHTE« voller Übermut und zum Gespött aller Intellektuellen »*an eine Eiche zu Ettersburg*« nagelt, weil ihm der »*Geruch*« des Textes stinkt, und dabei frotzelt, dass beide zum Henker gehörten, WOLDEMAR genauso wie JACOBI. Zu allem Überfluss kommt die sich anschließende Spottrede, eine Parodie auf den Schluss des WOLDEMAR-Romans, in Umlauf — die Herzogin lässt sie, warum auch immer, drucken. Jacobi beschimpft Goe-

the daraufhin als einen aufgeblasenen Gecken, der ihm ekel-
haft und verdächtig erscheint und Grimm, Bosheit und Tü-
cke gegen ihn im Herzen trage.[60] 1776 sorgt Goethe dafür,
dass Jakob Michael Reinhold Lenz, der ihn noch von der
Straßburger Zeit her seinen »*Bruder*« nennt, nun eine Weile
bei ihm untergekrochen und am 5. März von ihm dem Herzog vorgestellt worden ist, aus Weimar ausgewiesen wird.
Bis heute vermögen wir nur zu raten, warum. Gerüchte gehen um, er habe Schulden gemacht.[61] Es ist anzunehmen,
dass diese Gerüchte von Goethe gezielt ausgestreut sind,
denn es wäre ausreichend genug gewesen, dem Lenz vorzu-
werfen, er wolle Goethe »*zum vorzüglichsten Gegenstande seines
imaginären Hasses und zum Ziel einer abenteuerlichen und grillen-
haften Verfolgung*« machen.[62] Die frühere Geliebte Goethes,
die vierundzwanzigjährige Friedrike Brion, bei der Lenz
sich angeblich als Liebhaber »*introduziert*« habe, um her-
umzuspionieren und den Exfreund Goethe herabzusetzen,
stößt von Sesenheim aus ins gleiche Horn. Möglicherweise kommen wir der Wahrheit näher, wenn wir festhalten,
dass Lenz gegenüber Goethe zwei wiedergutzumachende
Lapsus begangen hat. Erstens, indem er die gleiche Frau
interessant fand, und zwar Charlotte von Stein, und ihr auf
deren Gut Großkochberg (mit der Kutsche sieben, zu Pferde drei Stunden Wegs von Weimar entfernt) Nachhilfestun-
den in Englisch gab, von denen er an Goethe berichtete,
die Stein würde seine Lektionen besser finden, als die goetheschen.[63] Zweitens indem er seinem »*Bruder*« bei seiner Karriere am Hofe auf die Füße tritt, denn Lenz, der Wilde, der
Revolutionär, der Kritiker des Hofmeisterwesens, versaut
ihm die Reputation, nicht nur weil er mehr Charme entwickelt, sondern weil er unangepasst bleibt, während der
ehrsüchtige Goethe den anderen Genies vorlebt, dass An-
passung sich lohnt.

Auch sonst pflegt Goethe nicht eben der christlichen
Nächstenliebe. Er sei kalt wie eine Türklinke, heißt es in

einem zeitgenössischen Brief. Als Jahre danach Goethes Gönner und Förderer, sein erster Verleger, der Darmstädter Kriegszahlmeister Johann Heinrich Merck, mit einer Behindertenwerkstatt in finanzielle Schwierigkeiten gerät, lässt ihn der Dichter kaltblütig im Regen steh'n, weil er ihm nicht fein genug ist — Merck begeht daraufhin Selbstmord. Noch später wird Goethe, den jüngst der englische Germanist W. Daniel Wilson als so etwas wie den informellen Mitarbeiter des herzoglichen Geheimdienstes bezeichnete[64], den Literaturwissenschaftler und Philosophen Lorenz Oken seiner antifeudalen, demokratischen Gesinnung wegen denunzieren und auf diese Weise dafür sorgen, dass er von der Universität Jena geschasst wird, ähnlich im Falle des atheistischen Philosophen Johann Gottlieb Fichte, der vom Pult aus verkündigt, dass es in zwanzig bis dreißig Jahren keine Fürsten oder Könige mehr geben werde (allerdings macht auch das Fürstentum Gotha, das neben Coburg und Meiningen für die Erhaltung der Universität aufkommt, wegen Fichtes »politischer Unzuverlässigkeit« unverschämten Druck, und Kursachsen droht damit, seinen Studenten den Besuch der Jenaer Universität zu verbieten, was Russland bereits praktiziert), oder im Falle des Professors Gruner, der 1801, weil er in einer öffentlichen Preisschrift eines der zwölf herzoglichen Institute kritisiert, von Goethe unbarmherzig gemaßregelt wird.

Carl August und das Geheime Consilium holen Berichte über aufsässige Reden ein, in denen sich Bauern über die Fronlasten beschwerten, und bestrafen mehrfach die Schreiber von Eingaben. Am 10. und 11. Juni 1793 brachen unter den hungernden Strumpfwirkern von Apolda Unruhen aus.[65] Zwei Verleger wurden misshandelt, einer an den Haaren herumgeschleift. Das Geheime Consilium ließ erst Ordnung schaffen und setzte dann Reformen durch. Lärmende, den Professoren die Fenster einschmeißende Studenten der Universität Jena wurden überwacht, die akademischen Orden zerschlagen. Das Nebeneinander von Reformversuchen und Polizeimaßnahmen bestimmte die Politik im Herzogtum Sachsen-Weimar. Noch 1830 tobt Ludwig Börne, dass mit dem baldigen Tod dieses Fürstenknechtes die Freiheit in Deutschland erst geboren werde. Darüber, warum Goethe nach zehn Tagen Akten- und Literaturstudium am 4. November 1783 als Drittgutachter ein Todesurteil gegen eine Kindsmörderin unterschreibt, dem gegenüber der Herzog sich zumindest schwankend zeigt, streiten sich bis zum heutigen Tage alle eingeborenen Humanisten, denn Goethes Gutachten zu dem Fall ist auf wundersame Weise verloren gegangen. Jedenfalls wird am 28. November 1783 auf den Urteilsspruch des Schöffenstuhls zu Jena Anna Catharina Höhne aus Tannroda durch das Schwert hingerichtet. Goethe ist, zumindest theoretisch, vertraut mit dem juridischen Gegenstand. Bekanntlich lautete schon 1771 eine jener Thesen, mit denen er in Straßburg zum Lizentiaten der Rechtswissenschaft promoviert wurde: »*Ob eine Frau, die ein Neugeborenes grausam umbringt, mit dem Tode zu bestrafen sei, ist eine Streitfrage unter den Gelehrten*« (im Original natürlich Latein: »*An foemina partum recenter editum trucidans capite plactenda sit? quaestio est inter Doctores controversa*«).[66] Die 1772 hingerichtete Susanna Margareta Brandt bietet ihm dann die authentische Vorlage für die Gretchentragödie im »FAUST«. Nun räsoniert er in seinen Maximen und Reflexionen zu dem Kasus Johanna Höhn, ganz im Sinne der metaphysischen Rechtslehre Immanuel Kants: »*Wenn man den Tod abschaffen könnte, dagegen hätten wir nichts; die Todesstrafen abzuschaffen wird schwer halten. Geschieht es, so rufen wie sie gelegentlich wieder zurück. Wenn sich die Sozietät des Rechts begibt, die Todesstrafe zu verfügen, so tritt die Selbsthilfe unmittelbar wieder hervor, die Blutrache klopft an die Tür.*« Oder mit den Worten des Staatslehrers Möser gesagt: »*Für Goethe war die staatliche Todesstrafe der Preis, um den die Staatsgewalt den Angehörigen des oder der Ermordeten das ursprüng-*

liche Recht auf Privatrache, auf Blutrache, abgekauft hat.«[67] Damit aber stand Goethe wieder einmal im krassen Widerspruch zum Präsidenten des Geheimen Conseils, Freiherr von Fritsch, der für solche Verbrechen, die von unehelichen Müttern begangen wurden, keine verbindliche Strafe mehr festgelegt wissen wollte, das heißt, er empfahl, ganz wie wir uns das heute noch wünschen, »*in einem jeden Fall nach sorgfältiger Untersuchung und Erforschung aller Umstände*« variabel zu entscheiden.[68]

DIE STARRE MASKE DER VERLEGENHEIT

Dieser ganze Kladderadatsch, der — wie wir gesehen haben — zu Teilen an den ethischen Grundsätzen der Gesellschaft rüttelte, nimmt sich dermaßen marktschreierisch aus, dass sogar der einst so euphorische Wieland sich mehr und mehr zögerlich zeigt. Angesichts seiner zyklischen Hyperbeln aus der Anfangszeit mit Goethe nimmt sich die Einschätzung, die er gegenüber dem Schriftsteller und Hannoveraner Leibarzt Johann Georg von Zimmermann gibt, ziemlich kleinlaut aus, denn er bemerkt, er solle nicht alles leicht glauben, wenn er Absurdes oder Schlechtes über Weimar hört, es gehe »*so gut als möglich*«.[69] Klar ist: Goethe wird zum bestgehassten Mann des Herzogtums. Klopstock glaubt gar, es werde ein blutiges Ende für Goethe nehmen, denn der Adel sei aufs Äußerste gegen ihn erbittert.[70] Julie von Eggloffstein, eine junge Verehrerin Goethes, spricht von einer starren Maske, die dieser aus Verlegenheit und Konvention aufzusetzen pflegte.[71] Goethe hatte seine Techniken. Aber er hatte eben auch, was man nicht vermuten sollte, Hemmungen. Er selbst sagte, um unsanften Berührungen zu entgehen, müsse er sich mit einem harten Panzer umgeben. Auch Titel und Orden dienten ihm dabei als eine Art Bollwerk. Seine Härte und Strenge habe er nur als Mittel der Selbstverteidigung angenommen. Klingt das etwa nach Idylle? Nicht genug mit Neid, Missgunst und Borniertheit seiner Kollegen, unter denen er keinen »NEUEN MENSCHEN« fände, der das Gehörige sogleich ohne Missgriff ausführte, nicht genug mit der Erbärmlichkeit von Finanzen und Wirtschaft, die ihm, wie er klagt, manchmal die Knie zusammenbrechen lassen, so schwer sei das Kreuz, das er, allein auf sich gestellt, tragen müsse. Mehr noch: Karl August, um dessentwillen er diesen Einschnitt in seiner Biographie gemacht hat, entpuppt sich als unverbesserlicher Tunichtgut. Wir haben uns einen tolldreisten und albernen Fürsten vorzustellen, der zum Spaß gerne Wachslichter zerknaupelt. In einem Gespräch, das Goethe am 23. Oktober 1828 mit seinem Privatsekretär Johann Peter Eckermann führte, gab er rückblickend ein bezeichnendes Charakterbild Karl Augusts: »*Er war damals sehr jung, (...) doch ging es mit uns freilich etwas toll her. Er war wie ein edler Wein, aber noch in gewaltiger Gärung. Er wußte mit seinen Kräften nicht wo hinaus, und wir waren oft sehr nahe am Halsbrechen. Auf Parforcepferden über Hecken, Gräben und durch Flüsse, und bergauf, bergein sich tagelang abarbeiten, und dann nachts unter freiem Himmel kampieren, etwa bei einem Feuer im Walde: das war nach seinem Sinne. Ein Herzogtum geerbt zu haben war ihm nichts, aber hätte er sich eines erringen, erjagen und erstürmen können, das wäre ihm etwas gewesen.*«[72] Die beiden laufen auf Schlittschuhen übers Eis und nächtigen unter freiem Himmel. Eines Tages zerschlagen sie aus Übermut die Statuen im Park von Belvedere, die Trümmer liegen noch jahrelang verstreut. Doch ziemlich bald hingen Goethe die Kapriolen des Herzogs zum Halse heraus. Vor allem nach einer gemeinsamen Reise in die Schweiz, die ihm hauptsächlich dazu diente, den verehrten Lavater zu treffen und von der er sich in Hinblick auf die Erziehung seines Zöglings einiges versprochen hatte, insofern sie der Beginn für eine neue Lebensepoche sein sollte, kehrte er frustriert heim (übrigens waren sie auf der Rückreise an der Stuttgarter Militärakademie dem Eleven

Friedrich Schiller begegnet, der einen Preis in der praktischen Medizin, einen zweiten in der materia medica und einen dritten in der Chirurgie erhielt). Mehrmals spricht Goethe mit Bitterkeit über den Herzog. Er habe »die böse Art, den Speck zu spicken, und wenn man auf dem Gipfel des Berges mit Mühe und Gefahr sei, noch ein Stiegelchen ohne Zweck und Not mit Müh und Gefahr zu suchen«. Im Herbst nach der Reise«, also 1780, »bemerkt er in Ilmenau ›bei dem vielen Verstände des Herzogs hier und da so vorsätzliche Dunkelheiten und Verworrenheiten‹ und findet es ›curios, daß ihn, wenn er von zu Hause weg sei, gewisse Geister des Irrtums anwehen‹ (...)[73] Die Verstimmung zwischen ihm und Karl August ging sogar so weit, »daß es nahe am Bruch gewesen sein muß«.[74] Als der Herzog wünschte, auf einem Ausflug nach Dessau von Goethe begleitet zu werden, schrieb dieser am 27. April 1981 an Charlotte von Stein: »Hierbei eine Epistel. Wenn Sie meinen, so schicken Sie das Blatt dem Herzog, reden Sie mit ihm und schonen Sie ihn nicht. Ich will nichts als Ruhe und daß er auch weiß, woran, er ist. Sie können ihm mich sagen, daß ich Ihnen, erklärt hätte, keine Reise mehr mit ihm zu thun.«[75] Es war übrigens jene Zeitz, in der Goethe am »TORQUATO TASSO« arbeitete. Der Herzog reiste in der Tat ohne ihn nach Dessau. Doch Goethes Urteil steht fürs erste fest. »*Der Herzog,* heißt es am 12. Nov. 1781, *hat doch im Grunde eine enge Vorstellungsart und was er kühnes unternimmt, ist nur im Taumel; einen langen Plan durchzusetzen, der in seiner Länge und Breite verwegen wäre, fehlt es ihm an Folge der Ideen und an wahrer Standhaftigkeit*. Als sie im Dec. 1781 bei Eisenach auf der Jagd sind, wo der Herzog sich den theuern Spas macht, 80 Menschen in der Wildnis und dem Frost zu füttern, im Freien hetzen will, die seinigen plagt und ennuyiert, ein paar schmarotzende Edelleute aus der Nachbarschaft unterhält, die es ihm nicht danken, und alles mit dem besten Willen, sich und andre zu vergnügen, ruft Goethe: ›*Gott weiß, ob er lernen wird, daß ein Feuerwerk um Mittag keinen Effect thut. Ich mag nicht immer der Popanz sein und die andern fragt er weder um Rat, noch spricht er mit ihnen, was er thun will.*«[76]

Diese lange Zeit weitgehend unbeachtet gebliebenen Urteile fällt der Meister nach immerhin knapp vier Jahren seiner erzieherischen Einflussnahme auf den Zögling. Eine Bankrotterklärung, die seinen Adlatus Eckermann, der noch Jahrzehnte später auf nervende Weise nicht müde wird, Goethes pädagogisches Genie zu preisen, zum Beispiel in dem »GESPRÄCH« vom 23. Oktober 1828, Lügen straft. Am Vorabend seines Geburtstages im August 1782 klagt der Dichter: »Es ist eine kuriose Empfindung, seinen nächsten Freund und Schicksalsverwandten täglich als halb verloren anzusehen und sich darüber zu beruhigen, ohne gleichgültig zu werden. Die Verdammnis, das wir des Landes Mark verzehren, läßt keinen Segen der Behaglichkeit grünen. Unverantwortlich wäre es aber auch gegen mich selbst, wenn ich aus irgend einer Unbehaglichkeit davonginge.«[77] Nicht mehr Karl August hielt ihn in Weimar, sondern nur noch die staatsmännische Pflicht — und Charlotte von Stein (*Gewiss, ich wäre schon so ferne ferne / so weit die Welt nur offen liegt, gegangen, / bezwängen mich nicht übermächtge Sterne, / die mein Geschick an Deines angehangen*). Was viele Biographen (aus Pietät?) ebenfalls zu bemänteln suchen: Der jugendliche Herzog ist ein notorischer Trinker und insofern Erbe seines Vaters. Charlotte von Stein rügt, der Herzog setze täglich sein Leben und sein bisschen Gesundheit aufs Spiel, Friedrich Leopold Graf zu Stolberg glaubt, Karl August wolle sich durch Branntwein abhärten und Johann Heinrich Voss weiß am 14. Juli 1776 aus Wandsbek seiner Ernestine Boie zu berichten, dass der Herzog mit Goethen wie ein wilder Pursche auf den Dörfern herumläuft, sich besäuft und brüderlich einerlei Mädchen mit ihm genießt.[78] Nach unseren heutigen Vorstellungen müssen wir Goethe, über den die Zeitgenossen uzen, er spräche viel und tränke nicht wenig, als einen Ko-Alkoholiker bezeichnen, der dem jungen Herzog nicht eben eine feste Stütze sein kann bei den kläglichen Versuchen, die Kühnheit der Entwürfe vom planlosen Taumel zu sondern. Trunksucht und andere Ausschweifungen waren Ursache für den Bruch Goethes mit Klopstock. Letzterer will wieder einmal altväterlich-besserwisserisch dem selbstbewussten Fürstenerzieher ins Handwerk pfuschen, der — im Überschwang seines guten Glaubens — sich so etwas nachdrücklich verbittet: »*Verschonen Sie uns ins Künftige mit solchen Briefen, lieber Klopstock! Sie helfen nichts und machen uns immer ein paar böse Stunden.*«[79] Mancher Exzess bietet sich so in einem erhellenden Licht dar, zum Beispiel, wenn der Baseler Ratsschreiber und Schriftsteller Isaak Iselin einem Landsmann, dem Offizier Johann Rudolf Frey, petzt: »*Alles duzt sich, der Herzog, Wieland, Goethe, Lenz, der Graf Stollberg etc. Ein Mann von großem Verdienste und offenbar mehrerem Verstande, der Baron von Dalberg, Statthalter zu Erfurt und Kanonikus von Mainz, wollte neulich dem Herzog Besuch abstatten und fand ihn Blindekuh spielen mit den Philosophen. Man unterbrach sich ein wenig, um ihn zu begrüßen, und spielte dann weiter Blindekuh, was ihn, wie man sagt, nicht wenig verdroß.*«[80] Was für ein Gleichnis!: Blindekuh spielen mit den Philosophen ...

Wer soll Karl August Mores lehren? Das junge Genie aus Frankfurt, in dem seinerseits der unreife Most der Welträtsel gärt? Dass der Herzog mit seiner Gemahlin »über den *Fuß gespannt*« lebt, ist nicht ungewöhnlich, auch dass er sich eine Mätresse hält, ist des Aufhebens nicht wert, dass aber beide, Goethe und der Herzog, sich (angeblich) gemeinschaftlich derselben Mätresse bedienen, scheint sogar für die damaligen Verhältnisse bei Hofe anrüchig. Wenn Goethe seinem Schützling tatsächlich ein Vorbild ist, dann im Saufen, in der Ausschweifung und in der Rüpelhaftigkeit. Die Stein berichtet nachgeradezu genüsslich, wie Goethe, als sie ihm das Du verwehrt, vom Kanapee aufspringt, »*Ich muß fort!*« ruft und, ohne seinen Stock gefunden zu haben, abschiedsgrußlos hinausstürzt, oder wie er fortwährend mit »*pöbelhaften, niederen Ausdrücken*« flucht und »*coquet*« mit dem anderen Geschlecht umspringt. Als der Herzog am 7. März 1776 Charlotte von Stein besucht (Goethe ist justament vier Monate im Amt), verblüfft er mit der Doktrin, »*dass alle Leute mit Anstand, mit Manieren, nicht den Namen eines ehrlichen Mannes tragen könnten*«.[81] Wer nicht ungeschliffen war, den mochte der Jüngling nicht leiden. Da blitzt uns unter der Lorgnette der aufklärerische Geniekult an, der sich um Äußerlichkeiten nicht schert. Ein Baron Gugomos aus Münster vom Darmstädtischen Hof, ein rechtes Klatschmaul offensichtlich, erzählt allen, die sie hören wollen, folgende Anekdote: *Als ein Lord Chesterfield in Weimar Audienz beim jungen Herzog hat, kommt das Gespräch zwangsläufig auch auf England zu sprechen.*

»Ich beneide Euch, Mylord«, sagt Karl August.

»Warum?«, erwidert der.

»Ihr seid in Eurem Vaterlande groß, aber doch ist jeder Eurer Mitbürger Euch gleich genug, sich selbst gegen Euch, wenn Ihr ihm zu nahe kommt, recht zu geben. Aber ich — wenn ich einem hier eine Ohrfeige gebe, keiner könnte oder würde mir eine wiedergeben!«[82]

Wenn diese Anekdote stimmt und nicht etwa zu dem Zweck erfunden worden ist, Goethe bei den Adligen zu diffamieren, so zeigt sie uns eine entschiedene Komponente des aufklärerischen Geniekults: Bei aller Rüpelei hat der Fürstenerzieher seinem Zögling begreiflich gemacht, dass es für ihn auch eine ethisch und moralisch begründete Verantwortung gegenüber seinen Untertanen gibt, besser: geben sollte. Das macht einen Baron natürlich stutzig. Diesen Baron und alle die anderen Adligen bei Hofe. Da müssen wir uns schon sehr wundern, wenn Ekkehart Krippendorff glaubt, in der goetheschen Methode der Erziehung einen konfuzianischen Ansatz zu entdecken, indem er unterstellt, Goethe verstünde Privilegien nicht mehr nur als ein Recht,

sondern als eine Verpflichtung des hohen Standes gegenüber den niederen.[83]

Der Verleumdungskampagne steht Goethe schutzlos als
ein Jemand gegenüber, der noch nicht einen zwölften Teil
dessen geleistet hat, wofür er heute von seinen Epigonen in
den Klassikerhimmel gehoben wird. Erst am 27. März 1784,
vier Jahre nach unserem Gedicht, entdeckt er am Schädel
eines Embryos in Loders Anatomischer Anstalt zu Jena den
Zwischenkieferknochen, den die Menschen mit den Affen
gemeinsam haben, das OS INTERMAXILLARE, wobei er
keinen blassen Schimmer davon hat, dass ihm schon 1780,
also in »unserem« Jahre, der Franzose Félix Vicq d'Azyr
zuvorgekommen sein sollte. Erst 1782 erscheint — und
dann auch nur im Tiefurter Journal, also in höchstens acht
Exemplaren — Goethes Aufsatz »DIE NATUR«, der nach
einer langen Phase des Lernens den Beginn eigenschöpfe-
rischer wissenschaftlicher Tätigkeit markiert, und lernend
nachzuholen hat Goethe allerhand, denn sein Fachwissen
in Chemie, Anatomie und klinischer Medizin hat er bis dato
aus einem einzigen Lehrbuch des Jahrgangs 1727 bezogen,
einem folglich rund fünfzig Jahre alten Schinken, der ihn
noch an der aristotelischen Vier-Elementen-Chemie festhalten ließ, als die schon längst überholt war, zum Beispiel
durch Antoine-Laurent Lavoisier, der mit seiner Theorie
von der Verbrennung die alte Phlegistonlehre widerlegte;
Stöchiometrie bei Döbereiner in Jena hört Goethe erst, als
er selbst bereits als ein Gelehrter gilt. Und überhaupt — ist
ein Dichter nicht der Tendenz nach, wie Schiller es in seiner Ballade von der »TEILUNG DER ERDE« beschreibt,
weltfremd und unfähig, ins tätige Leben einzugreifen? Ver-
gewaltigt Goethe nicht seine Natur und ist er nicht selbst
zu dem vernichtenden Urteil gelangt, dass, wer sich mit
Administration abgebe, ohne selbst regierender Herr zu
sein, entweder ein Philister oder ein Schelm oder ein Narr
sein müsse? Urplötzlich bricht über alle Weimarer Goethes

Rückzugsgefecht herein wie das eines Manisch-Depressiven, der von einer Minute auf die andere seine euphorische Stimmung gegen einen verzehrenden Weltschmerz austauscht. Vielleicht ist es Ausdruck des Bestrebens, mit Hilfe eines »Waffenstillstands« dem Schranzen-Dilemma zu entrinnen und Einvernehmen mit der Weimarschen Gesellschaft zu erlangen.

EINE SONDERFORM VON RUHE

Die Defensive setzt im Sommer 1777 ein. Wieland beklagt sich, dass Goethe sich ihm nicht mehr mitteile. Lavater glaubt, sogar der Tod seiner sechsundzwanzigjährigen Schwester Cornelia (verheiratete Schlosser), die er wohl innig geliebt haben mochte und der er dennoch acht lange Monate hindurch keine einzige Briefzeile widmete, würde dem Goethe kaum nahegehen. Das ist keine Ausnahme. Etliche Jahre später wird der klassisch-humanistische Dichter, während seine Frau Christiane sich im fünftägigen Todeskampf unter einer Unmenge epileptischer Anfälle die Zunge durchbeißt aus Furcht, versehentlich einen störenden Laut von sich zu geben, sich erst dem Sterben seiner Frau entziehen, indem er »*in seinen hinteren Zimmern sich philosophischen Gedanken hingibt, nach Tisch die Divan-Gedichte vornimmt, chemische Versuche mit Pflanzenextrakten macht, an seiner Post und anderem arbeitet*«.[84] und zuletzt in eine Fieberattacke flüchtet, die ihm Gelegenheit gibt, sich in seinem Bett zu verkriechen, wo er die letzten beiden Sterbetage seiner Frau zubringt, sodass er Christiane, die an einem Nierenversagen elendig zugrunde geht, zu ihren Lebzeiten nicht wiedersieht. Goethe »hält den *Tod* für einen *sehr mittelmäßigen Porträtmaler*, meidet den Anblick von Toten. *Ich habe ich wohl in Acht genommen, weder Herder, Schiller, noch die verwittwete Herzogin Anna Amalia im Sarge zu sehen*«.[85] Am 8. Juni 1816 nimmt Goethe weder an der Beerdigung seiner Frau teil, noch an den Feierlichkeiten in der Stadtkirche. »*Er arbeitet, ist wieder außer Bett, empfängt seine drei Ärzte.*« In seinem Tagebuch notiert er: »*Das nächst zu Beobachtende durchdacht.* Er erledigt am Vormittag eine umfangreiche Korrespondenz, schreibt an Schulz, Boisserée, Knebel, an Zelter und Seebeck. Letzterem, dem Physiker, berichtet er vom *geschliffenen Doppelspath*, der *vortrefflich gerathen* sei *und … das Phänomen auf die herrlichste Weise* zeige. *Ich habe nunmehr höchst reine russische Glimmerplättchen, worunter einige die Umkehrung im vollstem Glanze darstellen. … Ich habe indessen versucht, das Phänomen auf seine Elemente zurückzuführen, aber Zerstreuung und häusliche Wehethaten reißen mich ein wie das andere Mal davon los* …An Zelter heißt es am Ende des Briefes: *Wenn ich dir derber geprüfter Erdensohn, vermelde, daß meine liebe, kleine Frau uns in diesen Tagen verlassen, so weist du was es heissen will.* … Zwei Tage nach ihrem Ableben lässt Goethe Christianes Zimmer ausräumen.«[86] Goethe hatte, wie Dieter Kühn formuliert, das »*Verdrängungsvermögen eines Schlachtschiffs*«[87], wohl in Sorge, durch die seelischen Erschütterungen seines Harmoniebedürfnisses an Kreativität zu verlieren. Tilman Jens, der feststellt, dass Goethe — auch später im Krieg —immer »*wegschaut, wenn etwas passiert*«, nennt ihn sogar einen »*Weltmeister des Aussitzens und Wegschauens*«.[88] Aus anderem Anlass, nämlich nach dem Tod eines zweieinhalb Wochen alten Sohnes, bekennt der Meister gegenüber Schiller, man müsse sich »*durch die Beihülfen, die uns die Kultur anbietet, zusammennehmen*«, wenngleich dann »*die Natur durch andere Krisen immer wieder ihr Recht behauptet*«.[89]

Ein Dreivierteljahr nach dem Hinscheiden seiner Schwester, im Frühjahr 1778, verbarrikadiert sich Goethe schlussendlich; die drei oder vier Brücken, die er einst über die Ilm hat schlagen lassen, damit Besucher ihn im Gartenhaus überhaupt erst erreichen können, sind nun mit Türen zugesperrt. Wieland stöhnt in einem Schreiben an Merck: » *G ö t h e n bekomme ich gar nicht mehr zu sehen; denn er kommt weder an den Concerttagen nach Hof, noch zu mir; und zu ihm zu kommen, wiewohl unsere Domänen eben nicht sehr weit von einander liegen, ist auch keine Möglichkeit, seitdem er beynah alle Zugänge barrikadiert hat. Denn alle nähere Wege zu feinem Garten gehen über die Ilm, und theils durch eine ehemals öffentliche Promenade, der S t e r n genannt, theils über eine herrschaftliche Wiese. Nun hat er zwar, pour faciliter la communication, im vorigen Jahre 3 bis 4 Brücken über die Ilm machen laffen; aber, Gott weiß warum, sie sind mit Thüren versehen, die ich, so oft ich noch zu ihm gehen wollte, verschloffen angetroffen habe. Da man nun nicht anders zu ihm dringen kann, als mit einem Zug Artillerie, oder wenigstens mit ein Paar Zimmerleuten, die einem die Zugänge mit Arten öffnen, so ist ein gemeiner Mann wie unser einer gezwungen, das Abentheuer gar aufzugeben und in feinem eignen zu bleiben.«*[90]

AM SCHEIDEWEG

Aber auch dieser Widerspruch ist unauflösbar: Einerseits die Sehnsucht nach Panzerung, andererseits die gnadenlose Öffentlichkeit der Ämter. 1779/80 treffen wir Goethe also an einem Scheideweg, im krassen Widerspruch zwischen Bewusstsein und Schaffen. »*Es ist ein fortwährender Kampf in ihm zwischen dem genialen Dichter, den die Misere seiner Umgebung anekelt, und dem behutsamen Frankfurter Ratsherrnkind respektive Weimarischen Geheimrat, der sich genötigt sieht, Waffenstillstand mit ihr zu schließen und sich an sie zu gewöhnen. So ist Goethe bald kolossal, bald kleinlich; bald trotziges, spottendes, weltverachtendes Genie, bald rücksichtsvoller, genügsamer, enger Philister.*« Dies ist die Charakteristik, die Friedrich Engels gibt.[91]

Wenn wir die Anforderungen seines Berufs in den Monaten vor der Entstehung von »WANDERERS NACHTLIED« beleuchten, und zwar unter dem Aspekt der Mobilität, der Goethe als den Dichter trotz seiner Selbstdisziplin am schlimmsten hat belasten müssen, werden wir besser begreifen, warum die physische und psychische Erschöp-

fung der RUHE IM WALDE eine besondere Note abge-
winnt: Goethe habe, wie der Militärwissenschaftler Dieter
Kühn klagt, ein übertriebenes Zuständigkeitsgefühl gehabt;
er habe sich von den Hirschhornknöpfen der Weimarer
Husaren bis zur Bekämpfung der Sperlingsplage um alles
kümmern müssen, und offenbar habe es keinen Punkt gegeben, an dem er gesagt hat: Jetzt bleibe ich in meinem
Gartenhaus, schreibe ein Gedicht, und die Verwaltung
wird schon irgendwie von alleine laufen — Das sei beinahe
schon ein Tick gewesen.[92] Jedenfalls in den ersten zehn Jahren seines Aufenthalts in Weimar. Später hat er es, wie wir
am Beispiel seiner Frau Christiane Vulpius gesehen haben,
sehr wohl verstanden, Prioritäten zugunsten seiner dichterischen Arbeit zu setzen. Johann Gottfried von Herder, der
später zum Generalsuperintendenten und Oberkonsistori-
alrat gemacht wird, spottet 1782, nach dem Umzug Goethes in sein neues Wohnhaus am Frauenplan (ebenfalls ein
Geschenk des Herzogs), in einem Brief an seinen Freund
Johann Georg Hamann verbittert: »*Er ist jetzt Wirklicher
Geheimer Rath, Kammerpräsident, Präsident des Kriegs colegii,
Aufseher des Bauwesens, Direktor des Bergwerks, Direktor der Zei-
chenakademie, in der er Vorlesungen über die Osteologie* [also die
Knochenlehre, D. C. M.] *gehalten; selbst überall der erste Akteur,
Tänzer, kurz: das Faktotum des Weimarischen und, so Gott will,
bald der Major domus* sämtlicher Ernestinischer Häuser, bei
denen er zur Anbetung *herumzieht. Er ist baronisiert, und an
seinem Geburtstage ... wird die Standeserhebung erklärt werden. Er
ist aus seinem Garten in die Stadt gezogen und macht ein adlig Haus,
hält Lesegesellschaften, die sich bald in Assembleen verwandeln werden usw. usw. Bei alledem geht's in Geschäften, wie es gehen will und
mag. Meine Gegenwart hier ist beinahe unnütz und wird mir von Tag
zu Tag lästiger. Was anderswohin weiß, sehnt sich weg.*«[93]

Am 13. Januar 1779 übernimmt Goethe, der in der
KAMPAGNE IN FRANKREICH dermaleinst eines sei-
ner beiden Pistolenhalfter als Transportmittel für die Zer-

velatwurst benutzen wird und »*die Kriegslust, die wie eine Art Krätze unsern Prinzen unter der Haut sitzt*«,[94] verabscheut, die Leitung der Kriegskommission. Zu dieser Zeit sind fünfhunderteinundachtzig Soldaten unter Sold, und zwar fünfhundertzweiunddreißig Mann Infanterie, neununddreißig Mann Kavallerie und zehn (!) Mann Artillerie. Die Soldaten nennt Goethe »*militärische Makkaronis*«[95] und betätigt sich als das, was wir heute einen Abrüstungsminister nennen würden. Um die Staatsfinanzen zu sichern, für die nach dem verheerenden Siebenjährigen Krieg keine andere Manövriermasse mehr übrig ist als das Militär, reduziert er die Infanterie auf zweihundertfünfzig Mann und kürzt den Militäretat auf die Hälfte, wobei er sozial verträglich vorgeht, zuerst die älteren Soldaten entlässt und die restlichen dann im Posten- und Polizeidienst beschäftigt. Gleichzeitig aber — und vermutlich aus denselben Kosten- und Spargründen — verhökert er über den Treuhänder Major von Einsiedel Landeskinder nach den spanischen Niederlanden, im Todesfalle zum Stückpreis von hundert Gulden (umgerechnet etwa vierhundert EURO) für einen Infanteristen, dreihundert Gulden für einen Kavalleristen samt Pferd.[96] Später wird der Herzog, dem diese ganze Abrüstungsszenerie nicht in den Kram passt, preußischer General im benachbarten Halle werden und sein Völkchen prompt nach Schlesien in den erstbesten Krieg der nun Verbündeten führen. Am 1. Februar 1779 gibt es wieder Ärger mit Fritsch, dem Präsidenten des Geheimen Conseils, sozusagen dem Premierminister, der ein geschickter Rhetoriker ist und den Herzog auf einer Sitzung des Conseils im so genannten ROTEN SCHLOSS veranlasst, mehr Hintergrundinformationen preiszugeben, als es, Goethes Meinung zufolge, der Staatsräson dienlich wäre, worauf es unter vier Augen auch zwischen Goethe und dem Herzog zu einem heftigen Disput kommt. Anschließend reist Goethe, immer mal wieder an der Prosafassung der IPHIGENIE, die er am

14. Februar begonnen hat, werkelnd (oder »*an seinem Töch-tergen kochend*«, wie er Karl August von unterwegs schreibt), wegen der Rekrutenaushebung mehrere Monate lang durchs Ländchen. Nach einem Umweg über die Dornbur-ger Schlösser trifft er am 5. März in der Dreitausend-See-len-Stadt Apolda ein. Sense ist's mit der idealischen Insel TAURIS. Der unbarmherzige Job der Soldatenmusterung ruft. »*Hier will das Drama gar nicht fort, es ist verflucht, der König von Tauris soll reden als wenn kein Strumpfwürcker in Apolde hun-gerte.*«[97] Goethe macht eine Federzeichnung, die er laviert. Sie wird berühmt und ziert fortan in den Schulbüchern na-turalistisch die Kammerdienerszene in Schillers »KABALE UND LIEBE«: »*Da ist ein Rekrut zu sehen, dessen Körpergröße an einer Messlatte festgestellt werden soll. Der Bursche duckt sich zusammen, um unter dem geforderten Maß zu bleiben, aber der Un-teroffizier lässt sich nicht täuschen und schiebt ihm den Kopf mit einem derben Griff unters Kinn nach oben. Rechts, von einer Treppe her, versucht eine Frau in die Amtsstube einzudringen, die jammernd und mit beschwörender Gebärde ihren Mann oder ihren Sohn vom Kommissar losbitten möchte. Der aber, an seine Vorschrift und die Erfüllung einer bestimmten Zahl gebunden, lässt die Frau zur Tür hinausdrängen. Vor dem Stehpult des Kommissars hockt ein Muske-tier, der Trommel und Gewehr abgestellt hat, um sich die Blasen an seinen Füßen zu betrachten. Durch eine andere Tür hinten im Raum wird ein neugeworbener Rekrut hinausgeleitet. Über der Tür liest man die Worte ›Tor des Ruhms‹, deren bitteren Sinn die Allegorie eines mit Lorbeer bekränzten Galgens enthüllt.*«[98]

Die Szene schreit Unrecht, erneut bekommen wir eine kräftige Ahnung von den Konflikten, die Goethe peinigen: Der das zu Papier bringt ist Leiter der Kriegskommissi-on und verantwortlich für die Rekrutenaushebung, die da vor seinen Augen abläuft, verantwortlich für das Unrecht, das den Kleinen unaufhörlich im Namen des Großen und Ganzen geschieht, und schreibt doch gleichzeitig an einem Text, den er später (in seinem Brief vom 19. Februar 1802)

in seiner klassifizierten Versfassung Schiller gegenüber als
»*ganz verteufelt human*« würdigen wird.

*Abb. 6: Johann Wolfgang Goethe, Rekrutenaushebung in Apolda,
März 1779. Feder und Tusche.*

Verwenden wir einige Sekunden darauf, über diese Tragödie nachzusinnen, die sich in Goethes Seele hat abspie-
len müssen! Am 25. Juli gibt es ebendort, in der Strumpf-
wirker-Stadt Apolda, einen großen Brand. Der Fama nach
hilft Goethe beim Löschen, auch hat er in solchen Fällen
für den korrekten Ablauf der Bergungsarbeiten zu sorgen
(innerhalb dreier Jahre, von 1776 bis 1779, ereignen sich in
seinem Amtsbereich zehn Brände). Die Fama, das ist Goethe selbst. Er notiert: »*Gestern war ich in Ettersburg und diktir-
te der Göchhausen mit dem lebhaftesten Muthwillen an unsern V ö -*

g e l n, die Nachricht von Feuer in Großbrembach jagte mich fort und ich war geschwind in den Flammen. Nach so lang trocknem Wetter bei einem unglücklichen Wind war die Gewalt des Feuers unbändig. Man fühlt da recht wie einzeln man ist, und wie die Menschen doch so viel guten und schicklichen Begriff haben, etwas anzugreifen. Die fatalsten sind dabei wie immer die nur sehen was n i c h t geschieht und darüber die aufs nothwendige gerichteten Menschen irre machen. Ich habe ermahnt, gebeten, getröstet, beruhigt, und meine ganze Sorgfalt auf die Kirche gewendet, die noch in Gefahr stund als ich kam und wo außer dem Gebäude noch viel Frucht, die dem Herrn gehört, auf dem Boden zu Grunde gegangen wäre. Voreilige Flucht ist der größte Schaden bei solchen Gelegenheiten, wenn man sich anstatt zu retten widersetzte, man könnte das unglaubliche thun. Aber der Mensch ist Mensch und die Flamme ein Ungeheuer. Ich bin noch zu keinem Feuer in seiner ganzen Aktivität gekommen als zu diesem. Nach der Bauart unsrer Dörfer müssen wirres täglich erwarten. Es ist als wenn der Mensch genöthigt wäre, einen zierlich und künstlich zusammengebauten Holzstoß zu bewohnen, der recht, das Feuer schnell aufzunehmen, zusammengetragen wäre.

Aus dem Teich wollte niemand schöpfen, denn vom Winde getrieben schlug die Flamme der nächsten Häuser wirbelnd hinein. Ich trat hinzu und rief, es geht, es geht ihr Kinder, und gleich waren ihrer wieder da die schöpften, aber bald mußt ich meinen Platz verlassen, weils allenfalls nur wenig Augenblicke auszuhalten war. Meine Augbrauen sind versengt und das Wasser in meinen Schuhen siedend hat mir die Zehen gebrüht; ein wenig zu ruhen legt ich mich nach Mitternacht, da alles noch brannte und knisterte, im Wirthshaus aufs Bett und ward von Wanzen heimgesucht und versuchte also manch menschlich Elend und Unbequemlichkeit. Der Herzog und der Prinz kamen später und thaten das ihrige. Einige ganz gewöhnliche und immer unerkannte Fehler bei solchen Gelegenheiten hab ich bemerkt.

Verzeihen Sie daß ich mit Bildern und Gestalten des Greuels Sie in Ihre Freuden verfolge. Es fiel mir in der Nacht und in den Flammen ein, wie das Schicksal wüthet und nun Sieilien wieder bebt und die Berge speien und die Engländer ihre eigne Stadt anzünden und *das alles im aufgeklärten achtzehnten Jahrhundert.*«[100] In derselben Woche sitzt er vormittags und nachmittags gemeinsam mit Wieland, der bemerkt, »*dass der Friede ihm eben wieder Luft ums Herz mache, man sei doch in einer garstigen Lage gewesen*«[101], dem Rat May Modell für ein Porträt, der die beiden ex voto der Herzogin von Württemberg für Ihre Durchlaucht malen soll. Bald darauf gerät Goethe wieder mit Fritsch aneinander, den er aus dem Amt beseitigt wissen will. Nachdem er am 7. August zu Hause seine Papiere durchgesehen und »*alle alten Schaalen verbrannt*« hat, räsoniert Goethe: »*Wie des Thuns, auch des zweckmäsigen Denckens und Dichtens so wenig, wie in zeitverderbender Empfindung und Schatten Leidenschafft gar viele Tage verthan, wie wenig mir davon zu Nuz kommen und da die Hälfte nun des Lebens vorüber ist, wie nun kein Weeg zurückgelegt sondern vielmehr ich nur dastehe wie einer, der sich aus dem Wasser rettet und den die Sonne anfängt wohlthätig abzutrocknen.*«[102] Als er am 6. September 1779 die Ausfertigung seiner Ernennung zum Geheimrat erhält, greifen ihn »*der Wirbel der irdischen Dinge und allerlei anstoßende persönliche Gefühle an; dabei gedenkt er seines politischen Fehlers, den er an sich habe und der sehr schwer zu tilgen sei ..., dass er zu abgezogen sei, um die rechten Verhältnisse zu finden, oder, wie er es bestimmter ausdrückt, dass er unverbesserliche Übel an Menschen und Dingen verbessern wolle, statt diese Mängel möglichst unschädlich zu machen*«.[103]

Gegen das Mobbing seiner Neider kann Goethe nicht an. Einige Tage später nimmt er, unter anderem, um den Herzog »*auf andere Gedanken zu bringen*«, auf welche auch immer, und ihn wieder einmal mit seiner Frau auszusöhnen, die weiter oben bereits erwähnte Reise in die Schweiz in Angriff. Anfänglich führt die Route sie nach Kassel, wo sie mit Johann Georg Adam Forster soupieren und den Garten zu Weißenstein sowie das landgräfliche Kabinett der Altertümer und die Kunstkammer besichtigen. Auf einer der vielen Stationen besucht Goethe im Oktober seine Mutter Aja, im November Johann Jakob Bodmer in Zürich und auf der Rückreise drei Tage vor Heiligabend August Wilhelm Iffland in Mannheim, wo er den »CLAVIGO« sieht. Die Kosten des Trips durchs Wallis, über die Furka und St. Gotthard belaufen sich einschließlich der Kunstankäufe auf stolze achttausendneunhundertzweiundzwanzig Taler (heute etwa fünfundzwanzigtausend EURO), was abermals zu Kontroversen im Conseil führt. Außerdem hat sich in den vier Monaten seines Wegbleibens »*manches Geschäftliche gehäuft*«, was nun eilends aufgearbeitet werden muss.

Am 20. Januar 1780 erkrankt Goethe an Grippe, weswegen er das neue Jahr zwar mit guten Vorsätzen, aber geschwächt beginnt. Im Februar beschäftigen ihn Kriegskommission, Wegebau, die Einrichtung der Bühne am Theater (das jeder Weimarer an drei Tagen der Woche unentgeltlich besuchen dsarf), des Herzogs Kupferstichsammlung, die zu ordnen er angehalten ist, auch seine eigne sowie die des Schweizer Theologen Johann Kaspar Lavater, der soeben ein epochales Werk über die Kunst der Charakterdeutung aus den Gesichtslinien veröffentlicht hat. Am 13. Februar reist er an den Gothaer Hof, einige Abstecher, die er zu Pferde nach den Luststätten des Herzogs macht, seien an dieser Stelle unterschlagen. Den 23. Februar kehrt er gemeinsam mit dem Herzog von einer solchen Lustreise aus Neuenheiligen zurück. Karl August lässt sich zum Entsetzen der Höflinge die Kopfhaare absensen; die so entstehende Frisur nennt er „Schwedenkopf", und alles lobt scheinheilig, sie stünde dem jungen Potentaten wenigstens von vorne ganz ausgezeichnet, von hinten allerdings holt er sich einen Katarrh und Goethe muss nun dem Kranken Gesellschaft leisten und dessen Launen erdulden. Am 11. März führt den Geheimrat eine Inspektionsreise nach Großrudestedt zum dortigen Landkommissar, da ist Goethes Konstitution aber schon nachhaltig angegriffen. Der »*Blutandrang*« nötigt ihn zu »größter Enthaltsamkeit, besonders im Trinken. Infolge seiner körperlichen Schwäche ist er ernst, ja traurig gestimmt«.[104] Ende März kreuzt Goethe mit dem aufsässigen Kriegsrat Karl Albrecht von Volgstedt (Eintrag in den Paralipomena: »*schlechter Kollege*«), dem die Sparpläne nicht behagen, und mit dem Kammerpräsidenten Johann August von Kalb, dessen Posten er haben will, die Klingen. Goethe versteht es geschickt, den gelegentlichen Dissens zwischen einzelnen Ministerialen und dem Herzog zu schüren und auszubeuten, ohne Rücksicht auf alte Verbindlichkeiten — wir erinnern uns: Kalb ist es, der ihn nach Weimar geholt und bei dem er zu Beginn eine Weile gewohnt hat. Den nächsten Ärger tischt der aus Frankfurt gebürtige, um sechs Jahre jüngere Komponist Philipp Christoph Kayser auf, der Goethen mit der Vertonung seines Stücks »JERY UND BÄTELY«, mit dem das Theater hätte eröffnet werden sollen, hingehalten hat (Goethe überschätzt Kaysers schöpferische Fähigkeiten maßlos; weil er dennoch ein volles Dutzend Jahre an ihm festhält, ist später die Enttäuschung umso größer). Nun muss die neue Bühne mit Karl Siegmund Freiherr von Seckendorff grässlicher Bearbeitung eines englischen Schauerstücks namens »KALLISTO« eingeweiht werden, was am 26. Mai 1780 auch geschieht. Das Stück »JERY UND BÄTELY« mit der Musik von Seckendorff (der nicht nur Dichter, sondern auch Oberstleutnant der königlich sardinischen Armee und Komponist ist) erlebt Ende Juli seine Uraufführung (der schwerfällige Kayser hat bis dahin nur einen einzigen Akt fertiggebracht). Zu Anfang April finden vier Tage hindurch wieder Rekrutenaushebungen statt, und Mitte dieses Monats ist es Goethe erneut unwohl, seinem Tagebuch vertraut er am 15. April an: »*Ich ... gewinne täglich mehr in Blick und Geschick zum thätigen Leben. Doch ist mirs wie einem Vogel der sich in Zwirn verwickelt hat ich fühle, dass ich Flügel habe und sie sind nicht zu brauchen. Es wird auch werden, in dess erhol ich mich in der Geschichte, und tändle an einem Dram oder Ro-*

man.«[106] Dennoch reist er am 22. April gemeinsam mit dem Herzog zur Leipziger Messe. Ende April trägt er in seiner Eigenschaft als Hausminister mit Karl Ludwig von Knebel, gelinde gesagt, Meinungsverschiedenheiten aus. Knebel ist seit sechs Jahren als Erzieher des Prinzen Friedrich Ferdinand Konstatin von Sachsen-Weimar-Eisenach, des jüngeren Bruders Karl Augusts, engagiert, kommt aber nicht so recht zum Zuge, weil Kostantin lieber mit dem Hofrat Albrecht verkehrt. Knebels Pensionierung kündigt sich an. Am 2. Mai veranstaltet Goethe eine Inspektionsreise nach Erfurt zu dem vom Weimarischen und Mainzerischen Obergeleit gebesserten Straßen. Im Juni befasst er sich mit der Anlage des Weimarer Parks. Auch wird Goethe nach einigen Bemühungen am 23. Juni in die »LOGE AMALIA« der Freimaurer aufgenommen, die mit ihrem Namen der Herzogin huldigt (er hat während der Reise durch die Schweiz an sich selbst getadelt, dass es ihm an genügend Protektion fehle; solches Manko glaubt er, mittels seiner Mitgliedschaft in der Loge beheben zu können); die Damenhandschuhe, die er laut Initiationsritus für die »*seinem Herzen am nächsten stehende Frau*« erhält, sendet er an Charlotte von Stein, an die er, wie er schon kurz nach seiner Ankunft in Weimar notiert hat, »*geheftet und genistelt*« ist. Als es am 25. Juni in Großbrembach brennt, eilt Goethe herbei und hilft, die Kirche zu löschen. Am 6. Juli fährt er mit dem Hofstaat nach Jena, um die Landschaft und die dortigen Universitätsprofessoren zu besichtigen. Am 13. Juli weilt er in Kahla bei einem »*merkwürdigen Erdfalle*«, also einem Erdrutsch, und bastelt kurzfristig am »TASSO«. Am 18. Juli werden in Ettersburg seine »VÖGEL. Nach dem Aristophanes« uraufgeführt, von denen nicht bekannt ist, ob er je an ihnen gearbeitet hat[107], und einen Tag darauf erfolgt der verspätete Umzug aller in die Sommerresidenz nach Belvedere. Im August verschlechtert sich Herders ohnehin gespanntes Verhältnis zu Goethe ein weiteres Mal merklich, Johann Kaspar Lavater hat ihm zu seinen »BRIEFEN DAS STUDIUM DER THEOLOGIE BETREFFEND« ein langes Pamphlet voller sauersüßer Anmerkungen geschickt, und nun beklagt sich Herder bei dem Philosophen Johann Georg Hamann, das hätte Lavater von den »*Illustres Voyageurs des Orts*«, Goethe und der Herzog nämlich hätten ihn, Herder, »*als einen Gallsüchtigen geschildert, der mit ihnen nicht leben wolle, oder vielmehr, mit dem sie nicht leben könnten*«, man sei eben durch Gott, die Ämter und die Naturen geschieden: »*Der Herzog, der in Zürich den ›lichtbedürftigsten, wahrheitssuchendsten Religiosen‹... gemacht hat, soll Lavater gesagt haben, da dieser ihn vermutlich in manchem auf mich verwiesen, ich gebe ihm nur BLITZlicht in der Religion, aber Goethe gebe ihm das wahre, BLEIBENDE Licht. Ich wollte, dass meine Blitze ihm etwas anderes als Licht wären.*«[108] Am 5. September schließlich macht sich Goethe auf, eine Reise zu den fränkischen Ämtern anzutreten; der Herzog und sein Oberstallmeister Gottlob Ernst Josias Friedrich Freiherr von Stein sollen ihm folgen und ihn in Ilmenau einholen.

Uff! Wir atmen durch. Selbst unter den Bedingungen des beginnenden dritten Jahrtausends sind wir imstande, uns vorzustellen, dass ein dieserart beschäftigter Mensch auch damals schon einem Burnout zumindest nahe gewesen sein könnte.

DIE ATTISCHE ELEGANZ

Auch wenn es in völliger Verkennung der im Zeitalter der Empfindsamkeit glorifizierten Männerfreundschaft hin und wieder Bestrebungen gibt, Goethe zum Homosexuellen zu erklären und seiner engen Beziehung zum Herzog Karl August zumindest starke homoerotische Tendenzen zuzuschreiben[109], dürfen wir doch, wenn wir über die Verknotungen der Goetheschen Seele und die Strapazen seines Alltags referieren, nicht das Ewigweibliche vergessen, welches Männer wie ihn für gewöhnlich hinabzieht. Corona Schröter zum Beispiel, die Sängerin und Schauspielerin, die attische Eleganz, wie Wieland schwärmt. Sie ist auf Goethes Anregung hin 1776 als Kammersängerin nach Weimar geholt worden und hat am 24. November desselben Jahres zum ersten Male in Weimar gesungen. Goethe nennt sie »KRONE«. Zehn Jahre danach zeichnet sich die Schröter sogar als Komponistin seines Singspiels »DIE FISCHERIN« aus, das bei einer berühmten nächtlichen Aufführung im Juli 1786 im Park zu Tiefurt zu gefallen weiß. Da die Schröder auch vom Herzog Karl August begehrt wird, sollte Goethe im Verlaufe der Zeit lernen, Verzicht zu üben. Die Herren arrangieren sich um ihrer Männerfreundschaft willen. Vorerst aber, im August 1776, schmerzt es den nicht uneitlen Dichter, dass ihm die Sängerin den Laufpass gibt. Auch Charlotte Albertine Ernestine von Stein, welche die Vertrautheit zwischen Goethe und der Schröder mit Argwohn beäugt, zeigt ihrem genialischen Anbeter hartnäckig die kalte Schulter, trotz all der anzüglichen Geschenke und obwohl der Geheimrat in schwülstigen Pennälerbriefen immer wieder seine Liebe beteuert. Zu allem Überfluss ist Maria Antonia Marchesa di Branconi, angeblich die schönste Frau Deutschlands, aus Weimar abgereist, ohne es nötig gehabt zu haben, Goethe auch nur zu empfangen. Das ist für das Genie die eigentliche Apokalypse. »*Frau Branconi war so artig mir wenigstens glauben zu machen, daß ich sie interessiere und ihr mein Wesen gefalle, und das glaubt man diesen Sirenen gerne*«, schreibt er an seinen Freund Lavater, »*Mir ist herzlich lieb, daß ich nicht an Matthäis' Platz bin, denn es ist ein verfluchter Posten wie Butter in der Sonne zu stehen.*«[110]

Goethes merkwürdiges Verhältnis zu Charlotte von Stein gräbt uns, zugegeben, einige Sorgenfalten in die Stirn, nicht nur wegen der Tatsache, dass die Hofdame der Herzogin Mutter von sieben Kindern und schwer verheiratet ist, und zwar mit dem herzoglichen Stallmeister von Sachsen-Weimar, sondern weil es sich weniger um eine handfeste, als eher um eine sublime Verbindung handelt. Wenn wir uns dessen entsinnen, wie Goethe sich, von Bindungsängsten gehetzt, aus den Fängen der Friederike von Brion, Charlotte Buff und Lilly Schönermann entriss, immer die Überhöhung auf den Lippen, geraten wir ins Stutzen, wenn wir in einem seiner Billets lesen: »*Warum soll ich dich plagen! Liebstes Geschöpf! — Warum mich betrügen und dich plagen und so fort. — Wir können einander nicht seyn und sind einander zu viel. — Glaub mir wenn ich so klar wie Faden mit dir redte, du bist mit mir in allem einig. — Aber eben weil ich die Sachen nur seh wie sie sind, das macht mich rasend. Gute Nacht Engel und guten Morgen. Ich will dich nicht wiedersehn. — Nur — du weisst alles — Ich hab nein Herz. — Es ist alles dumm was ich sagen könnte. Ich seh dich eben künftig wie man Sterne sieht! — denck das durch.*«[111] Was ist da geschehen inmitten einer Liebesgeschichte, die noch heute die Literaturwissenschaftler genüsslich mit der Zunge schnalzen lässt? Wir sagen es noch einmal: Sublimierung, Überhöhung. Wie das? Etwa seit der Zeit des Hohen Mittelalters, des Marienkults und der sogenannten Minne, ist das Verfahren bekannt und immer raffinierter ausgefeilt worden. Im Marienkult wurde eine einzige Frau, die unerreichbare Heilige namens Maria (die wohl auch deswegen den Modenamen für viele Liedermacher unserer Zeit abgegeben hat), nach und nach sexualisiert und verweltlicht, um sie zum Leitbild für die Frau schlechthin zu machen. Jede andere Frau hingegen, die zu den durchaus Erreichbaren zählte, wurde in der Hohen Minne entsexualisiert und sakral eingefärbt, um ihre irdischen Ansprüche besser wegdrücken zu können. Bis ins 13. Jahrhundert hinein diente die Minne der Bändigung alles Triebhaften. Auch noch Goethe bändigt sein Triebhaftes aus Furcht vor einem Verlust an Kreativität. Dergleichen kann natürlicherweise nur erreicht werden durch Sublimierung, also durch Überhöhung. So erscheint die eine einzige irdische Frau, in der Überhöhung, als Heilige, hingegen die Mutter Gottes, Maria, ebenfalls in männlicher Überhöhung, als Hure. Seitdem sind Frauen in Männerhirnen immer gleichzeitig Heilige und Huren. Auch wenn Goethe einmal in einem seiner Liebesbriefe herummault, Charlotte von Stein, die ihn distanzierend »*ihren Heiligen*« nennt, habe recht daran getan, ihn dieserart »*von ihrem Herzen zu entfernen*«, jedoch könne er sie, so heilig sie sei, niemals zur Heiligen machen, so ist die Unerreichbare (»*Gewöhnen Sie sich das Du nicht an, Goethe, ich verstehe es wohl, wie sie es meinen, aber die Welt versteht es nicht und legt es uns übel aus*«[112]), so ist also sie, die Unerreichbare, für das Volk, für das Germanistenvolk zumal, trotz alledem sublimiert zur Heiligen, wobei man in den goetheschen Texten durchaus verdächtige Hilfestellung findet (»*Wir können einander nicht sein und sind einander zu viel*«, s. o.). Sie ist eine Heilige dergestalt, dass sie, wie man nicht müde wird zu schwadronieren, versucht habe, ihn gegen die Angriffe bei Hofe zu schützen, indem sie ihn immer wieder ermahnte, seine Jungenstreiche aufzugeben und sein wildes Wesen, sein unmäßiges Fluchen und Trinken abzulegen.[113] Ein Julian Schmidt jubiliert es um die Wende zum vorigen Jahrhundert in die Lüfte: »*Sie ist ihm der Stern, den er von weiter Ferne anbetet, sie ist ihm die heilige Madonna, die gen Himmel fährt, nach der er, ein Zurückbleibender, vergebens seine Arme verlangend ausstreckt, sie ist ihm die Schwester, der er alles vertraut, der Talisman, der ihn vor dem Bösen schützt und die eherne Schlange, zu der er sich aus seinen Sünden und Fehlern aufrichtet und gesund wird. Es ist wunderbar; bei Goethe ist alles anders als bei anderen Menschen.*«[114] Das hätte Herr Schmidt wohl gerne. Aber er irrt. Diese seine Einschätzung - eine von der Art, gegen die sich Goethe lautstark zur Wehr zu setzen pflegte — folgt dem üblichen Blick der Restaurationszeit-, Biedermeier- und Gründerzeitmänner auf die Frauen, vor denen sie sich ängstigen, und auf die Liebe als das geträumte Ideal, das keine Mühe macht. Deshalb fehlt auch der zweite

Aspekt nicht. Jene Frau, die Goethe dann wirklich heiratet, Christiane Vulpius, die verwaiste Arbeiterin aus der Blumenmanufaktur des Bertuch, die der Geheime Rath sein Naturwesen nennt, wird von den boshaften Zungen der Höflinge folgerichtig zur Hure zurechtgebogen, denn sie ist die erreichbare Frau, die nicht sublimierte, die nicht idealische, sondern praktizierte Liebe. Karoline Herder nennt die Vulpius in einem Brief vom 8. Mai 1789 an ihren Mann wortwörtlich so, nämlich Hure, andere beschimpfen sie als »*fette Blutwurst*« (Bettina von Arnim), »*gemeine Natur*« (Fritz Jacobi 1805 gegenüber Carl Friedrich Zelter) und als »*gründlich ungebildet*« (Thomas Mann 1948 in seiner »PHANTASIE ÜBER GOETHE«). Goethe selbst spricht über sie in einem seiner Gelegenheitsgedichte als von dem »*losen, leidig lieben Mädchen*«.

Aber bei dem Herrn Geheimrath, der weit nach dem Mittelalter lebte und schon im nachrenaissancenen Säkulum der Monogamie und christlichen Einehe, spielt in seinen verquasten Beziehungen zu den Frauen noch ein anderer Aspekt eine Rolle: Abwehr. Auf den ersten Blick und gemessen an den Liebesgedichten scheint das, gelinde gesagt, Unsinn zu sein. Wie alle aufgeklärten Männer von heute unsinnig finden mögen, wenn ihnen ihre zeitgenössische Sonderform von Abwehr gegenüber den Frauen vorgeworfen wird. »*Im Laufe der Lockerungen, die aus dem Zerfall der mittelalterlichen Gesellschaft resultieren*«, wurde »*das Bild der Maria Muttergottes langsam dem der hohen Frau der Minneliteratur angenähert und das Bild der hohen Frau der Minne langsam durch das einer erreichbaren Geliebten ersetzt (...), wobei beide vorsichtig sexualisiert*« wurden, wie Klaus Theweleit meint. So begann »*gegen die wirkliche Erweiterung der sexuellen Lüste ein lang anhaltender Terror. Er trifft die Frauen der beherrschten Klasse, meint aber die sich drohend abzeichnende Möglichkeit eines lustvollen mann/weiblichen Produktionsverhältnisses insgesamt*«. Der Monogamie wird im gleichen Atemzuge eine hehre Aufgabe ins Stammbuch geschrieben: Mit ihrer Hilfe soll die Selbstdisiplinierung der Menschen, also der Männer, gewährleistet werden. Sie sollen ihr Verhältnis zu sich selbst und zu ihrer Umwelt objektivieren. Diese Selbstdisziplinierung hat allerdings einige für die Frauen fatale Folgen, unter anderem zieht sie eine *»psychische Spaltung des Individuums von seinen Affekten«*, wie es Norbert Elias nennt, nach sich. Das heißt: Der Mann wird *»ganz Kopf«*. Denn Selbstdisziplinierung vollzieht sich unter Ausschluss der Fleischlichkeit, unter Sublimierung der Sexualität, nur so bleibt der homo politicus ein Souverän (wie wir wissen, ist es auch heute noch Sportlern von nationaler Bedeutung vor wichtigen Wettkämpfen verboten, den Beischlaf auszuüben oder auch nur ihre Partnerinnen bei sich zu haben). Auf diese Weise können von den Männern, die nach Höherem streben, nach und nach *»Prinzipien der neuen Staatsvernunft ohne fleischliche Beteiligung der Frau«* entwickelt werden. Die ungezügelte Sexualität der Frau erscheint dem Mann sogar als offene Gefahr. Ein Mann, der sich auf sie einlässt, ist als Souverän der Politik und der Wissenschaft und der Kunst nicht mehr vorstellbar, denn er fürchtet, »in das zurückzufallen, was ihn daran hindern könnte, auf dem ›Falken‹ seines in die Höhe entschwebenden Phallus-Begriffs einer neuen Herrschaft entgegen zu segeln: zurückzufallen in die Vermischung mit dem anderen Geschlecht, in der seine Herrschaft verginge«.[115] Goethe bildet, obwohl wir das gerne hätten, weil er als einer der ersten individualen und sinnlichen Dichter gilt, keine Ausnahme.

In einer großangelegten psychoanalytischen Studie entwickelt Kurt R. Eissler 1963 mit enormem Aufwand die These, dass der Liebesdichter Goethe erst im Alter von vierzig Jahren, nämlich in Italien, seinen ersten Beischlaf mit einer Frau gehabt habe, weil ihn bis dahin unter anderem eine inzestuöse Bindung an seine Schwester Cornelia hinderte, normale Beziehungen zu Frauen aufzunehmen (der Begriff »Schwester« wird uns gleich noch einmal be-

gegnen). Die »PRINZIPIEN DER NEUEN STAATSVER-
NUNFT OHNE FLEISCHLICHE BETEILIGUNG DER
FRAU«, die wir hier aus gutem Grund ein wenig erweitert
verstehen, die Sublimierung und Abwehr, befähigten Goethe, seiner vorgeblich Geliebten Charlotte von Stein im April 1776 folgende schicksalhaft-seelenwanderische Zeilen
von höchster ENTSEXUALISIERUNG zu widmen:

> *... Jede Gegenwart und jeder Blick bekräftigt*
> *TRAUM UND AHNUNG leider uns noch mehr.*
> *Sag, was will das SCHICKSAL uns bereiten?*
> *Sag, wie band es uns so rein genau?*
> *Ach, du warst in abgelebten Zeiten*
> *Meine SCHWESTER ODER MEINE FRAU.*
> *Kanntest jeden Zug in meinem Wesen,*
> *Spähtest wie die reinste Nerve klingt,*
> *Konntest mich mit Einem Blicke lesen,*
> *Den so schwer ein STERBLICH AUG durchdringt;*
> *Tropftest MÄßIGUNG DEM HEIßEN BLUTE,*
> *RICHTETEST den WILDEN IRREN LAUF,*
> *Und in deinen ENGELSARMEN ruhte*
> *Die zerstörte Brust sich wieder auf ...* usw.[116]

(»WARUM GABST DU UNS DIE TIEFEN BLICKE ...«.
Hervorhebungen von D. C. M.)

Uns wundert nun nicht mehr, dass Goethe eine Her-
rin anbetet, die selbstbewusste und eigenständige Frauen
wie die La Roche zeitlebens mit intriganter Gehässigkeit
verfolgte, und dass er letztlich mit einem Weib liiert und
verheiratet war, das nie die geringste Chance hatte, in den
Staatsgeschäften mitzumischen, das als unbedeutend wenn
auch herzlich sinnenfroh galt. Nur unter dieser Vorausset-
zung von »*Prinzipien der neuen Staatsvernunft ohne fleischliche
Beteiligung der Frau*« ist zu verstehen, warum Goethe notiert:
»*Denn dabei bleibt es nun einmal, dass ich ohne absolute Einsamkeit
nicht das Mindeste hervorbringen kann. Die Stille des Gartens ist
mir auch daher vorzüglich schätzbar.*«[117] In seinem Gartenhaus,

in den Sphären seiner literarischen Produktion, hatten die Weiber nichts zu suchen. Da waren die Stein und die Vulpius wieder eins. In ihrer Beschaffenheit und Eigenschaft als Frauen.

DIE TATZEIT

Wir haben also folgende Situation: Am 5. September langt Goethe zu Pferde in Ilmenau an. Zum ersten Mal trifft er hier auf seinen späteren Schützling Johann Friedrich Krafft, der ihn zu allem Überfluss mit den Auswürfen eines depressiven Anfalls überschüttet. Zusammen mit den Unregelmäßigkeiten, die er bei der Untersuchung der Finanzen und der Steuerverwaltung des Kreises Ilmenau entdeckt, ist Goethes Duldsamkeit, chemisch gesprochen, gesättigt. Also schnell die Kurve gekratzt. Stellen wir ihn uns im Werther-Kostüm vor: blauer Sportfrack und zu gelben Beinkleidern halbhohe Stiefel. Gegen Abend des 6. Septembers steigt der Geheime Rath gemeinsam mit seinem Sekretär Seidel zur Hermannshöhle hinauf, dann zum Kickelhahn. Knapp zwei Stunden brauchen beide bis zum Gipfel bei fünfzehnprozentiger Steigung. Im oberen Raum der Waldaufseherhütte bettet sich Goethe, nachdem er sich am Sonnenuntergang erfreut hat, auf Stroh, Seidel nächtigt im unteren Raum. Nach all dem unguten Stress nimmt sich Goethe Zeit zur inneren Sammlung, die er so lange nicht gehabt haben kann. Den Brief, den er in dieser Verfassung an Charlotte von Stein schreibt, kennen wir bereits. Er zeigt uns, wie der Dichter den POETISCHEN PUNKT[118] heraufdämmern fühlt, weil viele Beobachtungen, die er in der Vergangenheit bereits gemacht hat, durch ein auslösendes Moment plötzlich zueinander in Beziehung treten. In den Naturschilderungen, die bis ins Detail Elemente des Gedichts vorwegnehmen, materialisiert sich quasi der lyrische Text. Da es in diesem Augenblick der schöpferischen Arbeit nicht um ein fotografisches, naturalistisches Abbild von Wirklichkeit geht, sondern, wie gesagt, um einen Prozess, bei dem etliche bereits vorhandene Abbilder von Wirklichkeit zueinander in Beziehung treten und dadurch eine neue Bedeutungsebene schaffen, können in dem vorliegenden Text, der bekanntlich zu Anfang des Septembers niedergeschrieben worden ist, die im Walde schweigenden Vögel auftauchen. In Wirklichkeit nämlich gibt es zu Anfang des Septembers im Wald kaum noch Vögel, zumal keine, die singen. Die so ziemlich einzige Ausnahme macht der Star (insofern wir seine Stimmäußerungen Gesang nennen dürfen), und zwar fünfzehn Minuten vor Sonnenaufgang. Andere Vögel sind nicht mehr zu hören, von dem mit geschlossenem Schnabel vorgetragenen Mausergesang der Amsel abgesehen, der jedoch sehr leise und deshalb für Menschen kaum vernehmbar ist. Die SCHWEIGENDEN VÖGELEIN in Goethes Gedicht können also nicht der direkten Naturanschauung entsprungen und als solche Bestandteil des POETISCHEN PUNKTS gewesen sein. Deswegen ist es auch völlig unerheblich, ob, wie Weiers betont, das Wort »schweigen« beides bedeuten, nämlich inchoativ (beginnend) sein oder einen perfektiven (abgeschlossenen) Aspekt haben kann, denn die Subjekte, durch welche sich die Verben entsprechen modifizieren ließen, fehlen in der Vorlage. Ähnliches gilt dann natürlich auch für den Umstand, dass die »spätere Änderung des Ausdrucks ›Vögel‹ in ›Vögelein‹ ... für das Verständnis des Liedes von nicht geringer Bedeutung« sei, »da mit dem Gesang der kleinen Vögel Ohr und Auge ganz in die unmittelbare Nähe des Beobachters gerückt und in die abendliche Stille versetzt werden.«[118a] Womöglich steckt hinter dem Diminutiv nichts anderes als eine Verniedlichung, die den Text gefälliger machen soll, oder ein Spiel mit der Sprachmelodie, das bei zwei benachbarten Wörtern einen vokalischen Anklang erzeugen will (Vögel*ei*n – schw*ei*gen).

80

Eine wichtige Einzelheit des besagten Briefes an Charlotte von Stein sollten wir an dieser Stelle noch einmal hervorheben, weil sie uns das Gedicht, um das es uns geht, näherbringt. »*Die Sonne ist unter ... Jetzt ist die Gegend so rein und ruhig und so uninteressant als eine grose schöne Seele wenn sie sich am wohlsten befindet*«, notiert er.[119] Sogar der Reiz des Lichts, der, wie sich denken lässt, auch allem Unbewegten noch Interesse verleihen könnte, fehlt in der Natur wie dann in dem Gedicht gänzlich. Ist das schon mal jemandem aufgefallen? Dass *eine grose schöne Seele, wenn sie sich am wohlsten befindet*, RUHIG UND UNINTERESSANT, also »DIE GESTEIGERTE AUFMERKSAMKEIT NICHT BEANSPRUCHEND«, »NICHT VON BELANG« sei, das ist bei Goethe einigermaßen neu. Wir hören durch diese Zeilen seine Angst hindurch wispern, er selbst könnte belanglos werden, indem er sich vom Weimarer Hof zurechtbiegen lässt »vom überschäumenden, unbändigen Stürmer und Dränger zum ruhigreifen, vornehmen Mann, der nicht mehr in genialischer Überkraft die Welt nach sich modeln will, sondern bescheiden sich nach der Welt richtet, der nicht in der Freiheit des Individuums, sondern in der Aufopferung des Einzelnen für das Ganze ... das Ziel des Lebens sieht«, wie es Karl Heinemann beschreibt.[120] Er könnte sich verzetteln in politischen Unternehmungen, die letztlich sämtlich scheitern und ihn als den »TÄTIG WIRKENDEN« in Frage stellen. Resignierend wird er zwei Jahre später an Fritz Jacobi schreiben: »*Wenn du eine glühende Masse Eisen auf dem Herde siehst, so denkst du nicht, dass soviel Schlacken darin stecken, als sich erst offenbaren, wenn es unter den großen Hammer kommt.*«[121] »DER GROSSE HAMMER« war aber schon 1780 längst dabei, sich den heißblütigen Barden zurechtzuschmieden. Goethe wusste das, und er sah die Schlacken von sich abfallen. Schon vor seinem Besuch auf dem Kickelhahn, seit dem 30. März des Jahres, hatte er erste Szenen für sein Schauspiel »TORQUATO TASSO« entworfen, zwei Monate nach »WANDERERS NACHTLIED«, am 13. November, war der erste Aufzug fertig, und noch im selben Monat hob er mit der Arbeit am zweiten Aufzug an. Ein erstes Mal versuchte er in diesem Stück expressis verbis, sich am Beispiel des italienischen Renaissance-Dichters Tasso von jenen Konflikten zwischen Selbstverwirklichung und höfischer Konvention »*freizuschreiben, in die seine Stellung am Weimarer Hof ihn verstrickt hatte*«; Goethe nannte sein Schauspiel »Bein von meinem Bein und Fleisch von meinem Fleische«.[122] Um dichten zu können, passte Torquato Tasso sich seinerzeit dem Zwang der Verhältnisse am Hofe von Ferrara an — wie Goethe sich denen am Hofe zu Weimar. Es sei an unser Schiffergedicht vom Anfang erinnert, in dem der allegorisierte Goethe voller Zuversicht allen Natur- und sonstigen Gewalten trotzt. In den letzten sechs Versen des TASSO (dessen erste Fassung allerdings verlorengegangen ist) nimmt er dieses Motiv wieder auf, nur klingt es diesmal — trotz des unglaubwürdig versöhnlerischen Schlusses — weniger kraftmeierisch:

> *Zerbrochen ist das Steuer, und es kracht*
> *Das Schiff an allen Seiten. Berstend reißt*
> *Der Boden unter meinen Füßen auf!*
> *Ich fasse dich mit beyden Armen an!*
> *So klammert sich der Schiffer endlich noch*
> *Am Felsen fest, an dem er scheitern sollte.*[123]

Von dem Helden, der männlich an dem Steuer stehet, herrschend auf die grimme Tiefe blickt und — scheiternd oder landend — seinen Göttern vertraut, ist nichts mehr übrig geblieben. *Berstend reißt der Boden unter meinen Füßen auf* — Goethe hat den Boden unter den Füßen verloren, denn sein Leben passt nicht mehr zu seiner Philosophie. Spinozas Weltgott und Weltgeist, die alles umfassende, alles durchdringende Gottsubstanz, hat Goethe aus ihrer ewig zuständlichen Beharrung in die ewige Unruhe, Bewegung, Erregung seiner Dialektik überführt. Nicht brutale Faktizität, sondern Fortschritt und ewige Erneuerung stellt sich Goethe unter dem wirkenden Leben vor. Praxis und Kollektivität nimmt er als Bedingungen der Erkenntnis an, wenn er — angeregt durch die Faszination der Sache (»*lüstern nach dem Stein*«) — »*vom Allgemeinsten zum Nutzbaren, Anwendbaren, vom Bedarf zur Kenntnis*« fortschreitet.[124] »*Beim Zerstören*«, meint er, »*helfen alle falschen Argumente, beim Aufbauen keineswegs; was nicht wahr ist, baut nicht!*«[125] Offensichtlich ist nicht das Nützliche schlechthin wahr, bloß weil es nützlich ist (gleichviel wofür), sondern umgekehrt, nur das Wahre kann letztlich nützlich sein und dem fortschreitenden Leben dienen, während das Falsche »*an und für sich fruchtlos daliegt*«. Was aber ist wahr? Und was falsch? Der Enttäuschte, der acht Jahre später, nach der dann doch erfolgten Italienreise, alle seine öffentlichen Ämter niederlegen wird, erkennt die Nutzlosigkeit seines politischen Unterfangens, den Feudalstaat nach den Prinzipien einer aufklärerischen Vernunft zu ordnen, fühlt sich unnütz, weiß, dass er, der Minister, der Wahrheit nicht dient, dem Falsch huldigt, der »*fruchtlos daliegt*«, sieht sich selbst nicht fortschreiten und statt dessen in engste Grenzen verwiesen. »*So wie ein Dichter politisch wirken will*«, soll er später (zu Anfang März 1832) zu Eckermann gesagt haben, »*muß er sich einer Partey hingeben; und so wie er dieses thut, ist er als Poet verloren; er muß seinem freyen Geiste, seinem unbefangenen Überblick Lebewohl sagen, und dagegen die Kappe der Borniertheit und des blinden Hasses über die Ohren ziehen.*«[126] Bevor er jede Einmischung ins politische Tagesgeschäft von sich weist und sich radikal der Lehre von der Ästhetik zuwendet, arrangiert er sich, und je stärker er sich anpasst, desto beklemmender kriecht die Angst in ihm auf, als nur noch SCHÖNE SEELE belanglos zu sein und einer Ruhe zu huldigen, die eher spinozistisch-beharrend, als goethisch-dialektisch zu nennen wäre. Dies — und nicht etwa eine Todesahnung — ist die Initialzündung für sein Gedicht und für die seherische Warnung, die er ihm in aller resignativer Gewissheit in Paranthese zur abendlichen Natur beigibt: »*Warte nur, balde ruhest du auch*«.

Wenig später wird einer derjenigen, die der klassischen Epoche in der deutschen Literatur den Garaus machten, nämlich Heinrich Heine, ein bemerkenswertes Urteil über Goethe fällen (wobei er in seiner »ROMANTISCHEN SCHULE« betont, niemals Goethe als den Dichter angegriffen zu haben, sondern immer nur den Menschen): Die goetheschen Meisterwerke »*zieren unser theueres Vaterland, wie schöne Statuen einen Garten zieren, aber es sind Statuen. Man kann sich darin verlieben, aber sie sind unfruchtbar: die goetheschen Dichtungen bringen nicht die That hervor, wie die Schillerschen. Die That ist das Kind des Wortes, und die goetheschen schönen Worte sind kinderlos. Das ist der Fluch alles dessen, was durch die Kunst entstanden ist.*« Die Götterstatuen »*mahnten mich an die Goetheschen Dichtungen, die eben so vollendet, eben so herrlich, eben so ruhig sind, und ebenfalls mit Wehmuth zu fühlen scheinen, daß ihre Starrheit und Kälte sie von unserem jetzigen bewegt warmen Leben abscheidet, daß sie nicht mit uns leiden und jauchzen können, daß sie keine Menschen sind, sondern unglückliche Mischlinge von Gottheit und Stein. Diese wenigen Andeutungen erklären nun den Groll der verschiedenen Partheien, die in Deutschland gegen Goethe laut geworden. Die Orthodoxen waren ungehalten gegen den großen Heiden, wie man Goethe allgemein in Deutschland nennt, (...) sie sahen in ihm den gefährlichsten Feind des Kreuzes, das ihm, wie er sagte, so fatal war wie Wanzen, Knoblauch und Tabak; nemlich so ungefähr lautet die Xenie, die Goethe auszusprechen wagte, mitten in Deutschland, im Lande wo jenes Ungeziefer, der Knoblauch, der Tabak und das Kreuz, in heiliger Allianz, überall herrschend sind. Just dieses war es jedoch keineswegs, was uns, den Männern der Bewegung, an Goethe mißfiel. Wie schon erwähnt, wir tadelten die Unfruchtbarkeit seines Wortes, das Kunstwesen, das durch ihn in Deutschland verbreitet wurde, das einen quietisirenden Einfluß auf die deutsche Jugend ausübte, das einer politischen Regeneration unseres Vaterlandes entgegenwirkte.*«[127]
Kurzum: Goethe sei das große Zeitablehnungsgenie, das sich allen politischen Umwälzungen zum Trotz in eine ästhetische Welt des Geistes flüchtet. Das klassische Weimar

spiegele sich in der Vergangenheit, in der Goethe sich eingerichtet habe. Ungeachtet dessen seien die Umwälzungen mit Händen zu greifen.

In der Tat schien dieser Widerspruch schon 1780, ein paar Jahre vor der Französischen Revolution und vor der deutschen Romantik, für den Konservativen Goethe unauflösbar. Was des älteren Goethes Ordnungssinn störte, und das waren unter Umständen Brotbrösel auf dem Frühstückstisch, die er nervös mit den angefeuchteten Fingerkuppen aufstippte und zu einem regelmäßiges Häufchen auftürmte, musste verdrängt werden. Wir haben gesehen, dass er mit dieser Verdrängungsarbeit bereits in jungen Jahren begann. Dabei half ihm manchmal die Natur, die er pantheistisch und im Glauben an Seelenwanderung und Wiedergeburt für sich vereinnahmte, manchmal half sie ihm aber auch nicht. In der Nacht vom 6. zum 7. September 1780 half sie ihm nicht. Nahezu beschwörend hält er auch in diesem Gedicht an seiner Philosophie fest. Die Einzeldinge betrachtet er in ihrem eigentümlichen Charakter; er sieht jedes einzelne Ding als einen selbstständigen Ausdruck des Göttlichen an, als ein Individuum, von einem Genius beseelt. Daraus erklärt sich der deiktische Gestus in »WANDERERS NACHTLIED«. Der da spricht, ist auf eine pantheistische Weise eins mit der Welt. Deswegen vermag der Blick, ohne dass er gebrochen wird, ganz zwanglos von der Ferne (»über allen Gipfeln«) weiter hinab zu Nähergelegenem (*in allen Wipfeln*) bis in das Innen eines beseelten Körpers zu wechseln, in den Sprechenden selbst (*spürest du*). Die Verwandtschaft zwischen der Ruhe in der Natur und der im Menschen ist — vordergründig — gerechtfertigt durch die Symbiose des Weltganzen. Aber die Ruhe ist trügerisch, denn sie ist belanglos. Das scheint treffend umrissen von dem, was Theodor W. Adorno den *»verweigerten Frieden«* nennt, der *»des Trostes aber nicht entbehrt«*. So gesehen handelt es sich hier um ein Weltanschauungsgedicht, um ein Preislied auf eine Philosophie, an der sich der arg Gebeutelte krampfhaft festhält. Das erklärt auch, warum der Dichter verallgemeinernd »Du« spricht statt »Ich«. Er entindividualisiert den Text. Wir kennen dieses Verfahren an uns selbst, wenn wir uns mit Du anreden, wenn wir z. B. eine gewisse Distanz zu den Motiven unserer eigenen Handlungen gewonnen haben und mit uns ins Gericht gehen. Das seherische »*Warte nur, balde* ...« in Vers 7 stellt natürlich keine Aufforderung zum Warten dar, wie auch K. H. Weiers zu unserem größten Vergnügen feststellt.[127a] Wir dürfen es durchaus als eine ganz unlyrische, visionäre Drohung verstehen, denn in jedem anderen Falle wäre das »*Warte nur*« überflüssig. Diese Passage weist über das Wesen eines Gelegenheitsgedichts hinaus. Was könnte dahinterstecken? Goethe war sich schlagartig bewusst geworden, dass die gesellschaftlichen Veränderungen, die seiner Auffassung zufolge von oben kommen müssten — nach dem Motto ALLES FÜR DAS VOLK, NICHTS DURCH DAS VOLK —, dass diese gesellschaftlichen Veränderungen durch PATRIOTISCHE MINISTER, durch ANTIMACHIAVELLISTISCHE, MORALISCH AUFGERÜSTETE FÜRSTENDIENER, also auch durch ihn, ausblieben. Die VERBESSERUNG DES BESTEHENDEN war gescheitert. Solche RUHE, diese besondere Art von gesellschaftlicher Unbeweglichkeit, lähmte Goethe und bewies ihm seine Nutzlosigkeit, auch wenn bei ihm von Systemänderungen nie die Rede gewesen war. Angst lag in der Luft wie ein Brandgeruch. Wenige Jahre später würde sich diese Angst in der Französischen Revolution entladen.

SPRACHROHR DER RATLOSIGKEIT

Soweit unsere Überzeugung. Aber natürlich muss Goethe wieder einmal das letzte Wort behalten, und zugegebenermaßen verwirrt er uns damit ein wenig. Man höre: Am 27.

August 1831, am Vorabend von Goethes 82. Geburtstag, begleitete der Berginspektor und Rentamtmann Johann Christian Mahr den Geheimrat bei dessen letztem Besuch in Ilmenau auf den Kickelhahn, wohin es den Herrn Geheimrat zog, »*um dem Wuste des Städtchens, den Klagen, den Verlangen, der Unverbesserlichen Verworrenheit der Menschen auszuweichen*«, wie er Charlotte von Stein in einem »d. 6. Sept. 80« datierten Brief mitteilt. »*Wenn nur meine Gedanken zusammen von heute aufgeschrieben wären, es sind gute Sachen darunter.*« Mahr berichtet über den Ausflug: »*Auf dem Kickelhahn angelangt, stiegen wir aus. Goethe ging ziemlich rüstig bis an die nach Ilmenau zu gelegene Aussichtsstelle und rief mehrmals ›Herrlich! Herrlich!‹ ... Hierauf sagte er: ›Das kleine Waldhaus muss hier in der Nähe sein? Ich kann zu Fuß dahin gehen, und die Chaise soll hier so lange warten, bis wir zurückkommen.‹ Goethe schritt trotz seines hohen Alters ziemlich rüstig über den mit Heidelbeeren bewachsenen Platz nach dem kleinen ... Forstschutzhäuschen. ... Beim Eintritt in das obere Zimmer sagte Goethe: ›Ich habe in früherer Zeit einmal hier im Sommer mit meinem Bedienten acht Tage gewohnt und damals einen kleinen Vers an die Wand geschrieben. Wohl möchte ich diesen Vers noch einmal sehen ...‹ Sogleich führte ich ihn an das nach Süden zu gehende Fenster; da stand an der linken hölzernen Fensterbekleidung mit Bleistift ›ÜBER ALLEN GIPFELN IST RUH ...‹ Goethe las diese Verse und schien tief bewegt. Ganz langsam zog er sein weißes Taschentuch aus seinem dunkelbraunen langen Tuchrock, trocknete sich die Tränen und wiederholte langsam und wehmütig: ›Ja, warte nur, balde ruhest du auch.‹ Dann schwieg er eine kleine Weile, überflog mit den Augen nochmals durch das südliche Fenster die schöne Waldaussicht nach Stützerbach zu und wandte sich mit den Worten nach mir: ›Nun wollen wir gehen.‹*«[128]

Tja... Über den nämlichen Besuch auf dem Kickelhahn hat sich auch Goethe geäußert, am 4. September 1831 in einem Brief an Zelter: »*Sechs Tage, und zwar die heitersten des ganzen Sommers, war ich von Weimar abwesend und hatte meinen Weg nach Ilmenau genommen, wo ich in frühern Jahren viel gewirkt und eine lange Pause des Wiedersehens gemacht hatte, auf einem einsamen Bretterhäuschen des höchsten Gipfels der Tannenwälder recognoscirte ich die Inschrift vom 7. September 1783* [sic!, D. C. M.] *des Liedes das du auf den Fittigen der Musik so lieblich beruhigend in alle Welt getragen hast: ›Über allen Gipfeln ist Ruh pp.‹«*[129]

Er schreibt wirklich und wahrhaftig »pp«! Und: so lieblich beruhigend. Er fügt hinzu: »*Nach so vielen Jahren war dann zu übersehen: das Dauernde, das Verschwundene. Das Gelungene trat hervor und erheiterte, das Mißlungene war vergessen und verschmerzt.*«[130]

Ach herrje, entfährt es uns. Wir stehen ratlos. »WANDERERS NACHTLIED« als Trost aufs lieblich verspielte Jenseits? Oder sollten doch eher wir Recht behalten, eingedenk der Tatsache, dass, wie Marie Luise Kaschnitz verallgemeinernd schreibt, der Dichter das Sprachrohr der Ratlosigkeit seiner Zeit sei ...?

ANMERKUNGEN

[1] Siegried Damm, Goethes letzte Reise, Frankfurt a. M. 2007, Seite 130

Heinrich Viehoff kolportiert die Vermutung des Germanisten A. Kuhn's, »daß in unserm Liedchen ein weitverbreitetes Volkslied nachklinge« und bedenkt, ob dies »richtig sei, möchte ich bezweifeln. Er meint folgende Strophe eines von Hoffmann in seinen schlesischen Volksliedern (Nr. 274) mitgetheilten Liedes:

Schlaf, Kindlein, balde !
Die Vögelein fliegen im Walde,
Sie fliegen den Wald wohl auf und nieder,
Und bringen dem Kindlein die Ruh bald wieder.
Schlaf, Kindlein, schlaf!«

Heinrich Viehoff, Goethe's Gedichte erläutert und auf ihre Veranlassungen, Quellen und Vorbilder zurückgeführt nebst Variantensammlung und Nachlese. Zweiter Theil. Gedichte der zweiten Periode von 1783 bis in's Jahr 1805. Periode der classischen Kunstpoesie. Düsseldorf und Utrecht 1846

[1a] K. H. Weiers, Goethe - über allen Gipfeln ist Ruh. In: Staatliches Max-Planck-Gymnasium Trier, Jahrbuch 1984/85. S. 56 - 71, nach: http://mpg-trier.de/d7/read/goethe_ueberallengipfelnistruh.pdf, S. 1, allerdings erweckt dieser Autor, wenn er nachfolgend Vermutungen darüber anstellt, welchen auslösenden Anlass (oder »poetischen Punkt«, s. u.) es für das Gedicht gegeben habe, den Eindruck, als entstünde Lyrik auf eine ähnliche Weise wie Fotografie.

[2] Das Gedicht in: Johannes Falk's auserlesene Werke. (Alt und neu.) In drey Theilen. Leipzig 1819. Bd. 1, S. 354. Falks Brief zitiert nach: Johannes Falk e.V., Gesellschaft der Freunde in der Not, Weimar. https://johannesfalkverein.jimdo.com/johannes-falk/falk-und-goethe/(zuletzt abgerufen am 5. September 2017).

[3] Heinrich von Kleist. Unter allen Zweigen ist Ruh ... Ein neu aufgefundenes Autograph. Faksimile und Essays von Günter Blamberger und Jochen Golz, Franfurt/Oder, 2003, S. 9

[4] Nach H. Fritz: »Über allen Gipfeln ist Ruh« — Die abenteuerliche Geschichte eines Gedichts mit einem Lokaltermin auf dem Kickelhahn. Mitteldeutscher Rundfunk 1998

[5] Emil Staiger, Grundbegriffe der Poetik, Zürich 1951, S. 13 (DAS U IN RUH) und Woldemar Masing, Sprachliche Musik in Goethes Lyrik, Straßburg 1910, S. 76 (DAS LANGSAME TEMPO)

[6] Armin Kohz, „Wanderers Nachtlied" - Eine phonetische Wanderung, Lektoren-Vereinigung Korea, http://www.lvk-info.org/nr09/lvk-9wanderer.htm

[6a] Nach: http://www.jaeger-flute.com/projekte.php-Dateien/Die%20menschliche%20Stimme/Akustik-Referat%20Zsfassung.pdf, 12. September 2017

[7] Die erste *tabellarische Übersicht nach: K. H. Weiers, Goethe - über allen Gipfeln ist Ruh, a. a. O. S. 27 f.*

[8] Die zweite Übersicht nach Kerber, Wannach_fol.doc aus einer Quelle, die sich am 3. September 2017 leider nicht mehr rekonstruieren ließ (unseren Notizen zufolge ursprünglich auf: https://archive.is/o/9ZQk2/www.kerber-net.de/literatur/deutsch/drama/goethe/werke/elegienpr.htm)

[8a] Leopold Liegler: Goethes, »Wandrers Nachtlied«, eine Analyse. In: Literarische Welt (Wien) 1, 1946/47. S. 294 ff.

[8b] Theodor Lipps, Ästhetik. Psychologie des Schönen und der Kunst. Erster Teil. Grundlegung der Ästhetik. Leipzig 1923, S. 326

[8c] Weiers, a. a. O., S. 21 f.

[8d] Rainer Maria Rilke. Briefe an seinen Verleger 1906 bis

1926. Nachdruck des Originals von 1941. Paderborn 2013, S. 46 f.

[8e] Ueber ein Goethe'sches Lied. Vortrag von Dr. Woldemar Masing, Docent an der Universität Dorpat. Leipzig 1872, S. 26 ff.

[9] Heiner Stauff, http://www.stauff.de. Unterseite am 4. September 2017 nicht mehr errteichbar.

[10] ebenda

[11] Nach: http://www.dradio.de/dlf/sendungen/lyrikkalender/531801/

Die Überschrift »Wanderers Nachtlied«. »die dieses Lied mit dem in der Sammlung ihm vorhergehenden ›Der Du von dem Himmel bist‹ gemein hat, (...) erinnert an die eines andern Gedichts aus dem Jahre 1771 ›Wanderers Sturmlied‹, von dem Goethe in ›Wahrheit und Dichtung‹ berichtet, es sei das einzig übriggebliebene Beispiel der seltsamen Hymnen und Dithyramben, die er leidenschaftlich vor sich hin zu singen pflegte, als er, von Reue über den Bruch seines Verhältnisses mit der Sesenheimer Friederike getrieben zwischen Darmstadt und Homburg ruhelos hin und her wanderte und in Folge dessen von seinen Bekannten ›der Wanderer‹ genannt wurde. Zwischen dieser Zeit aber und derjenigen, aus welcher die ältere Version des Ruheliedes stammt, liegen nach der gewöhnlichen Annahme (...) auf keinen Fall ... weniger als vier Jahre. (...) Unterdessen aber hatten vielfache innere Wandlungen mit dem Dichter stattgefunden, und was ihn jetzt seines alten Beinamens sich wieder erinnern ließ, konnte somit nur eine ähnliche, nicht dieselbe Veranlassung haben.« (Ueber ein Goethe'sches Lied. Vortrag von Dr. Woldemar Masing, a. a. O., S. 9)

[11a] Wulf Segebrecht, Johann Wolfgang Goethes Gedicht »Über allen Gipfeln ist Ruh« und seine Folgen. Zum Gebrauchswert klassischer Lyrik [Reihe Hanser. Literatur-Kommentare; 11] München 1978, S. 15

[12] Eine Übertragung ins Russische gibt es aus der Feder des berühmten Dichters Michail Jurjewitsch Lermontow. Dabei verzichtete er, der literarischen Tradition seines Volkes folgend, zugunsten einer Aneignung des Textes auf dessen buchstabengetreue und stilgerechte Übertragung. Seine Nachdichtung lautet:

Из Гете
Горные вершины
Спят во тьме ночной.
Тихие долины
Полны свежей мглой.
Не пылит дорога,
Не дрожат листы.
Подожди немного,
Отдохнешь и ты.

Zitiert nach: Wolf-Dieter Krause (Hg.) Das Fremde und der Text. Fremdsprachige Kommunikation und ihre Ergebnisse. Potsdam 2010

Zur angeblichen Übertragung ins Japanische: Wulf Segebrecht, Johann Wolfgang Goethes Gedicht »Über allen Gipfeln ist Ruh« und seine Folgen, a. a. O.

[13] Nach: https://de.wikipedia.org/wiki/Wandrers_Nachtlied (zuletzt abgerufen am 3. September 2017)

[14] Nach Wikipedia, ebenda

[15] Segebrecht, a. a. O., S. 127

[16] Karl Kraus, In dieser großen Zeit. Ausgewählte Werke, Bd. 2, 1914 - 1925. Berlin 21977, S. 105.

[17] Karl Kraus, Die letzten Tage der Menschheit. Tragödie in fünf Akten mit Vorspiel und Epilog (= Ausgewählte Werke, Band 5,1. Hrsg. Kurt Krolop), Berlin 1978, S. 214 f.

[18] Christian Morgenstern: Galgenlieder. Cassirer, Berlin 1905

[19] Joachim Ringelnatz, Kuttel Daddeldu. Mit 25 Zeichnungen von Karl Arnold. Kurt Wolff Verlag, München 1924, S. 16

[20] Bertolt Brecht, Gedichte. Band I, 1918 - 1929. Berlin und Weimar 1978, S. 25 ff.

[21] Nach H. Fritz, »Über allen Gipfeln ist Ruh« — Die abenteuerliche Geschichte eines Gedichts ..., a. a. O.

[22] Wikipedia, a. a. O.

[23] Segebrecht, a. a. O., S. 26; Weiers (a. a. O., S. 3, Anm.) stellt in einer sehr merkwürdigen Beweisführung, von der uns nicht klar ist, warum sie überhaupt stattfindet, fest: »Der von Heinrich Düntzer (Ein Goethe-Jubiläum auf dem Thüringerwalde. In: Allgemeine Zeitung, München 1883, Nr. 170 vom 20. Juni, Beilage der Zeitung) erhobene Einwand, Knebel habe in seiner Tagebucheintragung mit den Worten ›Mond. Goethens Verse‹ die Erstfassung von Goethes Gedicht ›An den Mond‹ (›Füllest wieder 's liebe Tal‹) gemeint, kann schwerlich zutreffen. Denn am 7. Oktober 1780 ging der Mond erst am späten Nachmittag auf. Demnach sah Knebel den Mond erst bei Tag am Himmel. Goethes Gedicht ›An den Mond‹ aber schildert eine Situation im nächtlichen Dämmerlicht des Mondes.« Das mag alles sein. Aber eine Diskussion erübrigt sich, weil eine Fotografie aus der Zeit vor der Zerstörung des Kickelhahn-Häuschens eindeutig »Wanderers Nachtlied II« abbildet, wobei sich natürlich fragt, warum Knebel nicht anhand eines bei Tage erspähten Mondes Goethes Gedicht »An den Mond« assoziieren können darf.

[24] Wikipedia, a. a. O.

[25] Auf Goethes Irrtum fiel u. a. herein Heinrich Viehoff, Goethe's Gedichte erläutert und auf ihre Veranlassungen, Quellen und Vorbilder zurückgeführt nebst Variantensammlung. Stuttgart ³1876, dort speziell die Seiten 118 bis 120.

[26] Zitiert nach: Jutta Assel, Georg Jäger, Orte und Zeiten in Goethes Leben. Eine Dokumentation. Kickelhahn. Stand: Januar 2015, Goethezeitportal, http://www.goethezeitportal.de/wissen/topographische-ansichten/orte-und-zeiten-in-goethes-leben-kickelhahn.html (zuletzt abgerufen am 4. September 2017.

[27] Julius Keßler: Ein deutsches Heiligthum und sein Untergang. In: Die Gartenlaube, 1. Januar 1872, No. 40, S. 657 f.

[28] Jutta Assel, Georg Jäger, a. a. O.

[29] W. Adorno, Rede über Lyrik und Gesellschaft, in: Noten zur Literatur I. Frankfurt am Main 1963, S. 80 f. Adorno vergleicht unseres mit dem ersten Gedicht des Titels WANDERERS NACHTLIED aus dem Jahre 1776 und betont, »seine abgründige Schönheit ist nicht zu trennen von dem, was sie« (die Gebärde des Trostes, D. C. M.) »verschweigt, der Vorstellung einer Welt, die den Frieden verweigert. (...) Der Ton des Liedes bezeugt, dass Frieden nicht gelang, ohne dass doch der Traum zerbräche«.

[30] Zitiert nach K. H. Weiers, a. a. O.

[31] Zitiert nach: Adolf Schöll (Hrsg.), Goethes Briefe an Frau von Stein. Frankfurt am Main 1899, Bd. 1, S. 248 f.

[32] K. H. Weiers, a. a. O., S. 8

[32a] Gero von Wilpert: Goethe-Lexikon, Stuttgart 1998. S. 1148 f.; Heinrich Lausberg: Rhetorik und Dichtung. In: Der Deutschunterricht Jg. 18 (1966) Heft 6., S. 47 - 93; Elizabeth M. Wilkinson: Goethes lyrische Dichtung. In: Elizabeth M. Wilkinson, Leonhard A. Willougby: Goethe. Dichter und Denker. Essays. Frankfurt a. Main 1974. S. 18; Emil Staiger: Lyrik und lyrisch. In: Reinhold Grimm (Hrsg.): Zur Lyrikdiskussion. In: Wege der Forschung Bd. 11. Darmstadt 1966. S. 77

Eher als manche dieser Überinterpretationen trifft wohl Weiers filmische oder fotografische Schlussfolgerung zu: Das Lied erweist sich »als weniger konstruiert, das Dargestellte wird aus einer konkreten Situation gesehen und empfunden. Das Betrachtete schließt sich zu einem einheitlichen, wirklich geschauten, zu einem harmonisch in sich geschlossenen Bild zusammen. Es kommt nicht zu einem Zwiespalt zwischen dem, was der Leser beim Lesen des Gedichts empfindet, und dem, was eine stärker konstruierte Deutung als den eigentlichen Sinn des Gedichts festzustellen glaubt.« (ebenda)

[33] Johann Wolfgang von Goethe, Über den Granit, in: Goethes Werke (= Sophienausgabe). Weimar 1892, II. Abteilung, 9. Bd., S. 173

[34] Zitiert nach: Gudrun Schury, Goethe-ABC. Leipzig 1997 (= Reclam-Bibliothek Band 1600), S. 17

[35] Nach: Nach H. Fritz, »Über allen Gipfeln ist Ruh« — Die abenteuerliche Geschichte eines Gedichts ..., a. a. O.

[36] Siegfried Seidel (Hrsg.), Goethe, Aus meinem Leben. Dichtung und Wahrheit. Leipzig 1977, Bd. 1, S. 756

[37] Zitiert nach Gudrun Schury, a. a. O., S. 49

[38] Zitiert nach: Johann Wolfgang von Goethe. Von Frankfurt nach Weimar. 1749 - 1786. Ein Film von Joachim Burkhardt. Eine Produktion der TransTel, hergestellt von der Deutschen Welle, Westdeutscher Rundfunk Köln, 1982

[39] Goethe's Werke. Vollständige Ausgabe letzter Hand. Sechszehnter Band. Stuttgart und Tübingen 1828, S. 160 f.

[40] Johann Peter Eckermann, Gespräche mit Goethe in den letzten Jahren seines Lebens. 1823 – 1832. Zweyte, mit einem Register versehene Ausgabe. Leipzig 1837, Zweyter Theil, S. 41

[41] Dies sagt der Verwalter in den Paralipomena zu Goethes Trauerspiel »STELLA«. Zitiert nach: Liselotte Lohrer (Hg.), Goethes poetische Werke. Vollständige Ausgabe. Vierter Band. Frühe Dramen. Bruchstücke. Übersetzungen und Bearbeitungen. Stuttgart 1953., S. 621

[42] Göthe's Briefe an Frau von Stein aus den Jahren 1776 bis 1826. Zum erstenmal herausgegeben durch K. Schöll. Erster Band mit dem Bildniß der Frau von Stein. Weimar 1848. S. 334

[43] Zitiert nach: Theodor Schauffler, Goethes Leben, Leiden und Leisten in Goethes Bildersprache. Paderborn 2015 (Nachdruck des Originals von 1913), S. 298

[44] G. E. Guhrauer (Hg.), Briefwechsel zwischen Goethe und Knebel. (1774 – 1832) Erster Theil. Leipzig 1851, S. 29

[45] Karl Heinemann, Goethes Leben und Werke, Bielefeld und Leipzig 1909, S. 52

[46] Zitiert nach: Johann Wolfgang von Goethe. Von Frankfurt nach Weimar. 1749 - 1786, a. a. O.

[47] ebenda

[48] Goethe in vertraulichen Briefen seiner Zeitgenossen. Zusammengestellt von Wilhelm Bode. Neu herausgegeben von Regine Otto und Paul-Gerhard Wenzlaff. Bd. 1 1749 – 1793. Berlin und Weimar 1982, S. 145.

[49] Vgl.: Hermann Baumgart, Goethes lyrische Dichtung in ihrer Entwicklung und Bedeutung (Hg. Gertrud Baumgart). Heidelberg 1931, S. 188

[50] Johann Wolfgang von Goethe. Werke Kommentare und Register. Hamburger Ausgabe in 14 Bänden. Bd. 1, Gedichte und Epen 1, Textkritisch durchgesehen und kommentiert von Erich Trunz, München [16]1996, S. 49

[51] Ebenda, S. 489 f.

[52] Vgl. den Brief Goethes vom 17. November 1782 an Friedrich Heinrich Jacobi.

[53] Zitiert nach: Johann Wolfgang von Goethe. Von Frankfurt nach Weimar. 1749 - 1786, a. a. O.

[54] Goethes Briefe an Charlotte von Stein. Hg. Von J. Fränkel. Umgearbeitete Neuausgabe. Band 3. Berlin 1962, S. 114

[55] Brief an Lavater vom August 1780 aus Ostheim an der Rhön. Zitiert nach: Conversations-Saal und Geister-Revüe. Ein Panorama interessanter Personen, Gedanken und Zeitmaterien, für Menschenkenntniß und Wissenschaft. Gedacht und gesammelt von Magis Amica Veritas. Stuttgart 1837. S. 34

[56] Dr. Alfred Adler, Über den nervösen Charakter. Grundzüge einer vergleichenden Individual-Psychologie und Psychotherapie. München und Wiesbaden, 31922, S. 27

[57] Brief Friedrich Heinrich Jacobis an Johann Jakob Wilhelm Heinse vom 24. Oktober 1780. Zitiert nach: Ru-

dolf Zoeppritz (Hg.), Aus F. H. Jacobi's Nachlaß. Erster Band. Ungedruckte Briefe von und an Jacobi und Andere. Nebst gedruckten Gedichten von Goethe und Lenz. Leipzig 1869, S. 40 f.

[58] In einem Brief vom 24. Februar 1779 an Charlotte von Stein. Zitiert nach: Robert Keil, Vor hundert Jahren. Mittheilungen über Weimar, Goethe und Corona Schröter aus den Tagen der Genie-Periode. Festgabe zur Säkularfeier von Goethe's Eintritt in Weimar (7. November 1775). Erster Band mit dem Bildnisse Goethes. Leipzig 1875, S. 180

[59] Goethe in vertraulichen Briefen seiner Zeitgenossen, a. a. O. Bd. 1, S. 184

[60] Friedrich Heinrich Jacobi, Briefwechsel. Stuttgart — Bad Cannstatt 1981 f., Bd. 2, S. 125

[61] Brief des an der Universität zu Halle (Saale) lehrenden schwedischen Philologen Hans Thunmans an seinen Landsmann und Kollegen Hans Graffman vom 22. Juli 1777, zitiert nach: Wilhelm Bode et al, Goethe in vertraulichen Briefen seiner Zeitgenossen, a. a. O., S. 216

[62] Zitiert nach: Gudrun Schury, a. a. O., S. 194

[63] Vgl. Tilman Jens, Goethe und seine Opfer. Eine Schmähschrift. Düsseldorf 1999

[64] Vgl.: W. Daniel Wilson: Unterirdische Gänge. Goethe, Freimaurerei und Politik. Göttingen 1999, und: W. Daniel Wilson: Das Goethe-Tabu. Protest und Menschenrechte im klassischen Weimar. München 1999

[65] Jens Bisky, Das direkte Spiegelbild der unkritischen Dichterverehrung: Goethe als Büttel des Absolutismus bei W. D. Wilson Wer unter freyem Himmel nicht die Geister bannt. Rezension vom 27. Februar 1999 – Quelle: http://www.berliner-zeitung.de/15966590 ©2017

[66] Albrecht Schöne (Hg.), Kommentare. (= Johann Wolfgang Goethe, Sämtliche Werke. Briefe, Tagebücher und Gespräche. Hg. v. Friedmar Apel u. a., I. Abt., Bd. 7/1 und 7/2, Frankfurt am Main 1994), Anm. 2., S 196 – 200

[67] Johann Wolfgang Goethe, Gedenkausgabe der Werke, Briefe und Gespräche. Zürich 1962, Bd. 8, S. 504

[68] Willy Flach, Goethes Tätigkeiten im Geheimen Consilium. Teil 1. Weimar 1950. S. 246 f.

[69] Wieland in einem Brief an Zimmermann vom 22. Juli 1776, zitiert nach: Bode, a. a. O., S. 192

[70] Aus einem Brief von Johann Heinrich Voss an Ernestine Boie vom 14. Juli 1776, zitiert nach: Wilhelm Bode et al, Goethe in vertraulichen Briefen seiner Zeitgenossen, a. a. O., Bd. 1, S. 191

[71] Wolfgang Klien, Er sprach viel und trank nicht wenig. Goethe, wie berühmte Zeitgenossen ihn erlebten. München o. J., S. 23 f. (Der Autor bezieht sich auf: Robert Saitschick, Goethes Charakter. Eine Seelenschilderung. Stuttgart 1898)

[72] Johann Peter Eckermann, Gespräche mit Goethe in den letzten Jahren seines Lebens. Hg. von Regine Otto unter Mitarbeit von Peter Wersig. Berlin und Weimar 1982, S. 602 f.

[73] Karl Goedeke, Grundrisz zur Geschichte der deutschen Dichtung aus den Quellen. Zweiter Band. Zweite Ausgabe. Dresden 1862, S. 775

[74] Karl Goedeke, a. a. O., S. 776

[75] ebenda

[76] ebenda

[77] zitiert nach: Gabriele Dinsenbacher, a. a. O

[78] Aus einem Brief von Johann Heinrich Voss an Ernestine Boie vom 14. Juli 1776, zitiert nach: Wilhelm Bode et al, Goethe in vertraulichen Briefen seiner Zeitgenossen, a. a. O.

[79] Brief Goethes an Klopstock: Zitiert nach: Hermann Baumgart, a. a. O., S. 188

[80] Brief Isaak Iselins: Zitiert nach Wilhelm Bode et al, Goethe in vertraulichen Briefen seiner Zeitgenossen, a. a.O., S. 181

[81] Zitiert nach: Wilhelm Bode et al, Goethe in vertraulichen Briefen seiner Zeitgenossen, a. a. O., S. 169

[82] In einem Brief des Münsteraner Professors für Rechtsgeschichte Anton Matthias Sprickmann an Gottfried August Bürger vom 25. Januar 1777. Zitiert nach: Wilhelm Bode et al, Goethe in vertraulichen Briefen seiner Zeitgenossen, a. a. O., S. 209

[83] Vgl. Ekkehart Krippendorff, Goethe. Politik gegen den Zeitgeist. Frankfurt am Main und Leipzig 1999

[84] Sigrid Damm, Christiane und Goethe. Eine Recherche. Frankfurt am Main und Leipzig 1998, S. 500

[85] Sigrid Damm, a. a. O., S. 505

[86] Sigrid Damm, a. a. O., S. 507 ff.

[87] Dieter Kühn, Goethe zieht in den Krieg. Eine biographische Skizze, Frankfurt am Main 1998

[88] Tilman Jens, Goethe und seine Opfer. A. a. O.

[89] Vgl.: Wolfgang Klien, »Er sprach viel und trank nicht wenig.« Goethe. Wie berühmte Zeitgenossen ihn erlebten. München, o. J., S. 50 ff.

[90] Brief vom 12. April 1778. Zitiert nach: Dr. Kartl Wagner (Hg.), Briefe an und von Johann Heinrich Merck. Eine selbständige Folge der im Jahr 1835 erschienenen Briefe an J. H. Merck. Aus den Handschriften herausgegeben. Darmstadt 1838, S. 131

[91] Friedrich Engels, Deutscher Sozialismus in Versen und Prosa, in: Marx/Engels Werke, Berlin 1983, Bd. 4, S. 232 f.

[92] Vgl. Dieter Kühn, in: SCHRIFTTYPEN, ZDF/3sat, 1999 (Mitschrift)

[93] Brief vom 11. Juli 1782. Zitiert nach: Wilhelm Bode et al, Goethe in vertraulichen Briefen seiner Zeitgenossen, a. a. O., Bd. 1, S. 282

[94] Eduard Engel, Goethe. Der Mann und das Werk. Braunschweig 1909, S. 199

[95] ebenda

[96] Vgl. Dieter Kühn, Goethe zieht in den Krieg. Eine biographische Skizze, Frankfurt
am Main 1999

[97] Brief an Charlotte von Stein vom 6. März 1779, Karl Robert Mandelkow, Bodo Morawe (Hg.), Johann Wolfgang Goethe. Briefe Kommentare und Register. Hamburger Ausgabe in 4 Bänden. Band 1, Hamburg 1962, S. 264

[98] Wolfgang Vulpius, Goethe in Thüringen. Stätten seines Lebens und Wirkens. Rudolstadt 1984, S. 22

[99] Johann Wolfgang von Goethe. Von Frankfurt nach Weimar. 1749
- 1786, a. a. O.

[100] Adolf Schöll (Hrsg.), Goethes Briefe an Frau von Stein. Frankfurt am Main 1848, Bd. 1, S. 316 ff. Im Frühjahr war der Ätna ausgebrochen und hatte bei Paterno etliche Weingärten verwüstet. Am 2. Juni gab es in England Aufstände gegen eine katholikenfreundliche Petition; Newgate und verschiedene Stadtviertel in London standen in Flammen.

[101] Karl Goedeke, Grundrisz ... a. a. O., S. 459

[102] Goethes Werke (= Sophienausgabe) a. a. O., III. Abteilung, 1. Bd., S. 93 f.

[103] Zitiert nach Heinrich Dünker, Goethe und Karl August. Studien zu Goethes Leben. Leipzig ²1888, S. 89 f.

[104] Heinrich Dünker, a. a. O., S. 114. Ursache und Ort des Blutandrangs werden nicht mitgeteilt.

[105] Liselotte Lohrer (Hg.), Goethes poetische Werke. Vollständige Ausgabe. Achter Band. Autobiographische Schriften. Erster Teil. Paralipomena. Stuttgart 1952, S. 923

[106] Momme Mommsen unter Mitwirkung von Katharina Mommsen, Die Entstehung von Gothes Werken in Dokumenten. Berlin, New York 2006, S. 216

[107] In »DICHTUNG UND WAHRHEIT« gibt er »Die Vögel« und andere Festspiele« sogar verloren, wobei nicht ganz klar wird, ob er seinen Text oder die Vertonung durch Kayser meint.

[108] Brief Herders an Hamann vom November 1780, zitiert nach: Wilhelm Bode et al, Goethe in vertraulichen Briefen ..., a. a. O., S. 264

[109] Helmut Wurm, Goethe und Weimar ohne Rücksichten, Filterungen und Schönungen. Manuskript (25. März 2010), S. 33 ff. http://www.goethe-weimar-wetzlar.de/index-Dateien/Goethe%20und%20Weimar%20ohne%20Ruecksichten,%20Filterungen%20und%20Schoenungen.pdf (zuletzt abgerufen am 8. September 2017)

[110] Brief vom 29. Oktober 1779. Zitiert nach: Theodor Schauffler, a. a. O., S. 259

[111] Goethes Briefe an Charlotte von Stein. Hg. Von J. Fränkel. A. a. O., S. 26

[112] Wilhelm Bode, Goethes Leben im Garten am Stern. Berlin 1922, S. 18

[113] Vgl. Gabriele Dinsenbacher, a. a. O.

[114] Zitiert nach Heinemann, a. a. O., S. 56

[115] Klaus Theweleit, Männerphantasien. Frauen, Fluten, Körper, Geschichte. Reinbek bei Hamburg, 1980, S. 332

[116] Johann Wolfgang von Goethe. Werke, Hamburger Ausgabe. A. a. O.

[117] Brief Goethes vom 7. August 1799 an Schiller, Zitiert nach: Dr. Heinrich Döring (Hg.), Goethes Briefe in den Jahren 1768 bis 1832. Ein Supplementband zu des Dichters sämmtlichen Werken. Leipzig 1837, S. 172

[118] Poetischer Punkt: poetologischer terminus technicus von Johannes R. Becher in Anlehnung an Johann Wolfgang von Goethe.

[118a] Weiers, a. a. O., S. 12

[119] Nach: Hermann Baumgart, a. a. O., S. 217

[120] Zitiert nach Karl Heinemann, a. a. O., S. 72

[121] Zitiert nach: Heinemann, a. a. O., S. 63

[122] Zitiert nach: Hans Jürgen Geerds (Hrsg.), Literaturgeschichte in einem Band, Berlin 1967, S. 268

[123] Torquato Tasso. Ein Schauspiel. Von Goethe. Aechte Ausgabe. Leipzig (Göschen) 1790, S. 222

[124] Arthur Kutscher, Das Naturgefühl in Goethes Lyrik bis zur Ausgabe der Schriften 1789. Leipzig 1906, S. 83 f.

[125] Wolfgang Harich, Bemerkungen zu Goethes Naturanschauung. In: Neue Welt, Heft 16 (80), Berlin 1949, S. 107

[126] Johann Peter Eckermann, Gespräche mit Goethe in den letzten Jahren seines Lebens. 1823 – 1832. Zweyter Theil. Leipzig 1836, S. 356 f. (in der unter der Anmerkung 72 erwähnten, von Otto und Wersig besorgten, DDR-Ausgabe fehlt diese Passage bezeichnenderweise.)

[127] Heinrich Heine's romantische Schule. Hamburg 1836, S. 87 ff.

[127a] Weiers, a. a. O., S. 12 f.

[128] Goethes Brief nach: Göthe's Briefe an Frau von Stein aus den Jahren 1776 bis 1826, a. a. O., S. 332; Mahrs Bericht nach: Willi Ehrlich, Ilmenau. Gabelbach. Stützerbach. Die Goethe-Gedenkstätten und der Wanderweg »Auf Goethes Spuren«. Weimar 1972, S. 56

[129] Zitiert nach: http://www.zeno.org/Literatur/M/Goethe,+Johann+Wolfgang/Briefe/1831. Abgerufen am 4. September 2017

[130] Willi Ehrlich, a. a. O., S. 57

LAURA
ODER AUF DER SUCHE NACH SYMPATHIE, HARMONIE UND LIEBE

Die Philosophie des jungen Schillers anhand seiner Anthologie-Gedichte aus dem Jahre 1782

> *Meine Laura! Nenne mir den Wirbel,*
> *Der an Körper Körper mächtig reißt,*
> *Nenne, meine Laura, mir den Zauber,*
> *der zum Geist gewaltig zwingt den Geist!*
> *(...)*
> *Sonnenstäubchen paart mit Sonnenstäubchen*
> *Sich in trauter Harmonie,*
> *Sphären ineinander lenkt die Liebe,*
> *Weltsysteme dauern nur durch sie.*

Diese Zeilen schrieb ein knapp Zweiundzwanzigjähriger nieder. Nein, niemand von heute, das ist wohl auch gleich zu merken. Der Text stammt von 1781. Aber auch für die Zeit der stürmenden und drängenden Schulmeister wirkt er recht überschwänglich, euphorisch, korybantisch. Was muss das für eine Liebe gewesen sein, so fragen wir uns, die solche Metaphern hervorsprudeln lässt, was für eine Frau, die sich solchem Kraftakt als würdig zu erweisen hatte?! »*Sphären ineinander lenkt die Liebe*« — ein entrücktes Ich in Lobpreisung, sich in Sympathie setzend zum Weltganzen. Welche unter den deutschen Frauen möchte nicht das Glück gehabt haben, auf diese Weise von Johann Christoph Friedrich Schiller besungen worden zu sein, der nämlich ist der Autor besagten Textes an die eine Laura.

Wer nun war aber diese Frau, genannt »LAURA«?! Die Frage scheint uns berechtigt und wesentlich, weil Schiller eben diesem Gedicht besondere Bedeutung beigemessen haben muss, denn während er alle anderen Oden an Laura, überhaupt fast alle seiner anderen Gedichte, bei der Übernahme in den zweiten Band seiner lyrischen Arbeiten teils empfindlich kürzte (nicht immer zum Vorteil), ließ er die »PHANTASIE AN LAURA« ungeschoren. Erstes Stutzen: Wäre es Schiller dabei um die Frau als leibhaftige Person gegangen, hätte er mit diesem Text verfahren müssen wie mit all den anderen. Womöglich steckt also noch etwas anderes dahinter, das uns, wir gestehen es, neugierig macht. Trotzdem versuchen wir zunächst, uns dem Gedicht über die Frau zu nähern, denn sie ist fürs erste das einzige Konkretum unter so viel Sonnenstäubchen, Weltsystemen und Geist, das uns vor den Augen flimert. — Laura. Wer war sie?

AUF DER SUCHE NACH DER EINEN FRAU

Schon bald werden wir feststellen, dass dies eine denkbar labyrinthische Fragestellung ist, weil sie nicht mit Schiller, der damals Eleve an der herzoglichen Pflanzschule gewesen ist, rechnet, sondern lediglich mit seinem Text. Bestenfalls hätten wir erfragen dürfen, was das für eine LIEBE gewesen sei. Dazu aber später. Vorerst begeben wir uns in den Irrgarten der Gerüchte ...

Es gab sie nicht wirklich, diese Frau, das ist schnell herausgefunden. Weit und breit keine LAURA, die Schiller je geschichtsnotorisch über den Weg gelaufen wäre. Vielleicht, so vermuten wir keck, handelt es sich bei dem Namen um ein Pseudonym zum Schutze der Angebeteten. Dann allerdings kämen drei Damen in Betracht: Franziska Reichsgräfin zu Hohenheim, Luise Dorothea Fischer und Wilhelmine Andreä. Die erste verkehrte mit Herzog Karl

Eugen von Württemberg in wilder Ehe und war bürgerlicher Herkunft. Der Herzog, der von seiner rechtmäßig angetrauten Gemahlin getrennt lebte, hatte Franziska ihrem früheren Ehemann, dem Baron von Leutrum, abgekauft, indem er ihn zum Reise-Marschall mit Maitre-Rang samt

Abb. 1: Nach Karl Philipp Conz, Hohe Carlsschule hinter dem Neuen Schloss

dreihundert Gulden Besoldung und Fourage für zwei Pferde ernannte und ihm sechstausend Gulden zur Schuldentilgung überschrieb. Ihren Titel bekam die Gräfin zugeschanzt, damit sie salonfähig wurde. Nun freilich hat es vonseiten Schillers einige Huldigungsgedichte auf sie gegeben (selbst der auf dem Hohenasperg eingekerkerte Schubart beteiligte sich an Elogen solch zweifelhafter Beschaffenheit). Aber das hat nichts Außergewöhnliches. Die Zöglinge der Karlsschule waren angehalten, am höfischen Leben teilzunehmen, indem sie zu besonderen Anlässen Theater spielten oder eben Huldigungsgedichte verzapften. Dass sich die Gräfin für Schiller verwendet, womöglich über einen mütterlichen Hang hinaus interessiert habe, ist die Legende, die hauptsächlich von Schöngeistern wie Heinrich Laube (in seinem Stück »DIE KARLSSCHÜLER« von 1847

105

sozusagen aus dramaturgischen Gründen) weitergetragen wurde. Wir kennen eine Reihe gegensätzlicher Urteile über Franziska. Die einen bezeichnen sie als tumbes Mädchen aus dem Volk, die anderen als kluge und einflussreiche Beraterin ihres Gatten, je nach dem Grad der Loyalität, die von den Urteilenden gegenüber dem Fürstenhof an den Tag gelegt wird. Die Beachtung, die Franziska dem kleinen Eleven und, später, unbedeutenden Regimentsmedicus entgegenbrachte, dürfte, vorsichtig ausgedrückt, gering gewesen sein, wenn es sie denn überhaupt je gegeben hat. Die Gräfin war von anderen Sorgen geplagt. Von der Kirche war sie wegen ihrer Liaison mit dem Herzog geächtet, weswegen sie bei religiösen Feierlichkeiten nicht am Abendmahl teilnehmen durfte; die Württembergische Landschaft, welcher der Herzog rechenschaftspflichtig war, forderte aus finanziellen Gründen die Einstellung aller Bauten auf Hohenheim, dem offiziellen Sitz der Gräfin, einem Geschenk des Herzogs, denn trotz eines fürstbrüderlichen Vergleichs von 1780, der die herzogliche Kasse einigermaßen sanktionieren sollte, stieg die Staatsverschuldung, und Ursache dafür waren vor allem die Privateausgaben des Potentaten. Es dürfte auch als unwahrscheinlich angesehen werden, dass die Gräfin — vom Hofstaat gehasst und allen erdenklichen Intrigen ausgesetzt — ausgerechnet ihrem einzigen Schutz und Trutz, dem Herzog, in den Rücken fällt.

Dessen Auffassung von Literaten war zumindest keine schwärmerische. Einen Lehrer speziell für Sprache und Literatur engagierte er erst 1779 an die Karlsschule (Göriz), nachdem das Institut bereits neun Jahre lang (!) gearbeitet hatte, und erst 1783, also längst nach Schillers Ausscheiden, gab es ein brauchbares Lesebuch für die unteren Abteilungen. Der Versuch, deutsche Grammatik systematisiert zu lehren, wurde wieder aufgegeben mangels günstiger Ergebnisse, was nun nicht verwunderlich ist, immerhin hat es noch rund 120 Jahre gebraucht bis zum ersten handhabbaren Regelwerk dieser Art. Der Herzog, der als Kind am Hofe des Preußenkönigs Friedrich II. erzogen worden war, sich kaum mit deutscher Lektüre befasste, französisch besser sprach als schwäbisch und, benutzte er schon mal seine Muttersprache, laufend die Bedeutungen verwechselte, schätzte an Schriftstellern seiner Zeit lediglich, dass sie gleichzeitig immer auch Gelehrte waren. Und das ist ja schon was! Als er auf einer Reise nach Bern Albrecht von Haller besuchte, besichtigte er dessen medizinische Bibliothek, lobte ihn um seine wissenschaftlichen Verdienste und ging. Das war am 18. August 1776. Daran, dass er 1779 auch Goethe brüskierte, indem er während eines Inkognito-Besuchs von Herzog Karl August jedem seiner Hofangestellten verbot, mit dem Dichter und Politiker Umgang zu pflegen (worüber sich Helene Schubart beklagte, die Goethen als Fürsprecher für ihren gefangen gehaltenen Mann Christoph Daniel hatte gewinnen wollen), kann man ermessen, um wie viel weniger dem Herzog die vielen kleinen Geister in seiner nächsten Umgebung imponieren konnten. Schiller etwa, dessen erste medizinische Dissertation (so genannte Streitschrift) »PHILOSOPHIE DER PHYSIOLOGIE«, die der Dichter 1779 eingereicht hatte, abgelehnt worden war (sie sei weitläufig, ermüdend, unverständlich, vorurteilbehaftet, besserwisserisch), der ein weiteres Jahr an der Akademie verbleiben musste (wobei nicht verschwiegen werden darf, dass hinter dieser Entscheidung eine administrative Notwendigkeit stand: Die Karlsschüler, also nicht nur Schiller, sondern alle aus seinem Kurs, mussten sich an den Stuttgarter Hospitälern einer praktischen Weiterbildung unterziehen, ohne die ihnen eine formelle Gleichstellung mit den Universitätsabsolventen von Tübingen nicht garantiert werden konnte) und der dann als Arzt ins »Invalidenregiment« versetzt wurde, wo er bei den Patienten nicht mehr gar so viel Schaden anrichten konnte (seine Mixturen waren berüchtigt: mit Reizmitteln wie Ipekakuanha und Giften experimentierte er an den Kranken herum, kurierte auf diese Weise — offensichtlich mehr aus Versehen — einige Typhusfälle, verschlimmerte aber andere. Sein Chef, Oberarzt Elwert, ordnete, um Aufsehen zu vermeiden, an, dass man ihm vor ihrer Anwendung alle Rezepte Schillers zwecks Prüfung vorzulegen hätte (siehe die untenstehende Abbildung 2: Ein von Schiller ausgestelltes Rezept, das sich nicht exakt datieren lässt. Der Arzt verschreibt ein Brechmittel: »*3 Gran Brechsteinwein sollen in 4 Unzen heißen Wassers gelöst werden.*«).

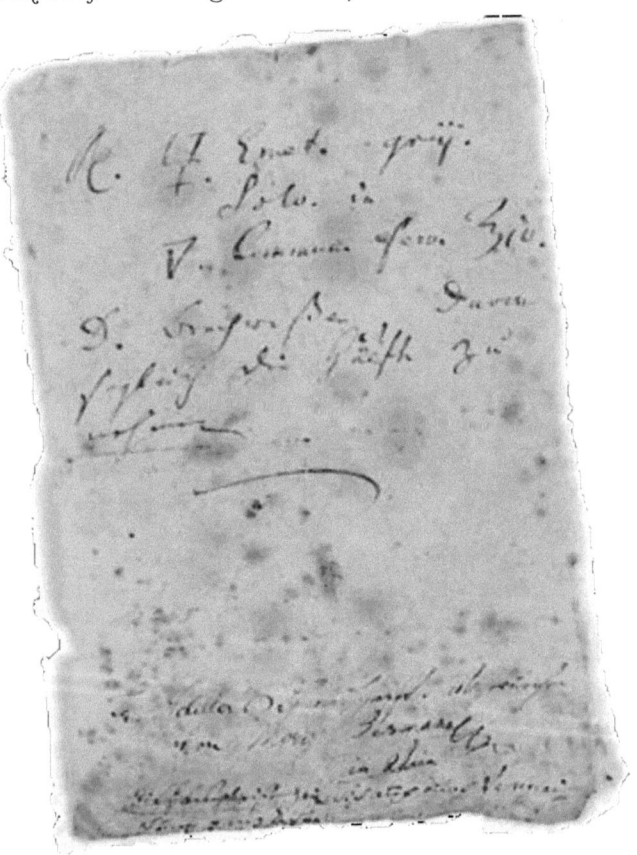

Wer weiß, wie er reagiert hätte, wenn ihm zu Ohren gekommen wäre, woraus Schiller sein Fachwissen bezog: aus einem einzigen Apothekeralmanach, andere medizinische Schriften besaß er nicht, er hatte sich statt dessen Plutarch sowie Shakespeares Werke in Wielands Übersetzung gekauft). Dies dem Herzog, dem Liebhaber der Wissenschaften! Schiller war also quasi auch ein Opfer seiner selbst: Regimentsmedicus ohne Offiziersrang (eine fürwahr ungewöhnliche, zumindest subalterne Stellung), das Gehalt (achtzehn Gulden im Monat) lag unter der üblichen Leutnantsgage. Wir glauben nun zu wissen, warum. Wegen seiner gelegentlichen Eskapaden und der Nutzlosigkeit seiner Person existierte der 1782 entlaufene Militärarzt für Herzog Karl Eugen dann offiziell nicht mehr. Das heißt: mit einer des Merkens würdigen Ausnahme. Im Frühjahr 1784 ließen Serenissimus am Hoftheater Schillers »Räuber« geben, jenes Stück, um dessentwillen der Dichter sich seines Vaterlandes verlustig glaubte. Alles in allem scheint das ein denkbar ungünstiges Klima für ein Liebesgedicht an die Landesmutter zu sein.

Plausibler ist da schon die Vermutung, Vorbild für die Laura wäre die dreißigjährige Hauptmannswitwe Luise Dorothea Fischer (oder Vischer) gewesen, Schillers und seines Freundes Kapff Wirtin aus dem Haugschen Hause, angeblich nicht hübsch, aber gesellig. Nun war freilich auch Schiller nicht hübsch und obendrein nicht einmal gesellig. Sein Mitschüler und Freund Scharffenstein berichtet, er »war von gerader, langer Statur, lang gespalten, langarmig, seine Brust war heraus und gewölbt, sein Hals sehr lang. Er hatte aber etwas Steifes und nicht die mindeste Eleganz in seiner Turnüre. Seine Stirne war breit, die Nase dünn, knorplig, weiß von Farbe, in einem merklich scharfen Winkel hervorspringend, sehr gebogen auf Papageienart und sehr spitzig. Die Augenbrauen waren rot, ungebogen, nahe über den tiefliegenden dunkelgrauen Augen und inklinierten sich

109

bei der Nasenwurzel nahe zusammen. Diese Partie hatte sehr viel Ausdruck und etwas Pathetisches. Der Mund war ebenfalls voll Ausdruck, die Lippen waren dünn, die untere ragte von Natur hervor, schien aber, wenn Schiller mit Gefühl sprach, als wenn die Begeisterung ihr diese Richtung gegeben hätte, und drückte sehr viel Energie aus. Das Kinn war stark, die Wangen blaß, eher eingefallen als voll und ziemlich mit Sommerflecken besät. Die Augenlider waren meistens inflammiert, das buschige Haupthaar war rot von der dunkeln Art. Der ganze Kopf, der eher geistermäßig als männlich war, hatte viel Bedeutendes, Energisches, auch in der Ruhe. Die Sprache war affektvoll, wenn Schiller deklamierte; aber seine Stimme war kreischend und unangenehm. Er konnte sie ebensowenig beherrschen als den Affekt seiner Gesichtszüge.«[1]

Schiller als Frauentyp fällt also weitgehend aus, zumal er in der Paradeuniform von schwejkhafter Ausstrahlung gewesen sein muss: Der Filz unter den Gamaschen machte seine Waden dicker als die Oberschenkel, die Gamaschen selbst waren fortwährend mit Schuhwichse bekleckert, Äußerlichkeiten, die ihn allerdings nicht bekümmerten. Ob der Dichter zu jener Zeit, da die Anthologie-Gedichte entstanden, noch immer Bettnässer gewesen ist, wissen wir nicht, aus seinen früheren Lebensjahren wird davon genauso berichtet wie von seinem fatalen Hang zum Stottern. Natürlich lässt sich die allseits verheerende Wirkung von Goethes »Werther« (1774) nicht gänzlich außen vor lassen. Im Zeitalter der Empfindsamkeit war es problemlos möglich, depressive Stimmungen mit dem Jünglingszorn eines gedemütigten Oppositionellen in gelben Bundhosen zu vereinen. Schillers ungelenkes Auftreten mochte bei den Damen auf einen Zeitgeschmack getroffen sein, der ihm gewogen war. Manche schwärmerische Regung ließe sich so erklären. Zum Beispiel ist überliefert, dass die Fischer im Ludwigsburger Hause der Familie Schiller verkehrte, auch dass sich der Dichter in Begleitung von Mutter und Schwester an der badisch-württembergischen Grenze mit ihr treffen wollte, als er bereits in Mannheim weilte; aber gerade das wäre bei einer nach dem damaligen Moralkodex tadeligen Beziehung der beiden miteinander, also einer Beziehung, die über die empfindsame Schwärmerei oder mütterliche Freundschaft hinausginge, nicht möglich gewesen. So bleibt uns nur zu vermuten, dass die Fischerin für Schiller tatsächlich nichts anderes gewesen ist als eine Herbergsmutter (die erste außerhalb der Kaserne!), unter deren Obhut sich seine Stuttgarter Stube zum Treffpunkt für alle seine Freunde aus der Akademie entwickelte. Dort aß man zu Unmengen von Wein Knackwurst mit Kartoffelsalat und philosophierte über die ersehnte Südseeinselrepublik, auf die man die aufsässigen schwäbischen Männer — und sich selbst — führen wollte, und dies alles geschah unter der Gönnerschaft, wohl auch gelegentlichen Geldgeberschaft der Witwe.

Nun gibt es aber eine Kronzeugin: Minna Körner, der gegenüber Schiller in einem Gespräch geäußert haben soll, jene Laura sei eine Hauptmannswitwe gewesen, bei der er in Stuttgart gewohnt, und die ihn weit mehr durch ihre Gutmütigkeit als durch ihren Geist, am wenigsten aber durch ihre Schönheit angezogen hätte. Neben ihrer Hässlichkeit erinnerte sich Schiller an ihren vorzüglichen Punsch und setzte fort: »Sie selbst hat nie eine Ahnung davon gehabt, daß ich sie zu meiner ›Laura‹ erwählt und in Entzückungen sie besungen. Meine Ansicht war schon damals, daß der Dichter nur in einer idealen Welt leben müsse, und wenn ich in jenen Tagen noch einer Brücke bedurft hätte, um aus der armseligen Wirklichkeit dahinüber in das Reich der Ideale zu gelangen, so würde meine gute Frau Hauswirtin eine sehr bedenkliche Himmelsleiter abgegeben haben. Ich dächte aber, man hätte es meinen Gedichten auch anmerken müssen, daß es mit ihnen nicht so ernstlich gemeint gewesen sei; denn mit solchen Überschwenglichkeiten ... würde mich kein vernünftiges Mädchen und am allerwenigsten eine Schwäbin angehört haben.«[2]

Und ob uns das peinlich berührt!: »... nicht so ernstlich gemeint«! Eine Handvoll schwülstige Liebesoden, und alle nicht ernstlich gemeint? Ein Spiel? Bei genauerem Hinsehen fällt auf: Tatsächlich hat Schiller die sinnliche Mann-Weib-Liebe selten reflektiert, und wenn, wie in dem Gedicht »AN MINNA« (ebenfalls 1781), das vermutlich der dritten im Bunde, Wilhelmine Andreä, einer Nichte der Fischer, gewidmet ist, dann gelangt er übers Mittelmaß nicht hinaus. Die Andreä, eine jüngere Tochter des Arztes Jakob Eberhard Andreä und nicht nur von Schiller, sondern auch von seinen Freunden Gotthold Friedrich Stäudlin, Karl Philipp Conz und Karl Friedrich Reinhard umworben, verprellte ohnehin all ihre Anbeter und heiratete bald einen biederen Beamten, sehr zum Entsetzen der akademischen Mannesjugend. Deren frustrative Verunsicherung ist erklärlich, die Scheu, womöglich der Abscheu: Schiller ist von seinem vierzehnten Lebensjahre an in einer Männergesellschaft aufgewachsen, Frauen bekamen die Eleven nur zu den jährlichen Prüfungen zu Gesicht, wenn die meist älteren Verwandten von der Galerie her die Verteidigungsreden anhörten, Kontakt mit den Mädchen der »Ecole des Demoiselles«, die im Alten Schloss untergebracht war und von der Gräfin Franziska geleitet wurde, gab es keinen. Kennzeichnend für die emotionale Situation Schillers ist, dass er sich nach seiner Entlassung aus der Akademie, in der er nachgeradezu zum Misstrauen gegenüber allem Weiblichen erzogen worden war, als sei das Andersgeschlechtliche gleichbedeutend mit dem Bösen, Gefährlichen und Verderblichen, sofort wieder mit seinen alten Zechkumpanen traf, sogar die einst in einem Zerwürfnis erstickte Beziehung zu Scharffenstein erneut aufnahm. Schiller, so Scharffenstein, habe behauptet, das dümmste Weib könne perfider und für den scharfsinnigsten Mann unerforschlich sein, als der verstockteste Bösewicht. Nicht wenig trug auch das gezierte Gehabe der übriggebliebenen Rokoko-Gesellschaft zum Chauvinismus bei, dem die abgeschlossen und soldatisch gedrillten Akademisten bei ihrer Entlassung selten gewachsen waren und das sie darum meist flohen. Schillers Rechnungen in der Wirtschaft »Zum goldnen Ochsen« waren beträchtlich, der Umgangston mit seinen Kumpanen muss als deftig gelten, als rüde, man schimpfte sich »Kerl« und »Hundsfott«. Das allerdings hatte nun wirklich nichts mit höfischer Konvention zu tun.

Es scheint einsichtig, dass solch ein junger Mann, der mit Frauen und Mädchen nichts anzufangen wusste und deshalb gar nicht erst ihre Nähe suchte, sondern abwartete, ob sich diese rätselhaften Wesen ihm aus eigenem Antrieb zuwendeten, dass ein solcher geschlechtsloser Knabe nicht rein zufällig an die Mütterlichen geriet, teils weil er sich zu ihnen hingezogen fühlte, teils weil sie ihn zu sich hin zogen. Zweimal handelt es sich dabei ältere, verwitwete Frauen. Die erste war die Freifrau Henriette von Wolzogen aus Bauerbach, die zweite die besagte Luise Dorothea Fischer, zehn Jahre älter als er. Dass Schiller der Frau seines Freundes Körner im Nachhinein gesteht, Laura sei identisch mit der Fischer, muss deshalb, wir wiederholen es, mit äußerster Vorsicht genossen werden, möglicherweise hatte er bloß die ewigen Fragereien satt und wollte endlich in Ruhe gelassen werden, oder er glaubte, seiner ehemaligen Wirtin aus Dankbarkeit diese Art zweifelhafter Würdigung nicht schuldig bleiben zu dürfen. Auch Scharffensteins im Kommisston hervorgebrachte der Kumpane Injurie, außer ein paar Sprüngen mit Soldatenweibern, auch en compagnie, wüsste er keine Debauche von Schiller, sollte besser als eine Zote abgetan werden, die von der Wahrheit ziemlich weit entfernt stehen dürfte. Mutmaßlich hat es für den jungen Schiller keine Sprünge mit Soldatenweibern gegeben, erst recht nicht »en compagnie«. Auf alle Fälle ist dergleichen nirgendwo verbürgt.

Einmal suchten sich die Medizinstudenten der Akademie als Vorlage für einen Dichterwettstreit das bildnerische Barockmotiv »SUSANNA IM BADE« aus. Schiller verfertigte daraufhin sein Fragment »AN EINEN MORALISTEN«. Ganz im Sinne des »‚Pfui-über-das-Kastratenjahrhundert« benutzte er das Thema (hier satirisch-derb), um deutlich zu machen, dass der Sexus für ihn Stärke bedeute, Stärke Männlichkeit, Männlichkeit Potenz, Potenz Tat, Tat Antimuckertum und alles zusammen natürlich Jugend:

> *O denk' zurück nach deinen Rosentagen*
> *Und lerne: die Philosophie*
> *Schlägt um, wie unsre Pulse anders schlagen;*
> *Zu Göttern schaffst du Menschen nie.*

Die Philosophie also schlägt um, und das muss sie wohl auch, betrachten wir den sinnlichen Aspekt des Textes genauer:

> *Wenn dann gewahr des Diebs, der sie belauschte,*
> *Purpurisch angehaucht von jüngferlicher Scham,*
> *Ins blaue Bett die Schöne niederrauschte,*
> *und hintennach mein strenger Zeno – schwamm ...*

O, verräterischer Gedankenstrich! Solches »männliches Kraftmeiertum« (Ernst Müller), freilich im Gefolge anakreontischer Reimtradition, finden wir auch in dem Gedicht »MÄNNER UND KASTRATEN« (später mit »MÄNNERWÜRDE« betitelt, was durchaus von Interesse sein dürfte), wo Impotenz verstanden wird als Mangel an physischer und geistiger Kraft, Potenz hingegen lebe im Antidespotismus:

> *Tyrannen haßt mein Talisman*
> *Und schmettert sie zu Boden,*
> *Und kann er nicht, führt er die Bahn*
> *Freiwillig zu den Toten ...*

So hübsch der Einfall mit dem Talisman daherschreitet, dürfen wir keinesfalls übersehen, dass auch wieder alle sinnlich-konkreten Bilder ausgelassen sind, sogar das Motiv von »SUSANNA IM BADE« taucht erneut auf und entbehrt jeden barocken Fleisches:

Wie wird sie erst um Gnade schrein,
Ertapp' ich sie im Bade.
Ich bin ein Mann, das fällt ihr ein,
wie schrie' sie sonst um Gnade?

Wer zu solchen Platitüden fähig ist, kann beim besten Willen noch keiner Frau beigewohnt haben, auch hindert uns der unverbindlich-angeberische Ton zu glauben, Schiller hätte zur Zeit der Entstehung dieser Gedichte überhaupt zu irgendeiner Frau Zuneigung gefasst, auch im Sinne derer, die wir platonisch nennen. Wir vermuten, etwas anderes als das Fleischliche wäre ihm wichtiger gewesen, während er diese und all die weiteren Zeilen niederschrieb. Aber was? Welche Art von Liebe meint er?

Eines können wir fürs erste festhalten: Der Name Laura bezeichnet keine konkret-historische Person, so viel wissen wir jetzt. Ihn gewählt zu haben, entsprang einzig einer Marotte (so wie zehn von zwölf Liedermachern heute irgendeiner »MARIE« anschmachten): Zu Schillers Jugendzeit war in Mode gekommen, Lauriaden zu verfassen, die Renaissance der Petrarca-Sonette in neuer deutscher Nachdichtung hatte dazu wesentlich beigetragen, wohl auch Gleims »AN LAURA« (1742), Klopstocks lange Ode »PETRARCA UND LAURA« (1748) und Höltys »LAURA« (gleich zwei Gedichte dieses Titels) sowie »AN LAURA, BEY IHRER SCHWESTER STERBEBETTE« (alle 1772); unter vielen anderen bedienten sich des Namens auch der Göttinger Zimmermann in seinem Traktat »ÜBER DIE EINSAMKEIT« und der Schwabe Miller in seinen Elegien, letzterer also ein Mann aus der unmittelbaren Nachbarschaft Schillers. Auch heute noch gibt es Literatur über Schicksale in der Zeit des Rokoko, die ohne diesen Namen nicht auszukommen scheint, wie der Roman »LAURA. VENEZIANISCHES MASKENSPIEL« von Mona Vara. Der Titelname als ein Versatzstück, austauschbar und entpersonifiziert. Also eher als ein Gattungname. Ob es bei Schiller nun auch um eine entpersonifizierte Liebe ginge? Wir werden sehen.

SCHILLER GEGEN DAS SCHWÄBISCHE ZEITALTER DES MINNESANGS

Untersuchen wir das Umfeld der obengenannten Gedichte genauer. Im Februar 1782 erschien »*Schillers ›Anthologie auf das Jahr 1782‹. Sie war die Kampfansage an Stäudlin und dessen Musenalmanach. Am bissigsten wird Stäudlin in dem Gedicht ›die Rache der Musen‹ angegriffen. Dieser wiederum rächte sich an Schiller mit den Versen ›Das Kraftgenie‹, das er in die Sammlung seiner ›Vermischten poetischen Stüke‹ aufnahm. Schiller setzte noch einmal nach mit der Besprechung der ebengenannten Sammlung und des Musenalmanachs. Es war ein vernichtender ›Verriß‹, mit dem Schiller die öffentliche Fehde beendete. Sie hemmte Stäudlins unaufhaltsam scheinenden Höhenflug, versetzte den im schwäbischen Literaturbetrieb an die Spitze Gelangten mit einem Schlag ins zweite oder dritte Glied, zerstörte die Erwartungen und Prophezeiungen seiner Bewunderer. (...) Die Gründe für die Auseinandersetzung liegen im Dunkeln. Schiller geht in keinem der bekannten Briefe jemals darauf ein, und spärlich sind auch die aufschlußgebenden Zeugnisse bei Stäudlin. Eine nicht belegte, nur auf dem Vergleich der Drucke im Musenalmanach und in der Anthologie fußende Überlieferung sagt, Stäudlin habe ›Die Entzückung / an Laura‹ eigenmächtig verändert und gekürzt, andere Gedichte Schillers vielleicht gar zurückgewiesen. Auch wird gerätselt, ob Stuttgarter Liebesaffairen, vor allem das Werben um Wilhelmine Andreä, Schiller zum Rivalen Stäudlins gemacht haben mögen.«*[3]

Anthologie

auf das Jahr

1782.

Gedrukt in der Buchdrukerei
zu Tobolsko.

Die »ANTHOLOGIE AUF DAS JAHR 1782« mit der seltsamen Widmung »*Meinem Prinzipal dem Tod zugeschrieben*« (siehe die nebenstehende Abbildung 3 mit dem Titelblatt) besteht aus dreiundachtzig Texten (von denen uns nur diejenigen interessieren, die nachweislich oder mutmaßlich aus der Feder Schillers stammen, und das sind achtundvierzig). Dass sich außer seinen Freunden Wilhelm Petersen, Friedrich Pfeiffer, Johann Georg Graf von Zuccato und ein paar anderen niemand an dem Unternehmen beteiligen wollte, lag wohl an Schillers Auftreten, das, wie sein Vertrauter Georg Friedrich Scharffenstein konstatierte, »etwas Unheimliches, Energisches«, hatte, »was sentimentale, weichliche poetische Rekruten eher abschreckte, als anzog.«[5] Der editorische Vermerk lautet »Gedrukt in der Buchdrukerei zu Tobolsko«.[6] In Wirklichkeit handelt es sich um den noch heute existierenden J. B. Metzler Verlag in Stuttgart. In einem Vorwort vom »2. Februar (1782)«, das mit der Anrede »Großmächtigster Czar alles Fleisches, Allezeit Verminderer des Reichs, Unergründlicher Nimmersatt in der ganzen Natur!« beginnt, wird deutlich, warum der als Herausgeber dieser »Sibirischen Blumenlese« fungierende und als Autor anonym bleibende Schiller das verfremdende topografische Element eingeführt hat. Die Stichelei gegen

Stäudlins Musenalmanach bekommt so eine abgehobene literarische Qualität und lässt sich beim besten Willen nicht übersehen: »*Das eiserne Gewicht des widrigen Vorurtheils, das schwer über dem Norden brütet, von der Stelle zu räumen, foderte einen stärkeren Hebel als den Enthusiasmus einiger wenigen, und auch ein festeres Hypomochlion als die Schultern von zween oder drey Patrioten. Doch wenn schon auch diese Anthologie euch lekerhafte Europäer, so wenig, als — wenn ich den Fall seze — unser Musenalmanach, den wir — wenn ich ja den Fall sezen wollte — hätten können geschrieben haben, mit uns Schneemännern versöhnen wird, so bleibt ihr doch mindestens das Verdienst, Hand in Hand mit ihren Kamerädinnen im weitentlegenen Teutschland dem ausröchelnden Geschmack den G'nikfang geben zu helfen, wie wir Tobolskianer zu sprechen belieben. (...) Eure Matadore wollen Silbergeld gemünzt haben, wenn sie ihr Brustbild auf elendes Meßing prägten; – und zu Tobolsko werden die Falschmünzer aufgehangen. Zwar möcht ihr oft auch bei uns Papiergeld statt rußischen Rubels finden, aber Krieg und theure Zeit entschuldigen alles.*«[7]

Mitten in einer Zeit, in der das Geschäft mit literarischen Blütenlesen, Almanachen, Zeitungen, Taschenbüchern für Damen, Breviers usw. florierte, einer Zeit, in der Leipzig als Messe- und Buchhändlerstadt sowie Göttingen die führende Rolle im Druckschriftenvertrieb übernommen hatten, wurden in Schwaben einige Stimmen laut (wie die Balthasar Haugs 1774 in seinen »GELEHRTEN ERGÖTZLICHKEITEN UND NACHRICHTEN«), die des Auslands spöttelnde Anwürfe, in Württemberg lebe man —kulturell betrachtet — hinterm Mond, scharf zurückzuweisen und vielmehr auf die reiche künstlerische und wissenschaftliche Tradition des Landes aufmerksam zu machen versuchten. Seitdem sprach man unbescheiden vom »SCHWÄBISCHEN ZEITALTER DES MINNESANGS«. Die Schwaben schienen (und scheinen?) tatsächlich ein ausgeprägtes Ehrgefühl zu besitzen, denn um der sächsischen Überheblichkeit zu begegnen, führte man allerlei schweres Geschütz ins Feld. 1776 z. B ließ der Pfarrer Karl Fulda aus Mühlhausen a. d. Enz ein »WURZEL-LEXIKON« erscheinen, »in dem er nachwies, daß der schwäbisch-oberdeutsche Dialekt älter und für das Werden der deutschen Kunstsprache wichtiger sei als der durch Luthers Bibelübertragung allgemein eingeführte Dialekt der sächsischen Kanzleien«.[8] Das auch in der Praxis zu beweisen, fühlte sich Gotthold Friedrich Stäudlin stark genug, jener »verkrachte Student und Rechtsanwalt« aus Stuttgart, ein Jahr älter als Schiller. Für einen Hymnus auf den Schweizer Albrecht v. Haller hatte er soeben über Gebühr viel Lob eingeheimst, Schubart nannte ihn sogar »das beste dichterische Genie im Württembergischen«, was also konnte Stäudlins Vorhaben, einen Musenalmanach herauszugeben, noch im Wege stehen? Mit Unterstützung Christoph Friedrich Cottas und unter Teilnahme von Freunden (Karl Philipp Conz, Karl Friedrich Reinhard, Friedrich Wilhelm von Hoven, Johann Rudolf Zumsteeg, Balthasar Haug und, post mortem, Johann Jakob Thill) gelang ihm das 1781. Auch Schiller veröffentlichte dort, doch konnte er nur ein einziges Gedicht durchsetzen, die »ENTZÜCKUNG AN LAURA«, alle anderen Texte blieben bei der Redaktion hängen. Über die eigentlichen Gründe für die Zurückhaltung gegenüber dem Akademisten wissen wir kaum etwas. Umso mehr ahnen wir, dass der eitle Schiller sie nicht anders als zerknirscht und wütend herunterwürgte. In seinen Kreisen galt er immerhin als gestandener Kerl, er hatte den »poetischen Oppositions-Klub« gegründet und »DIE RÄUBER« geschrieben.

Die offene Fehde begann. Erste Runde: Schiller wirft Stäudlin mangelnde Sprachkenntnisse, klopstockisch holpernde Hexameter, ewig vor sich hin glühendes Einerlei vor, ohne ihm — welche Mokanz — Genie abzusprechen. Zweite Runde: Stäudlin holt gegen Schiller zum Gegenschlag aus, er nennt ihn »Kraftgenie«, bezichtigt ihn des barocken Schwulstes und der ungekonnten Shakespearenachäffung. Zugegebenermaßen waren beide Seiten nicht allzu weit von der Wahrheit entfernt, und dass Schiller später behauptet, er habe diesen Disput nicht im mindesten ernst genommen, belegt, wie wichtig er ihm in Wirklichkeit gewesen ist. Allerdings hatte Schiller noch einen anderen Grund, gegen den Musenalmanach vorzugehen: Der Begriff war ihm vor allem wegen der Göttinger Exemplare suspekt, die »*nur die Namen großer Dichter bey sich führten, unfruchtbar und arm, wie sie etwa auf ihren Grabmählern stehen dürften*«.[9] Deshalb und aus Trotz gegenüber Stäudlin (vom Trotz bei Schiller wird noch mehrmals zu sprechen sein), gibt er bald danach seine eigene Sammlung heraus und nennt sie nicht »Almanach« sondern »Anthologie«. So eilig hat er es mit ihr gehabt, dass sie ohne sichtliche Ordnung, in »furiosem Tempo« in Druck gegeben ward. Die Sammlung sollte den Stäudlin und seinen Kreis am Boden zerstören, ihn, wie Scharffenstein berichtet, zermalmen (doch tat sie das letztlich nicht, Stäudlin publizierte in regelmäßigen Abständen weiter, Schiller hingegen hatte sich erst einmal ausgetobt und verausgabt, seine Kraft verpulvert, und da er so ziemlich alles mit Kraft machte, war dieselbe durchaus unentbehrlich für ihn). Dem Zweck huldigte auch das Mittel, nicht nur seinen, sondern alle Verfassernamen unter den Texten zu chiffrieren, womit nicht etwa erreicht werden sollte, die Leser über die Urheberschaft im Unklaren zu lassen (oder doch?), sondern sie in Erstaunen zu versetzen über die Unerschöpflihkeit des schwäbischen Dichterreservoirs. Da ein Autor jeweils von mehreren Buchstaben (und Zeichen anderer Art) repräsentiert wurde, sollte für die Außenwelt der Eindruck entstehen, als wäre am Zustandekommen des Werks eine Armada von Autoren beteiligt und nicht nur die kleine Gruppe von sechs (oder sieben?). Seht her, wir Schwaben, vor allem diejenigen, die sich um mich, Friedrich Schiller, scharen! Die Attacke »auf alle Mucker, Sentimentalen, Literatenklüngel, Lendenlahme, Betschwestern, Heulhuren, Moralisten, Sprachschwächlinge« (Ernst

Müller) gelang allerdings nur als ein einmaliger Hieb. Die Mucker waren auf Dauer geduldiger.

Die Eile und das »furiosem Tempo« bei der Zusammenstellung ist der Anthologie allenthalben anzumerken, vor allem in Hinblick auf ihre thematische Ordnung. »Schiller's Poesieen in der Anthologie sind von sehr mannigfachem Inhalte. Zuerst sehen wir ihn in einer bittern Satyre: D i e R a c h e d e r M u s e n, seine Geißel über Stäudlin's Musenalmanach schwingen, in Epigrammen spricht er sich für Wieland und gegen Klopstock, auch gegen Lavater aus, und so führt er den Leser zu dem ›M o n u m e n t M o o r s d e s R ä u b e r s‹, das dieser sich, wie es im Schauspiele heißt, zwischen Erde und Himmel errichtet hat. Dann verherrlicht er in bitteren Strafgesängen Vernunft, Freiheit, Natur; in der langen Kriegshymne R o u s s e a u (von welcher er bei der Redaction seiner kleinen Gedichte 1799 ff. nur zwei Strophen beibehielt) erhebt er sich gegen Dummheit, Vorurtheil und Eigennutz, die sich zu des Weisen Untergang verbunden; das Strafgedicht: d i e s c h l i m m e n M o n a r c h e n, ein Seitenstück zu Schubart's ›Fürstengruft‹, züchtigt mit herbster Bitterkeit und durch Züge, welche der eigenmächtigen Regierungsweise des Herzogs Carl entlehnt sind, das Leben und Loos der Despoten; das Fragment: A n e i n e n M o r a l i s t e n (nachher nur verkürzt und abgeschwächt wieder aufgenommen) verspottet das Unvermögen der Alten, welche der raschen Jugend ›Schreibepultgesetze‹ vorschreiben wollen, und dieses Gedicht wird an sinnlicher Derbheit und Lascivität nur noch durch C a s t r a t e n u n d M ä n n e r (in seiner spätern Umbildung M ä n n e r w ü r d e genannt) übertroffen, welches gegen eine heuchlerische Decenz der Zeit die Rechte der gesunden sinnlichen Natur geltend macht, nach der Melodie in den Räubern: ›Pfui! Pfui! über das schlappe Castraten-Jahrhundert‹ etc. Schiller tadelt in einer unten anzuführenden Selbstrecension an den letzten beiden Gedichten selbst, daß an ihnen ein schlüpfriger Witz und petronius'sche Unart auffalle.«[10]

Wir haben uns zu fragen, wie denn augenscheinliche Liebesgedichte, wie die Laura-Oden, in diesem Klima gedeihen und überleben konnten, welche Berechtigung sie überhaupt inmitten dieser Auseinandersetzung hatten. Am besten, wir lesen sie alle einfach einmal hintereinander weg. Richtig! Sofort zeigen sich Auffälligkeiten. Die Häufigkeit und Verteilung bestimmter Begriffe und, nennen wir es: semantischer Wortfelder macht uns stutzig. Benennungen, die wir in Texten solcher Couleur gar nicht vermutet hätten, häufen sich — Harmonie, Sphären, Zeit, Ewigkeit, Geist, Wirbel, Körper, Sonnen, Planeten, Himmel, Sterne, Welt und endlich: Liebe. Die Liebe als eine kosmische Sphärenharmonie (»*Mit der Liebe Flügel eilt die Zukunft/ In die Arme der Vergangenheit, /Lange sucht der fliehende Saturnus/ Seine Braut — die Ewigkeit* ...; »PHANTASIE AN LAURA«), dem Uhrwerk (»MELANCHOLIE AN LAURA«) verglichen, dessen »*ew'ger Federtrieb*« (»PHANTASIE AN LAURA«) das Ineinanderwirken der Kräfte ermöglicht, und zwar für die körperlich-leblose Welt (die tote Stofflichkeit, d. i. Descartes REX EXTENSA) nach dem Prinzip des Newtonschen Gravitationsgesetzes (»DIE FREUNDSCHAFT«), für die Geisteswelt nach dem Prinzip einer allherrschenden Sympathie — gegenseitige Anziehung ist das Wesen der Welt, ergo Liebe. Daraus erklärt sich die metaphysische Begrifflichkeit, einmal für die gegenständliche Gravitation = »*Wirbel, der an Körper Körper mächtig reißt*« (wobei Schiller den Begriff ›Wirbel‹ bei Haller entlehnt) und zum anderen für die nichtgegenständliche Anziehung = »*Zauber, der zum Geist monarchisch zwingt den Geist*« (»PHANTASIE AN LAURA«; auf das »Monarchisch« kommen wir noch zurück). Mehr noch: Der »*Zauber*« des »*Geist-zu-Geist*« erhält Priorität vor dem mechanistischen »*Wirbel*«, er vermag sogar, den Geist in Harmonie mit toter Materie zu bringen

122

(»*Stund' im All der Schöpfung ich alleine, / Seelen träumt' ich in die Felsensteine, / Und umarmend küßt' ich sie; / Meine Klagen stöhnt' ich in die Lüfte, / Freute mich, antworteten die Klüfte, / Tor genug! der süßen Sympathie*«), so im Gedicht »DIE FREUND-SCHAFT«. Damit nicht genug. Das höchste Wesen, Gott, das in der Fülle allen verfügbaren Geistes ursprünglich nur als Einzelung bestand, bedarf seinerseits der Harmonie, die allerdings — das mag eine wirkliche Entdeckung Schillers sein — nicht in sich selbst ruhen kann; das Medium bedingt unweigerlich das Gegenmedium, die These die Antithese, also schafft sich Gott seine diesbezüglichen Posten zur Bedürfnisbefriedigung. So heißt es im Gedicht »DIE FREUNDSCHAFT«:

> *Freundlos war der große Weltenmeister,*
> *Fühlte M a n g e l — darum schuf er Geister,*
> *Sel'ge Spiegel s e i n e r Seligkeit! —*
> *Fand das höchste Wesen schon kein Gleiches,*
> *Aus dem Kelch des ganzen Seelenreiches*
> *Schäumt ihm — die Unendlichkeit.*[11]

Der Text »DER TRIUMPH DER LIEBE« (zu dem Schiller nach eigener Auskunft von der 1769 auch bereits auf eine Vorlage, nämlich eine lateinische, entstandenen »NACHTFEIER DER VENUS« von Gottfried August Bürger inspiriert worden ist) »*schließt mit dem Gedanken, daß uns die Liebe sogar zu Gott, zum Glauben an Unsterblichkeit erhebe*«.[12] Logischerweise unendlich und ewig ist die so verstandene Harmonie, weil sie göttlicher Natur ist, also auch mit einem einzelnen menschlichen Schicksal platterdings nichts mehr zu tun hat, es sei denn, das einzelne menschliche Schicksal hat etwas mit der göttlichen Idee von der unendlichen Harmonie zu tun (Hegel fand die letzten drei Verse von »DIE FREUNDSCHAFT« — deshalb? — so überzeugend, dass er sie am Ende seiner »PHÄNOMENOLOGIE DES GEISTES« in einer leicht zurechtgebogenen Form zitierte).

Obwohl in seinen frühen Gedichten alles andere als ein Systematiker, liefert Schiller mit seinem »DAS GEHEIMNISS DER REMINISZENS« eine weitere Komponente für die philosophische Deutung seines Harmonieverständnisses und seines Laura-Begriffs: Den »*platonischen Gedanken der Präexistenz und der durch die Sinnenwelt verdunkelten Wiedererinnerung an die Urbilder (anamnesis = Anamnesis)*«,[13] den »*Mythos, der die Liebessehnsucht aus der Vorstellung erklärt, ›daß die Menschen einst Doppelleiber besessen, dann aber von Zeus aus Zorn über ihren Hochmut getrennt seien, so daß jetzt jede Hälfte nach der ihr zugehörigen verlangt*«.[14] Schiller nennt diese getrennten Hälften »TRÜMMER«, deren »*Einssein auf ›den Tafeln der Vergangenheit‹, deren Lustsekunden als Erinnerung früherer Paradieswonnen erahnt werden.*«[15]

> *Ja wir warens — Eins mit Deinem Dichter*
> *Warst du Laura — warst ein Weltzernichter! —*
> *Meine Muse sah es auf der trüben*
> *Tafel der Vergangenheit geschrieben:*
> *Eins mit deinem Lieben!*[16]

(»DAS GEHEIMNISS DER REMINISZENS. AN LAURA«)

Bereits der Titel letztzitierten Gedichts beweist: Laura ist auch und vor allem unter diesem Gesichtspunkt keine konkrete Person, sondern das Symbol für einen Mythos, der nun wiederum den Hang zum Ewiglichen bei Schiller hinlänglich erklärt. »LAURA« heißt: Sehnsucht nach der Wiederherstellung eines früheren, nur noch dunkel erahnten Zustandes lauterer Einheitlichkeit, der den Menschen gottgleich macht (also ganz im Gegensatz zur Goetheschen Auffassung vom »GÖTTLICHEN« im Menschen — Goethe meint, der Mensch, da er die Gottheit in seiner Vorstellung geschaffen habe, trage das Göttliche in sich, aber in unvollkommener Gestalt, dies erst ermögliche kontinuierliche Zwiesprache zwischen Menschen und Gott, schlösse andererseits aber eine Gottwerdung des Menschen von vornherein aus). Wir sehen hier nicht zum ersten Mal eines der großen Probleme der sogenannten deutschen Klassik: die Heterogenität ihrer Köpfe. Bei Schiller vereint die Liebe das in eine Vielheit (in die Seelenlosen und in die Beseelten mit und ohne Bewusstsein) gespaltene Universum, »*und so wird der ursprüngliche Zustand der göttlichen Einheit wiederhergestellt. Die eine Gottheit bildet also Anfang und Ende, und der Sinn unserer Welt ist es, dahin zurückzukehren, von wo sie selber ausgegangen …*«[17] Auch hier gibt es einen wesentlichen Unterschied zur Auffassung Goethes, der zur selben Zeit (allerdings war er älter), das widersprüchliche Wirken, das Prinzip der Entwicklung, den Kampf der Gegensätze zum Erreichen neuer Zustände als oberstes Weltengesetz annimmt. Deshalb auch sucht Goethe zu nützen, im praktischen Leben Einfluss zu nehmen, während Schillers Vorstellung von der höchsten Glückseligkeit darauf abzielt, dass der Mensch durch Veredelung des Triebes zur Freude an geistiger Vollkommenheit gelangen soll, sich ins Ganze einordnend, und die solchermaßen erzeugte Glückseligkeit in sich ewig hervorbringt. In sich! — Äußeres Glück, wie Schiller es nennt, Glück nach außen hin, sei launisch, veränderlich und verachtenswert.

Was für eine konservative Auffassung!, ist man geneigt ausrufen. Doch einiges gibt es schon noch zu bedenken, bevor wir uns zu solch einem (ahistorischen) Werturteil versteigen.

E r s t e n s weiß Schiller sehr genau, dass ein Streben nach Harmonie nur aus der Einsicht erwachsen kann, dass Harmonie bis dato nicht gelang, die Widersprüchlichkeit der menschlichen Existenz bleibt nicht ausgespart:

O denk zurük nach Deinen Rosentagen,
*   Und lerne, die Philosophie*
Schlägt um, wie unsre Pulse anders schlagen,
*   Zu Göttern schafst du Menschen nie.*[18]

(»AN EINEN MORALISTEN. FRAGMENT«)

Der sehnsüchtige Drang nach Vereinigung, nach Ausgleich, bleibt — das steht zu erwarten — letztlich ungestillt. Jedenfalls im Diesseits.

Der junge Arzt Schiller war schon mehrmals mit dem Tod in Berührung gekommen und ganz offensichtlich selber krank (wir spekulieren einmal: gerötete Wangen bei Blässe des Gesichts und fiebrig glänzenden Augen sind gewöhnlich die Folge schwerer, lang anhaltender Intoxikation, Schiller könnte also bereits in jungen Jahren an jener Krankheit gelitten haben, die ihn dreiundzwanzig Jahre getötet hat; zu seiner Zeit nannte man sie Auszehrung, heute heißt sie Tuberkulose). Er erkennt in einer Art Philosophie des Todes solch einen Widerspruch zwischen Wirken und Wollen: auf der Vergänglichkeit ist alles aufgebaut, was nach Unvergänglichkeit strebt.

> *Aus einander bläßt der Tod geschwind*
> *Dieses Lächeln, wie der Wind*
> *Regenbogenfarbigtes Geschäume,*
> *Ewig fruchtlos suchst du seine Spur,*
> *Aus dem Frühling der Natur*
> *Aus dem Leben, wie aus seinem Keime,*
> *Wächst der ew'ge Würger nur.*[19]
> (»MELANCHOLIE AN LAURA«)

Der Tod in diesem scheinbar zynischen Kreis ist darum nicht eigentlich Zerstörer, sondern Befreier (»ELEGIE AUF DEN TOD EINES JÜNGLINGS«). Das muss er auch sein, dem Pietisten Schiller ist alles andere verboten. So endet auch die »MELANCHOLIE«, aus der die obigen resignativen Verse stammen, mit einer in Sachen Tod unentschiedenen, weil großen theatralischen Geste.

Z w e i t e n s bedarf es einer Analyse der geistigen Situation an der Karlsakademie, aus der Schiller mittlerweile zwar ausgeschieden war, die ihn aber geprägt hat und in deren Klima viele der in der Anthologie veröffentlichten Gedichte entstanden sind. Theismus, Materialismus (im Sinne der Enzyklopädisten), Spiritualismus — all das schwirrt zu jener Zeit in Schillers Kopf ziemlich unkontrolliert durcheinander, was nun ganz und gar nicht verwunderlich ist: Die Schillersche Sphärenharmonie, das Streben nach Vereinigung zum Göttlichen hin, dieser *»unmittelbare Verkehr mit Christus, mit dem Göttlichen und dem ganzen Kosmos«*[20] rührt aus dem Pietismus württembergischer Prägung her, wie ihm der junge Eleve des Herzogs Karl Eugen ausgesetzt war. Die Grundstimmung freilich (und wir bedienen uns bewusst des musikalischen Begriffs) hat Schiller von seinem Vater mitbekommen, einem wahrhaft frommen Mann, der einst auf Geheiß seines Regimentskommandeurs im Winterquartier »eine Art Gottesdienst« veranstaltete, andere Male für die häuslichen Erbauungsstunden Gebete verfasste, von denen zwei (in achtfüßigen Trochäen) noch erhalten und 1791 bei Cotta gedruckt sind. Viele Autoren verweisen heute darauf, Johann Kaspar Schiller hätte in diesen Gebeten *»bei aller Zerknirschung, ›daß nichts Gutes an mir ist und daß auch der beste Vorsatz das Vollbringen bald vergißt‹, eben aus diesem durchaus auf subjektive menschliche Verantwortung gerichteten religiösen Moralismus heraus formuliert; ›Nein, ich will mich frisch ermannen ...‹ und gelegentlich mit Seneca betont: ›Ille vir, qui mollo bono nisi suo nilitur«*[21]

Wir wollen hier nicht fragen, ob es eine andere als eine »subjektiv menschliche Verantwortung« gibt, das müssen wir nicht rechtfertigen, sondern wir wollen feststellen: Immer wieder wird besonderer Wert gelegt auf den oppositionellen Charakter des Schillerschen Pietismus'. Im Verein der Haltung seines Vaters mit der Theorie von Schillers Lorcher Lehrer, des Pastors Moser, einem Schüler des Geschichtstheologen Johann Albrecht Bengel, wäre der Junge auf eine Gesinnung orientiert worden, *»die als Männerstolz vor Königsthronen mit unmittelbar antifeudalem Akzent später ... poetisch formuliert wurde«.*[22] Gewiss mag der württembergische Pietismus' Bengels und Detingers, eher noch Mosers, in der

Konsequenz »oppositionell-kritisch« aufgetreten sein, bloß ist das kein Wunder gegenüber einem katholischen Landesfürsten auf protestantischem Gebiet, und kritisch-oppositionell richtete er sich auch gegen rationalistische Aufklärungstendenzen wie die bei Christian Wolff (erst dadurch, dass Schiller wahrnahm, wie sein Lehrer Moser Wolff angriff, lernte er Wolff kennen, später sogar schätzen, vielleicht in einer Art Trotzreaktion; am Beispiel Abels werden wir weiter unten Ähnliches erfahren). Auch dürfen wir nicht vergessen, dass der Pietismus auf eine bestimmte Weise ausgeübt wurde, die sich von der Liturgie unterschied, die aber so wie letztere auch ihre kultischen Handlungen oder, moderner gesagt, interiorisierten Muster hatte. Die kathartische Wirkung des Gefühls war das Dogma des Pietismus', die vermeintliche Erkenntnisfähigkeit des Gemüts, die Einsicht in die letzte Wesenheit durch Frische und Ursprünglichkeit der Empfindung oder, um es mit Schiller zu sagen: der LIEBE. Wer das glaubt, will Pfarrer werden — wie Schiller, nur hinderten ihn, das wissen wir, die Umstände. Ein Prediger von der Bühne herab wolle er (ersatzweise) sein, sagte er später einmal, und wir sehen: der Pietismus bis in die Methode des Denkens hinein hielt ihn besetzt. Ob er auch die Methode seiner schriftstellerischen Arbeit beeinflusst hat, wie Conz behauptet (Schiller habe im Alter von dreizehn Jahren sein erstes deutschsprachiges Gedicht nach eindringlichen Ermahnungen seiner Mutter aus einem plötzlich geweckten, tiefen religiösen Gefühl heraus verfasst), ist zu bezweifeln. Schiller gibt selbst glaubwürdig zu, dass er selten aus dem Überschwang zu arbeiten vermochte, seine Texte vielmehr unter Mühen, »unter Stampfen und Stöhnen« zusammenbrachte; er war also eher ein sentimentalischer Schriftsteller gewesen. Die Verwunderung darüber, wie Schiller bewerkstelligen konnte, solch orthodoxen Pietismus mit den Lehren von Leibniz, Abel, Rousseau, Shaftesbury, Spinoza, Kant und anderen zu verschmelzen, verliert ein wenig an Hilflosigkeit, wenn wir bedenken, dass

128

der Dichter schon als Auszubildender an der Lateinschule von seinem Professor Jahn darin unterrichtet worden war, dass *»gewisse dogmatische Lehren des Christentums, die sie in dem täglichen Religionsunterricht auswendig lernen mussten, ohne sie zu verstehen, von keiner entscheidenden Bedeutung für das Seelenheil seien, dass dagegen die heidnische Religiosität, wenn man sie recht verstehe, den moralischen Menschen genauso auf die Pfade der Tugend und des tüchtigen Lebens führen könnte wie die christliche«.*[23] Fürwahr keine duckmäuserische Haltung im orthodox-lutheranischen Württemberg und ein Angebot an uns zu verstehen, warum Schiller im »GEHEIMNIS DER REMINISZENS« plötzlich auf Platon zurückgeht (auf jenen dem Aristophanes in den Mund gelegten Mythos) oder etwa gegenüber der Körner behauptet, mit den Laura-Oden sei es *»nicht so ernstlich gemeint«.* Wo Dogmen nicht von entscheidender Bedeutung für das Seelenheil, sondern eher austauschbar sind, rückt der Spielgedanke in den Vordergrund. Viele der frühesten Gedichte Schillers in all ihren Widersinnigkeiten müssen wir also als Probier- und Spieltexte begreifen, mit denen sich der Autor erstmals und tastend auf ein ihm durch Klopstock noch heiliges Feld vorwagt (im Gegensatz zu Haller, dessen Arbeiten Schiller auch kannte, hatte Klopstock kategorisch festgelegt, er sähe die Schriftstellerei als ernst zu nehmenden Beruf an), das ihm aber auch die Möglichkeit bietet, seinen jugendlichen Flirt mit der Philosophie an den Mann zu bringen. Er foppt sich und uns, ein bisschen jedenfalls, wenn er sich stimmgewaltig in den großen Weltenplan einklinkt.

Weil sich hier z u m e i n e n Spielcharakter, jugendliche Hitzigkeit und Polemik gegen Stäudlins Almanachgedanken glühend miteinander paaren, entgleist gelegentlich die Sprache ins Artifizielle (soweit wir das aus unserer Sicht heute nachvollziehen können, aber vieles erscheint heute artifiziell, was damals Umgangston war), auf alle Fälle ins Pathetische, sie *»pocht und strotzt«,* *»schäumt und braust«,* baut stark hierarchisch geordnete Satzgefüge, findet teils fragwürdige Metaphern oder doziert besserwisserisch Physiologie (vielleicht aus Rache für die Schwierigkeiten, die er mit seinen Dissertationen gehabt hatte; in der Konsequenz all dessen warf Stäudlin dem Schiller vor, er sei ein journalistischer Marktschreier, der sich auf den Schwertspitzen seiner eigenen Kritik aufspießt). Weil z u m   a n d e r e n Schillers Weltanschauung, die von Leibniz zwar wesentlich vorgeprägt, im Zusammentreffen mit all den anderen genannten und noch zu nennenden Einflüssen aber gewaltig am Gären ist, zu diesem Zeitpunkt keine gefestigte, souveräne Zusammenschau von Ideen im poetischen Bild ermöglichte (wie vergleichsweise die Goethesche Philosophie in »WANDRERS NACHTLIED« zu etwa dem selben Termin), weisen diese frühen Gedichte auch gehaltliche Schwächen auf. Doch bevor wir auf diese Schwächen zu sprechen kommen, sollten wir noch einer Spekulation Raum geben, nämlich der, dass Schillers SPHÄRENHARMONIE ihrer Herkunft nach nicht nur an den Pietismus erinnert, sondern auch an eine ästhetische Auffassung innerhalb der Musikgeschichte. Platon (der uns bereits über den Weg gelaufen ist) unterteilte die Musik in drei musikalische Hauptbereiche:

1. die Musica mundana,
2. die Musica humana und
3. die Musica instrumentalis.

Musica mundana, das ist, kurz gesagt, die unhörbare Himmelsmusik, die Harmonie der Himmelskörper untereinander und deren Widerspiegelung auf der Erde. Die Musica humana ist die Reflexion der Musica mundana im menschlichen Körper, die nicht klingende Harmonie desselben. Die Musica instrumentalis ist die Widerspiegelung der Harmonie des menschlichen Körpers in den sowohl vokal wie instrumental erzeugten Tönen. Wer wird da wohl zweifeln, dass die seit den Hebräern bekannte Äolsharfe der gültige und vollendete Ausdruck dieser Theorie ist? Sie, vom Menschen gebaut (mit bis zu zwölf gleichgestimmten Saiten unterschiedlicher Stärke über einem Resonanzboden) und von den Naturerscheinungen selbst zum Klingen gebracht (indem durch Wind die Saiten in zufällige Schwingungen versetzt und über die verschiedenen Partialtöne des gemeinsamen Grundtones Zusammenklänge erzeugt werden). In die SPHÄRENHARMONIE ist der Mensch als ein mitgestaltendes Element eingeschlossen, nicht aber als das überragende schöpferische Prinzip. Leider können wir nicht damit dienen, dass Schiller den Begriff »ÄOLSHARFE« in den Gedichten seiner ersten und dritten Periode expressis verbis verwendet habe, wiewohl er ein »HARFENGEZITTER« kennt, doch gebraucht er, ganz im vorigen Sinne, das Kompositum »SAITENHARMONIE«, und zwar in: »DER TRIUMF DER LIEBE, EINE HYMNE«, das ist ein Gedicht aus der '82-er Anthologie, und dort heißt es in der vierten Strophe:

Noch mit sanften Rosenketten
Banden junge Amoretten
  Ihre Seelen nie –
Noch mit Liedern ihren Busen
Huben nicht die weichen Musen
  Nie mit Saitenharmonie..[24]

Um Missverständnissen vorzubeugen: Schiller führt die ganze (nichtchristliche) Ontogenese der Liebe vor, beginnend zu den mythischen Zeiten ohne Liebe, bis die Stammeltern Deukalion und Pyrrha Steine hinter sich warfen, womit sie bekanntlich Menschen schufen, fortlaufend über die folgenreiche Geburt der Liebesgöttin Venus und die Sensation, die Pygmalion ereilte, als die Statue, die er leidenschaftlich liebte, zum Weibe ward und so weiter bis hin ins Zeitgenössische, wo »*die Liebe die Menschen lehrt, die Natur tiefer zu empfinden, und wie Weisheit und Jugend und Frömmigkeit unter ihrer Einwirkung entstehen*«.[25]

Unser Ausschnitt entstammt der ersten Argumentation, dem Abschnitt liebestoter mythischer Zeiten (ein Widerspruch bei Schiller, sei's drum) die »SAITENHARMONIE« ist wünschenswertes, nein: obligates Attribut eines liebenden Zeitalters. Schiller (deshalb kamen wir auf die Parallele zu Platons Ästhetik) ist als Dichter Akustiker (auch Aromatiker, aber das lassen wir hier mal beiseite). Nicht nur die »SAITENHARMONIE« weist darauf hin. In den rund 18.400 gedruckten Wörtern seiner ersten Periode (der Gedichte einschließlich der ANTHOLOGIE) bedient er sich in 336 Fällen des Ausdrucks akustischer Phänomene, rechnet man Wörter und Wortfelder wie »Stille« und »Verstummen« hinzu, handelt es sich sogar um 346 Fälle gegenüber 276 aus dem Bereich des Visuellen.[26] Goethe in seiner Lyrik bis 1779 (mit 14.450 Wörtern) brachte nur 127 akustische Fälle hervor, Shakespeare mit seinen Sonetten aus dem dritten Lebensjahrzehnt gar bloß 57 unter 17.450 Wörtern. Bei all dem bilden in Schillers Werk die nichtstimmlichen Geräusche die stärkste unter allen Gruppen (mit 34 Prozent in der ersten Periode). Bleibt uns nun nur noch zu fragen, wer oder was diese nichtstimmlichen Geräusche bevorzugt hervorbringt. In vierzig Fällen handelt es sich dreimal um sogenannte feste Körper, sechzehn Mal ist es das Wasser und — siehe! — einundzwanzig Mal die Luft, gerad' wie bei der ÄOLSHARFE. Diese Art platonsches Harmonie-Sympathie-Liebe-Verständnis in der Musik der Himmelskörper, der menschlichen Leiber, der klingenden Töne beweist sich überzeugend am Einzelbeispiel: »LAURA AM KLAVIER« erzeugt nicht vornehmlich schwingende Saitentöne, sondern Geräusche:

Ehrerbietig leiser rauschen
Dann die Lüfte, dir zu lauschen;
Hingeschmidet zum Gesang,
Stehn im ewgen Wirbelgang,
Einzuziehn die Wonnefülle,
Lauschende Naturen stille,

Zauberin! mit Tönen, wie
Mich mit Blicken, zwingst du sie.

(...)

Lieblich izt wie über bunten Kieseln
Silberhelle Fluten rieseln, –
Majestätisch prächtig nun
Wie des Donners Orgelton,
Stürmend von hinnen izt wie sich von Felsen
Rauschende schäumende Gießbäche wälzen,
Holdes Gesäusel bald,
Schmeichlerisch linde,
Wie durch den Espenwald
Buhlende Winde ...[27]

Freilich spielte die Natur zu Schillers Zeiten für den Menschen im Alltag eine bedeutendere Rolle als heute, weshalb sie oft im direkten Vergleich Eingang in die Gedichte fand. Sie war lebensspendend, bedrohlich, erheiternd, ästimierend (vor allem für Schiller selbst, der sich regelmäßig in ihr verkühlte, weil er prinzipiell zu leicht gekleidet war). Wir wollten wir an dieser Stelle nicht darauf verzichten, diese eine besondere Quelle des Schillerschen Harmoniebegriffs zu nennen, sie darf auf gar keinen Fall unterschlagen werden, eben die Theorie Platons, auf die wir nachher aus anderer Sicht noch einmal zurückkommen.

Wenn wir weiter oben davon sprachen, dass die philosophische Unentschiedenheit des jungen Schiller zu Unausgewogenheiten und Schwächen in seinem literarischen Œvre führte (womit wir Stäudlin das Wort reden), so dürfen wir diese Bemerkung nicht im Raum stehen lassen, ohne sie mit Belegen zu unterfüttern. Nehmen wir als Beispiel die »FANTASIE AN LAURA« herbei, die als zweites Gedicht der Anthologie an exponierter Stelle steht. Wie betont, ähnelt der »*Beginn des Gedichtes ... auffallend einem Passus in der Rede, die der ›Eleve Schiller‹ am 10. Januar 1780 zum Geburtstagsfeste der Gräfin Hohenheim über das vom Herzog aufgegebene*

Thema ›*Die Tugend in ihren Folgen betrachtet‹, hielt.*«[28] Neun der siebzehn Vierzeiler dienen der Ausbreitung des benannten Sympathie-Harmonie-Liebe-Theorems, allerdings sei nachdrücklich betont, dass die gelegentlich zu lesende Behauptung, Schillers Auffassung vom Wirbel, der die Planeten um die Sonne reißt und als dynamisches Prinzip auch in den Geistern wirkt, stamme von Leibniz, falsch ist. Leibniz kannte solchen Dualismus zwischen Körper und Geist nicht, »*seine Vitalität beruht auf der lex continui, dem Infinitesimalprinzip, dass auch das geringste Stoffteilchen und Sonnenstäubchen ebenso beseelt ist wie ein Engel oder ein Mensch.*«[29] Eher hat wohl Christian Wolffs Negierung der Monadologie, die Schiller über Ferguson oder Wieland kennengelernt haben könnte, Pate gestanden. Den offensichtlich beeindruckenden Wolffschen Rationalismus mit dem orthodoxen Pietismus in Sympathie, Harmonie, Liebe in Übereinstimmung zu bringen, stülpt Schiller in Strophe 7 bis 9 seinen bisherigen Gestus, der doch bis dahin in der eigenen Logik seines allwissenden point de vue ganz hübsch funktioniert hatte, gänzlich um, denn es gilt, möglichst konkret zu werden, die arg mystische Vorstellung von der Vereinigung des Körpers mit der Seele, wie sie ihm als Pietisten unterlaufen musste, zu retuschieren vermittels einer »ENHARMONISCHEN VERWECHSLUNG«, einer Übertragung des mechanischen Vorgangs auf das menschliche, wenn auch nicht nicht unbedingt geschlechtliche Liebeserleben, und solche Haltung war ihm als dem leibnizschen Wolffianer wohl nun angeraten. Denn der Hallesche Philosoph vertrat eine Lehre, die, sehr verkürzt formuliert, »*das Mögliche abwägt und auf seine wirkliche Existenz hin überprüft*«.[30] Ihm geht es um das vollständig bestimmte, notwendige Ding (ENS), wir betonen: um das notwendige (!) — dessen Gegenteil auch logisch ausgeschlossen ist. Deshalb taucht bei Schiller, der sich besinnt, die plötzliche Anrufung des Namens auf (»*Siehe, Laura!*«), womit die wirkliche Existenz begründet werden soll und die Notwendigkeit des beschworenen Zustands (»*Schwesterliche Wollust mildert / düstrer Schwermut Schauernacht …*«). Wer da genau hinliest, sieht soeben noch, wie sich hinter diesen Versen die »GLÜCKSELIGKEIT« versteckt, die uns bei Schiller schon weiter oben als Veredelung des Triebs begegnet war, als Freude an geistiger Vervollkommnung, verinnerlicht und ordentlich. »*Und, entbunden von den goldnen Kindern, / Strahlt das Auge Sonnenpracht …*« Wie nicht anders zu erwarten, hat er auch das von Christian Wolff. Der lehrt (vor allem in seinen »VERNÜNFTIGEN GEDANKEN ZUR ETHIK«): »*Tue, was dich und deinen oder anderer Zustand vollkommener machet, unterlaß, was ihn unvollkommener machet*«.[31] Die Vollkommenheit beruhe »*auf der Übereinstimmung alles Wirklichen und löst die Glückseligkeit aus*«.[32] Solche Glückseligkeit ist aufgebaut durch die Freiheit menschlichen Handelns. Freiheit menschlichen Handelns heißt aber auch, dass das »*Gute … nicht durch Gottes Willen, sondern an sich gut, die Moral daher von der Theologie unabhängig ist*«.[33]

Wir heben hervor: Das Gute an sich, ein Zustand a priori. Wen wundert's zu hören, dass Schiller schon kurze Zeit später an Immanuel Kant gerät, dessen kategorischer Imperativ (»*Handle so, dass die Maxime deines Willens jederzeit zugleich als Prinzip einer allgemeinen Gesetzgebung gelten könne*«) im Grunde das Nämliche bedeutet, und der den Begriff der Glückseligkeit auch kennt, der für ihn »*die Befriedigung aller unserer Neigungen*«[34] darstellt. Kant nimmt an, »daß es wirklich reine moralische Gesetze gebe, die völlig a priori (ohne Rücksicht auf empirische Bewegungsgründe, d. i. Glückseligkeit) das Tun und Lassen, d. i. den Gebrauch der Freiheit eines vernünftigen Wesens überhaupt, bestimmen …«[35] So besonders weit war Schillers Weg zu Kant also nicht, und er nahm seinen Anfang bei Professor Jahn, dem gewisse Dogmen des Christentums für das Seelenheil nicht wesentlich erschienen, so wie Wolff meint, Moral sei von der Theologie unabhängig.

Vorerst allerdings ist Schiller über Wolff, Leibniz und Abel nicht hinaus, im Gegenteil, die freien Handlungen des Menschen stellt er durch den zweiflerischen Dualismus der nachfolgenden Strophen in Frage (wir sind noch bei dem Gedicht »FANTASIE AN LAURA«). In dem Augenblick, da er die kosmische Position aufgibt, um deren Richtigkeit am Beispiel einer nachprüfbaren Existenz namens Laura zu beweisen, muss sich zwangsläufig auch die Problemstellung in eine ethische verwandeln, und Zustände, die vorher quasi a priori hatten gegeben sein können, bedürfen nun der näheren Bestimmung ihrer Herkunft, der Begründung ihrer Folgerichtigkeit, der Verdeutlichung ihrer Wirkungsabsichten, umso mehr, als wir plötzlich bis zum Hals im menschlichen Sündenpfuhl stecken. Wir schaudern:

Wollust	—	Schauernacht,
Hölle	—	Laster,
Himmel	—	Groll,
Sünde	—	Scham,
Größe	—	Gefahr,
Stolz	—	Sturz,
Glück	—	Neid,
Lüsternheit	—	Tod,

das sind die Gegensatzpaare, die Schiller uns wetternd hinwirft. Deutlich zu spüren gegenüber den ersten neun Strophen ist der Stimmungswechsel. Enthusiasmus hat grübelnder Niedergeschlagenheit Platz gemacht, Ratlosigkeit herrscht, wo eben noch feste Überzeugung anzutreffen war.

Wir befinden uns im aufklärerischen Zeitalter, die Beseitigung aller Ursachen, die zur Sünde führen, ist Pflicht der Philosophie, und die allererste Ursache der Sünde ist nun einmal die Unwissenheit, in die wir freilich durch Schiller selbst soeben verstrickt worden sind. Um sich und uns aus dem eigenhändig angerichteten Dilemma herauszuführen, erklärt uns der Dichter in den letzten drei Strophen — ja was eigentlich? Er schreibt, dass die von ihm mitgeteilten

Beobachtungen über die Unzulänglichkeit menschlichen Strebens nicht zweiflerisch-grübelnd-niedergeschlagen ausgefallen wären, wenn es sie erst gar nicht gegeben hätte (»*Einst — so hör' ich das Orakel sprechen — / Einsten hascht Saturn die Braut, / Weltenbrand wird Hochzeitfackel werden, / Wenn mit Ewigkeit die Zeit sich traut ...*«). Mit anderen Worten: Den für die menschliche Existenz nicht ganz unwesentlichen, einen Teil seiner Unzulänglichkeit ausmachenden Zeitlauf tilgt er einfach (indem er den fliehenden Saturnus, den Gott der Zeit, mit seiner Braut, der Ewigkeit, vermählt), und dies auch noch vermittels eines Orakels: »Einst ..., Einsten ...« Durch diesen Kunstgriff lässt er das Gegenständlich-Vergängliche hinter sich, denn wo keine Zeit ist, ist der Mensch nicht, dort sind allenfalls die Gestirne — und siehe!, die logische Konsequenz aus dieser Kehrtwendung folgt auf dem Fuß: »Weltenbrand wird Hochzeitfackel werden ...« usw., die christliche Vorstellung vom Weltenbrand und die antike von der Hochzeitsfackel miteinander verknüpfend zu dem einzigen Zweck: die zynische Schlussstrophe einzuläuten:

> *Eine schönere Aurora röthet,*
> *Laura, dann auch unsrer Liebe sich,*
> *Die so lang als jener Brautnacht dauert,*
> *Laura! Laura! freue dich!*

Woher, um Gottes Willen, soll Laura kommen und die »*schönere Aurora*« (doch wohl die Hochzeitfackel Weltenbrand, fürwahr eine schöne Aurora!) bewundern gehen in einem Raum ohne Zeit, also ohne Menschen? Selbst für eine imaginäre Personage, die aber immerhin auch nach den Gesetzen der Zeit lebt, dürfte das schwierig sein. Nun, wir sehen ein, diese letzte Kehrtwendung war notwendig; Schiller, dem die Strophen 10 bis 14 unterlaufen waren, er, der keine Antworten parat hatte (und das in einem Gedicht, dessen ganze Diktion schulmeisterlich ist — die letzten drei Strophen spätestens beseitigen den Irrtum, es könnte sich bei dem wiederholten »Sieh!« um etwas anderes als um deiktischen Gestus handeln, etwa um religiöse Inbrunst), Schiller, der keine Antworten wusste, wollte doch aber die Welt und alle ihre Teile in Sympathie zueinander bringen. Was blieb ihm übrig? Gewalt! Soweit verständlich. Warum aber der Schluss als Satiro-Zynikon, was uns Heutige zugegebenermaßen auf andere Weise berühren dürfte, sagen wir: mehr radioaktiv?: Weil Schiller die Nase voll hatte von dem Gedicht, denn er hatte sich hoffnungslos verheddert.

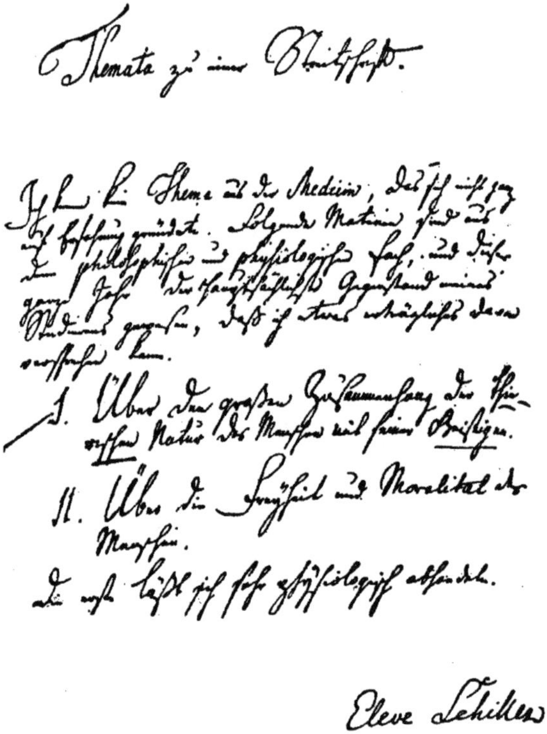

Abb.: 4: Vorschläge Schillers für die medizinische Prüfungsarbeit des Jahres 1780 auf der Stuttgarter Karlsakademie.

DER ZYNISCHE TOD

Zynismus oder Sarkasmus finden wir bei Schiller des öfteren, nicht nur in diesem Gedicht, vor allem aber, wenn er vom Tod spricht. Überhaupt zeigt der junge Mann eine gewisse Affinität zum Morbiden (»ELEGIE AUF DEN TOD EINES JÜNGLINGS«, œDIE KINDESMÖRDERIN« [zugegeben ein Lieblings- und Hauptthema der Sturm-und-Drang-Epoche], »DIE SCHLACHT«, schon vorher: »EINE LEICHENPHANTASIE« [1780], später: »DIE PEST, EINE PHANTASIE«, um nur wenige Beispiele zu nennen) Das mag begründet sein in der Vorstellung vom Tod als dem Erlöser und Gleichmacher; der Tod befreit vom »*possenhaften Lottospiel*«, von »*geifernder Verleumdung*«, vom »*faulen fleißigen Gewimmel*« (»ELEGIE AUF DEN TOD EINES JÜNGLINGS«) und ebnet die ständischen Unterschiede ein, wenn »*auch auf Könige die Hülle*« fällt und »*der Pfeil der Rache Fürstenherzen*« kaltbohrt (»DIE SCHLIMMEN MONARCHEN«). Natürlich ist gerade diese stark religiöse Komponente geeignet, bei den Atheisten oder, sagen wir, Säkularen von heute den Verdacht zu wecken, Schiller könnte seine rhetorischen Attacken nicht recht ernst meinen. Da wir für gewöhnlich geneigt sind, unsere heutigen Vorstellungen, unser jetziges Wissen in vergangene Köpfe zu transponieren und mit unseren Vorstellungen und unserem Wissen in diesen fremden Köpfen zu operieren, besteht die Gefahr durchaus, dass wir Schiller etwas unterschieben, was nie seine Absicht war. So ist zwar die gesamte »ANTHOLOGIE AUF DAS JAHR 1782« durch ihre Vorrede dem Tod zugeeignet, aber wahrscheinlich muss das als eine ironische Reaktion auf Stäudlins Unsterblichkeitswahn verstanden werden.

Wir müssen klar trennen: zwischen den Laura-Oden und solchen Gedichten, die unter dem direkten Eindruck physischen Todes entstanden sind. Seine fast gleichaltrigen

Freunde von Hoven und Weckherlin hat Schiller sterben sehen, ohne etwas dagegen unternehmen zu können, und wenn er dem einen Dahingeschiedenen ein *»frohes Plaudite«* nachruft, so meint er dies offensichtlich pietistisch-aufrichtig. Ansonsten bleibt der zynische Umgang mit dem Tod, mit dem Grausamen, Morbiden unüberhörbar. Zweifellos spielt dabei Schillers berufliche Situation eine nicht untergeordnete Rolle. Nach seinem Abschluss an der herzoglichen Akademie im Dezember 1780, für den endlich die dritte von ihm eingereichte Dissertation (»DER VERSUCH ÜBER DEN ZUSAMMENHANG DER THIERISCHEN NATUR DES MENSCHEN MIT SEINER GEISTIGEN«) ausreichte, war Schiller als Amtsarzt im Stuttgarter Grenadierregiment Augé eingesetzt, das, wie schon erwähnt, aus vierhundertzwanzig alten und invaliden Soldaten bestand. Er musste die Uniform eines Feldschers tragen, auch wenn er sich außer Dienst in der Öffentlichkeit aufhielt, außerdem durfte er Stuttgart nur mit der Erlaubnis eines Vorgesetzten verlassen. »Zu seinen Aufgaben gehörten die Überwachung des Spitals, Hygienekontrolle, diagnostische Untersuchung und Rezeptausstellung. Wegen der Monotonie seiner Arbeit, des dürftigen Gehalts sowie der bedrückenden Atmosphäre in den Militärspitälern und Krankenstuben wuchs seine Unzufriedenheit. Hinzu kam das Wissen, dass sein Examen nur von geringem Wert war. Zur Anerkennung der medizinischen Promotion und damit der Möglichkeit, als Arzt in Württemberg zu praktizieren, bedurfte es noch einer weiteren Prüfung — abzulegen an der Tübinger Universität.«[37] Genug Anlass also für Sarkasmus und Zynismus.

Laura jedoch, so behandelt, sollte, wenn es sie jemals gegeben hat, ins Grübeln geraten sein. Rufen wir uns die »MELANCHOLIE« ins Gedächtnis, jene Zeilen, aus denen wir weiter oben schon zitiert haben. Wenn wir die ins Konkret-Menschliche übersetzen wollten:

Rede Mädchen nicht dem Starken Hohn!
Eine schönre Wangenröthe
Ist doch nur des Todes schönrer Thron,
Hinter dieser blumigten Tapete
Spannt den Bogen der Verderber schon –
Glaub es – glaub es Laura deinem Schwärmer,
Nur der Tod ist's dem dein schmachtend Auge winkt,
Jeder deiner Stralenblike trinkt
Deines Lebens karges Lämpchen ärmer;
Meine Pulse, pralest Du,
Hüpfen noch so jugendlich von dannen –
Ach! die Kreaturen des Tyrannen
Schlagen tükisch der Verwesung zu.[38]

Sehr höflich jedenfalls wäre das nicht gewesen gegen-
über dem Mädchen. Man stelle sich das als aufklärerischen
Minnesang vor und lasse dabei getrost unseren heutigen
Freudschen Hintergedanken um den Verderber, der den
Bogen spannt, fort, auch ohne den »Sexus-Nexus-Plexus«
bleibt der Text anzüglich genug, aber eben in jener schuld-
los-kindhaften Manier, die den mangelnden Umgang mit
Menschen des anderen Geschlechts verrät.

Dieser manchmal schier pathologische, auf alle Fälle
pubertäre Zynismus schuf sich seine eigene Theorie. In
Umkehrung des Sympathie-Harmonie-Liebe-Gedankens
heißt es im »VORWURF AN LAURA«:

Zu der Gottheit flog ich Adlerpfade,
Lächelte Fortunens Gaukelrade,
Unbesorgt wie ihre Kugel fiel.
Jenseits dem Kozytus wollt' ich schweben,
Und empfange sklavisch Tod und Leben,
Leben, Tod von einem Augenspiel.[39]

Die körperliche Liebe als Resultat und als Auslöser der
Sterblichkeit, die körperliche Liebe als unmännliche (»*Bin
ich noch der stolze Mann? der große?*«), ruhmlose (»*Lausch' ich*

141

noch des Ruhmes Donnerglocken?«), selbstzerstörerische (*»In den Blicken, die vernichtend blinken, / Seh' ich meine Laura Liebe winken«*), unstete (*»Meine Ruhe ... hast du hingemordt«*) Siechtum, oder eben als ein Ausdruck von Wahnsinn (wie in der »REMINISZENS«).

Dabei darf eine wesentlich Komponente nicht übersehen werden: Zur damaligen Zeit stellte die körperliche Liebe durchaus eine konkrete und höchst gegenwärtige Gefahr für Leib und Leben dar (wenn auch nicht unbedingt innerhalb der Karlsschule), denn sie war dafür verantwortlich, dass sich immer mehr Menschen mit Syphilis infizierten. Die Sexualität war von Angst besetzt, ähnlich wie in den achtziger Jahren des zwanzigsten Jahrhunderts beim Aufkommen des HIV-Virus' und von AIDS. Die wahrscheinlich zum Ende des fünfzehnten Jahrhunderts nach Europa eingeschleppte »Lustseuche«, die man in Deutschland zumeist die »französische Krankheit« nannte, galt als eine der großen Geißeln der Menschheit. Zu ihrer Behandlung standen seinerzeit nur Quecksilbersalze zur Verfügung, die man großflächig auf die Haut auftrug, oder Pillen mit Quecksilberpräparaten. Vor den lebensgefährlichen Nebenwirkungen all dieser Medikamente warnte der Leibarzt des bayerischen Königs erst ein Jahr nach Veröffentlichung der Schillerschen Anthologie, nämlich 1783, in einem Traktat. Die meisten Patienten starben, und zwar entweder an der Krankheit selbst, oder an den Methoden ihrer Behandlung. Schiller war diese Plage nicht nur geläufig, schließlich hatte er eine Ausbildung zum Arzt absolviert (wenngleich an der Karlsschule kaum eine klinische Tätigkeit »am Krankenbette« und vorrangig eine theoretische Unterweisung stattfand[40]), sondern er gehörte bereits vor der »ANTHOLOGIE« zu den ersten deutschen Literaten, die »*das Ekelhafte in moralischer Funktion etablierten*« (Anja Schonlau). »*In seinem Drama* Die Räuber *(1781) versucht Franz Moor Amalia zu suggerieren, sein von ihr geliebter Bruder Karl wäre nach dem*

142

Kontakt mit einer ›Metze‹ an Syphilis erkrankt. (...) Dass der Syphilitiker hier das ›garstige Laster‹ verkörpert und die Genitalien als ›Gruben der viehischen Schande‹ bezeichnet werden, entspricht einer höchst konservativen moralischen Auffassung von Geschlechtskrankheiten und Geschlecht.‹[41] Über Spiegelberg wird gesagt, es sei »*unverantwortlich, daß der Mann nicht Medizin studiert hat, er hätte ein neues Kropfpulver erfunden, wobei in den unterdrückten Bogen der ersten Ausgabe der ›Räuber‹ ursprünglich der Mentalität der rauhen Männer naheliegender gestanden hat: Er hätte wider den Tripper ein Spezifikum gefunden.*«[42]

Parallelen lassen sich zu Schillers späterem Aufsatz »ÜBER ANMUT UND WÜRDE« von 1793 ziehen. Ähnlich wie er in den »RÄUBERN« die Symptome der Syphilis breitwalzt, beschreibt er hier einen von Sinnlichkeit überwältigten Menschen. »*Da ›blickts schrecklich‹ im Stück, während das Auge des Wollüstigen zehn Jahre später in der Theorie ›gläsern und stier aus seiner Höhlung hervor[quillt]‹. Das ›zitternd[e], hinschwankend[e] Gerippe‹ des Syphilitikers hat seine Analogie im ›Zittern der Glieder‹ und dem ›ganzen erschlaffenden Bau‹ des vom Trieb beherrchten Menschen, das ›Stammeln‹ der ›halben verstümmelten Stimme‹ des Geschlechtskranken in der ›erstickten bebenden Stimme‹ des willenlos Begehrenden. (...) Franz Moor spricht dem Syphilitiker den Subjektanspruch ab ... Entsprechend bemerkt Schiller zum Wollüstigen: ›Nur die Thierheit redet.‹ (...) Während Schiller in DIE RÄUBER im Jahre 1781 mit der Syphilis ästhetische Grenzen bei konservativem Inhalt formal in Frage stellt, veröffentlicht er (vermutlich) im gleichen Jahr mit DER VENUSWAGEN ein allegorisches Gedicht, das ästhetisch traditionelle Bilder der Krankheit vermittelt. Zwei Strophen befassen sich mit der Syphilis und ihren Folgen:*

An des Lebens Vesten leckt die Schlange,
 Geifert Gift ins hüpfende Geblüt,
Knochen dräuen aus der gelben Wange,
 Die nun aller Purpur flieht.

Hohl und hager, wandelnde Gerippe,
Keuchen sie in des Cocytus Boot.
Gebt den Armen Stundenglas und Hippe,
Huh! - und vor euch steht der Tod.

Im Gegensatz zu den ersten Lehrgedichten und Allegorien der
Renaissance illustriert Schiller die Syphilis durch ein christliches Bild-
vokabular, wenn an ›des Lebens Vesten‹ die Schlange ›leckt‹. Wie
bereits in Franz Moors lustvoller Beschreibung ist auch hier ›gel[b]‹
die Farbe der syphilitischen Wangen. Als ›wandelnde Gerippe‹ figu-
rieren die Kranken die lebendige Verwesung durch die Ikonographie
des Todes. Hier führt Schiller die ... allegorischen Bilder der Vani-
tas-Darstellungen der frühen Neuzeit fort.«[43]

Sicher ist dieser für einen Arzt ungewöhnliche Abscheu
auch ein Reflex auf sein Leben an der Karlsschule, das
demjenigen in einem Eremitenkoster, in dem er obendrein
»in die Zwangsjacke der Kasernenschikanen gepresst« war (Hämel),
in nichts nachgestanden zu haben scheint. Zu einem Zeitpunkt, an dem bei jungen Männern wie ihm für gewöhnlich
das Interesse am anderen Geschlecht erwacht und sexuelle
Phantasien jedweder Couleur sprießen, wurde er von Mädchen und Frauen weitgehend ferngehalten. Kein Wunder
dass es ihn, der die Techniken diesbezüglicher Annähe-
rungsversuche nicht erlernen und ausprobieren durfte, vor
den Gefühlsäußerungen eines »WOLLÜSTIGEN« ekelte.

Auch in anderer Hinsicht ist der TOD in Schillers Laura-Oden keine bloße Pose. Trotz der ungünstigen, vielleicht
sogar unzureichenden Voraussetzungen bei der medizinischen Ausbildung, hatte der Eleve mehrmals Gelegenheit
gehabt, Thanatos leibhaftig zu begegnen. 1778, im dritten
Studienjahr, nimmt er an einer Obduktion, über deren Verlauf er ein eigenhändiges Sektionsprotokoll verfasst. Die
Leichenöffnung wurde an seinem 17-jährigen Kommilitonen Hiller vorgenommen. Möglicherweise handelte es sich
um eine anatomische Schulaufgabe. *»Wie ihm dabei zumute*
war, ist nicht überliefert. Das Obduktionsprotokoll wirkt kühl und

sachlich. Allerdings ist nicht ganz klar, ob Schiller Hilfe und Beistand durch einen Prosektor erhielt. Letzteres ist wahrscheinlich, denn es wäre unmenschlich, wenn ein 19-Jähriger seinen 17-jährigen Mitschüler hätte zerschneiden müssen. Zwei Dinge sind Schiller besonders aufgefallen: Brusthöhle und Herzbeutel enthalten große Mengen ›gelblichtes Blutwasser‹; wir würden heute von einem serösen Pleura- oder Perikarderguss sprechen. Die innere Fläche des Herzbeutels ist durch eine Fettsubstanz mit dem Herzen verwachsen. In diesem ›steatomatosen Überzug‹ (Pericarditis fibrinosa?) sieht Schillers Lehrer, der Internist Christian Gottlieb Reuß, einen organischen Fehler des Herzens und glaubt, dass dies zur Störung der Blutzirkulation geführt habe ›und auch die Lunge selbst in ihrer Verrichtung nothwendig verhindert wurde, bis endlich der Kranke an einer – von daher entstandenen Brust-Wassersucht, und von dem erlittenen Zehrfieber entkräftet, seinen Geist aufgeben musste‹. Schillers Befund, dass die Lunge von ›kleinen harten Körnern durchsaet‹ war und die obere Hälfte der linken Lunge ›etwas Eiterartiges‹ zeigte – aus heutiger Sicht Hinweise für eine bestehende Tuberkulose – wird nicht gewürdigt oder falsch gedeutet.«[44]

Da er noch immer keine reguläre Dissertation aufzuweisen hatte, sah sich Schiller auf Veranlassung des Herzogs Karl Eugen gezwungen, an der Karlsschule noch eine Ehrenrunde zu drehen, wie wir, um einen Begriff wie »nachsitzen« zu vermeiden, heute salopp formulieren würden. Laut Serenissimus, der Schillers Genie durchaus erkannt hatte, sollte Schillers »*Feuer noch ein wenig gedämpft*« werden. Während dieser Zeit belegte der Eleve noch einmal einige Kurse bei seinen alten Lehrern. Die wohl meiste Zeit aber war er auf Geheiß des Herzogs als Krankenwärter eingesetzt, damit er ein bisschen Einblick in die medizinische Praxis erhielt. Schiller verknüpfte damit die Hoffnung, Muße für die Arbeit an seinen »RÄUBERN« zu erübrigen. Seine Tätigkeit in der Spitalstation bescherte ihm allerdings auch schmerzliche Erfahrungen. Am 11. Juni 1780 konsultiert ihn sein aus Mömpelgart stammender Kommilitone

Joseph Friedrich Grammont, der seit 1771 der Akademie angehört und wie er Medizin studiert, und bittet ihn um einen Schlaftrunk. Durch die »*fürchterlich-ruhige Miene*« und die »*ungewohnten Gebärden*« des Kranken misstrauisch werdend, will Schiller wissen, wozu Grammont einen solchen Trunk benötige und erhält zur Antwort, dass er danach nicht zu fragen habe. Doch schließlich gesteht ihm Grammont unter dem Siegel der Verschwiegenheit seine Selbstmordabsichten. Nach dem Tod seines Vaters 1779 und durch den Umstand, dass er während der Trauerzeit nicht im Kreise seiner Familie weilen durfte, ist er in eine schwere Krise geraten, die sich in körperlichen Symptomen wie Kopfschmerz, Appetitmangel und Verdauungsleiden entlädt sowie einen zunehmenden Leistungsabfall zur Folge hat. Er leidet an einer Depression (oder in der damaligen Lesart: Hypochondrie). Während Jakob Friedrich Abel die Ursachen für Grammonts Erkrankung in »*religiöser Schwärmerei*« vermutet, glaubt Schiller, sie sei ein verdeckter Protest gegen das strikte Reglement des militärischen Gefüges unter dem Befehl Karl Eugens. Er glaubt, dass die skeptischen Grübeleien des Patienten die seelischen Voraussetzungen für eine körperliche Zerrüttung bilden. Grammont gibt Schiller insofern Recht, als er beteuert, dass er an der Karlsschule nicht werde genesen können, denn hier sei ihm alles zuwider, zu einförmig, um ihn zu zerstreuen, er brauche Freiheiten. Überall sonst in der Welt hätte er mehr Aussichten als hier. Schiller bricht sein Versprechen und informiert pflichtbewusst den Herzog. Der löst einige Aktivitäten aus. Um den angekündigten Suizid zu verhindern, wird Grammont auf die Spitalstation verlegt und rund um die Uhr überwacht. Für fünf Wochen ist Schiller zur Betreuung des Kranken verdonnert, worüber er, wie alle anderen auch, Berichte zu verfassen hat. Im Zeitraum vom 26. Juni bis 31. Juli 1780 schrieb Schiller sieben Bulletins über das Befinden seines Kommilitonen. An seinem Beispiel spielt Schiller sei-

146

ne Sympathie-Theorie durch: Grammonts Zustand sei »*eine wahre Hypochondrie, derjenige unglückliche Zustand eines Menschen, in welchem er das bedauernswürdige Opfer der genauen Sympathie zwischen dem Unterleib und der Seele ist, die Krankheit tiefdenkender, tiefempfindender Geister und der meisten großen Gelehrten. Das genaue Band zwischen Körper und Seele macht es unendlich schwer, die erste Quelle des Übels ausfindig zu machen, ob es zuerst im Körper oder in der Seele zu suchen sei.*«[45] Der schwer zu durchbrechende Teufelskreis bestehe darin, dass die körperlichen Symptome eine enorme psychische Anspannung nach sich ziehen, wodurch die Labilität des seelischen Zustands verstärkt wird; der psychische Zustand könne sich aber nur bessern, wenn der Körper stabil sei. Der Herzog, der den Kranken täglich besucht, um sich nach seinem Befinden zu erkundigen, warnt Grammont vor Schiller, wertet dessen Ausführungen als Affront gegen seine Disziplinierungspraxis und reagiert mit entsprechenden Maßnahmen. Am wenigsten behagt ihm wohl Schillers Feststellung, Grammont sei für alle Gegenstände von Tugend äußerst empfindlich gewesen, schließlich aber sei ihm durch eine kritische Philosophie alle Wahrheit verdächtig gemacht worden. Ab Mitte Juli wird Schiller von dem Patienten ferngehalten zum Zweck, einen vermeintlichen Fluchtplan der beiden zu vereiteln. Daraufhin wendet er sich an den Intendanten der Karlsschule, Christoph Dionysius von Seeger. Ihm gegenüber rechtfertigt er sich damit, dass er nur zum Schein auf Grammonts Fluchtpläne eingegangen sei, um sein Vertrauen zu gewinnen. In der Zwischenzeit versucht man im Spital, Grammont nach der Methode des Schweizer Arztes Simon-André Tissots zu kurieren, indem man ihm ausreichenden Schlaf, geregelte Mahlzeiten, Spaziergänge, Bäder, Geselligkeit und maßvolle Lektüre verordnet. Nichts davon schlägt an. Wie angekündigt, gewinnt Grammont seine Gesundheit erst zurück, als er ein halbes Jahr später aus der Akademie entlassen wird.[46] In Grammonts »*Zerrüttung einer*

spirituellen Weltanschauung durch den Einbruch des Nihilismus«
(Rüdiger Safranski) erkennt Schiller durchaus sich selbst
wieder, weil er sie »*am eigenen Leb erfahren hatte. Er kannte
die Motive seiner schwärmerischen Liebesphilosophie, er wußte, daß
er sie entwickelt hatte, um nicht der kalten* MASCHINE *einer sinn-
verlassenen Natur ausgeliefert zu bleiben; er wußte, wie störanfällig
diese enthusiastische Gegenwelt ist, und wieviel autosuggestive Kraft er
benötigte, um sie am Leben zu halten, und er wußte auch, daß Ab-
stürze jederzeit möglich sind. In den ›Philosophischen Briefen‹ läßt er
Julius über die enthusiastische Liebesphilosophie sagen:* EIN KÜHNER
ANGRIFF DES MATERIALISMUS STÜRZT MEINE SCHÖPFUNG EIN.
*So war auch Grammonts schwärmerische Frömmigkeit durch philoso-
phische Reflexion eingestürzt ...*«[47]

Zur selben Zeit trifft Schiller bereits der nächste Schlag.
Zwei Tage nach seiner ersten Unterredung mit dem selbst-
mordgefährdeten Grammont, am 13. Juni 1780, stirbt
Christoph August von Hoven, der jüngere Bruder seines
Freundes Friedrich Wilhelm von Hoven. »*Schiller war in den
Tagen zuvor an dessen Krankenbett gerufen worden und hält zusammen mit dem Bruder und der Mutter Wache in der Nacht des Todes.*«
Schiller kannte die von Hovens noch aus Ludwigsburg, als
beide Familien in demselben Haus wohnten. Wieder zwei
Tage später, in einem Brief, den er am 15. Juni an von Hovens Vater schreibt, »*durchbricht plötzlich das Bekenntnis des
eigenen Jammers die konventionellen Beileidsbekundungen. Tausendmal ... beneidete ich Ihren Sohn, wie er mit dem Tode rang, und ich
würde mein Leben mit eben der Ruhe statt seiner hingegeben haben,
mit welcher ich schlafen gehe. Ich bin noch nicht ein und zwanzig Jahr
alt, aber ich darf es Ihnen frei sagen, die Welt hat keinen Reiz für
mich mehr. Ich freue mich nicht auf die Welt und jener Tag meines
Abschieds aus der Akademie, der mir vor wenigen Jahren ein freudi-
ger Festtag würde gewesen sein, wird mir einmal kein frohes Lächeln
abgewinnen können. Mit jedem Schritt den ich an Jahren gewinne,
verlier ich immer mehr von meiner Zufriedenheit, je mehr ich mich
dem reifen Alter nähere, desto mehr wünscht ich als Kind gestorben
zu sein.*«[48]

148

Schiller versucht, seinen Schmerz zu betäuben, indem er seine später berühmt gewordene »LEICHENPHAN-TASIE. 1780. (IN MUSIK ZU HABEN BEIM HERAUS-GEBER.)« schreibt, mit »Y« unterzeichnet und sie in die »ANTHOLOGIE« aufnimmt.

Mit erstorbnem Scheinen
Steht der Mond auf todenstillen Haynen,
Seufzend streicht der Nachtgeist durch die Luft.
Nebelwolken schauern,
Sterne trauern
Bleich herab wie Lampen in der Gruft.
Dumpfig schollerts überm Sarg zum Hügel,
O um Erdballs Schäze nur noch e i n e n Blik!
Starr und ewig schließt des Grabes Riegel,
Dumpfer – dumpfer schollerts über'm Sarg zum Hügel,
Nimmer gibt das Grab zurük.[49]

Wieder vier Tage später, am 19. Juni 1780, also inmitten der »GRAMMONT-AFFÄRE« und eine knappe Woche nach von Hovens Tod, schreibt Schiller an seine ältere Schwester Elisabetha Christophine Friederike »*einen anderen merkwürdigen Brief, ebenfalls voll Schwermut und mit dunklen Andeutungen*«. (Rüdiger Safranski) Es könnte sein ..., »*daß ihr die Freude nicht mehr erlebt mich aus der academie treten zu sehen, daß ich — Siehst Du ich mag Dirs nicht aussprechen, aber es kann ja seyn — Wer hier in die geheiomen Bücher des Schiksals schauen könnte — Mir wärs erwünscht, zehntausendmal erwünscht. Ich freue mich nicht mehr auf die Welt, und ich gewinne alles, wenn ich sie vor der Zeit verlaßen darf. Ich bitte Dich, Schwester, wenn es geschehen sollte, so sey klug und tröste Duch, und tröste Deine Eltern. Ich habe dem Vater des Verlorenen Edeln selbst geschrieben, und die Antwort darauf war mir sehr schmeichelhafft; er wolle mich für seinen zweyten Sohn halten, mein Freund, mein Vater seyn. (...) Ich habe viele Freunde in der academie die mich sehr lieben. Ich habe Dich meine Theure, und doch kan dis alles keine Heiterkeit von einiger Dauer in meine Seele rufen. Du weist nicht wie ich so sehr im innern verändert, zerstört bin. Auch sollst Dus gewiß niemals erfahren, was die Kräfte meines Geists untergräbt. (...) Diesen Brief läßt Du die liebe Eltern nicht lesen, Du weist warum ...«*[50] Gleichzeitig schreibt er aber auch einleitend: »*O meine Liebe mit Mühe, mit schwerer Mühe hab ich mich aus Betrachtungen des Todes und menschlichen Elends heraus gearbeitet denn es ist etwas sehr Trauriges, theure Schwester, einen Jüngling von Geist und Güte und Hoffnung dahinscheiden sehen ...«*[51] Unter diesem Licht erscheinen Schillers Zeilen weniger als Reflexion auf einen vermeintlichen Lebens-überdruss und als Ankündigung eines Suizids Wertherscher Prägung, wie oft gemutmaßt wird, sondern eher als ein fatalistisches Eingeständnis, der Gewalt der Natur letztlich hilflos ausgeliefert zu sein. Sein Freund von Hoven war an Tuberkulose gestorben, wie vermutlich auch schon jener Kommilitone Hiller, den er zwei Jahre zuvor obduziert hatte. Sicher ginge es entschieden zu weit, wenn wir behaupten wollten, Schiller ahnte seine Malaria-Erkrankung von 1783 oder seine Tuberkulose-Erkrankrung vom Jahr 1791 voraus, doch war er schon zur Karlsschulzeit alles andere als gesund und widerstandsfähig. »*Als er 13-jährig (1773) in die Militärakademie des Herzogs Carl Eugen von Baden-Württemberg aufgenommen wurde, war dies für ihn eine schwere Belastung. Wiederholt kränkelte er. Der Mitzögling Schmidlin urteilte im Herbst 1774: ›Ein kränklicher und schwächlicher Leib hat ihm bisher noch nicht zugelassen, seine Gaben anzuwenden, wie er gern wollte ...‹. In den ersten zwei Jahren seines Aufenthaltes lag er insgesamt siebenmal in der Krankenstube, einmal sogar fünf Wochen.*« Das war vom März bis Mai 1780, als er eine Knieverletzung auskurierte. »*In dieser Zeit verminderte sich ... sein körperliches Wachstum.*«[52] »*Mit ›zerrissenem Gemüth‹ soll er 1773 die Schulzeit an der Solitude begonnen haben. Der ihn bei der Aufnahme untersuchende Arzt Conrad Gottlieb Christian Storr (1749 – 1821) erklärt ihn, abgesehen von einem ›ausgebrochenen Kopf und etwas verfrörten Füßen‹, für gesund. Auch in der Studienzeit sind immer wieder Erkältungen, Zahnschmerzen, Fieberanfälle bezeugt, wohl auch eine tuberkulöse Lungenerkrankung, die überwunden wird.*« Die akute

Lungentuberkulose (und die sekundäre Darmtuberkulose) an Schillers Lebensende könne auf eine Primärinfektion in der Karlsschule zurückgeführt werden.[53]

Seit dem 14. Dezember 1780 war Schiller aus der fürstlichen Akademie entlassen. Noch ist er aber nicht aus Stuttgart geflohen. Dennoch. Von den gröbsten Zwängen befreit, entsprang seine Sympathie-Harmonie-Liebe-Theorie nun nicht mehr nur der Adaption vorhandener philosophischer Auffassungen, sondern vor allem einem gewaltigen Kraftakt seines Willens, der sich zuerst in seiner dritten Dissertation manifestiert. Solange in der Vorstellung Schillers nach dem Dualitätsprinzip zwei oder mehrere Erscheinungen als Antithesen — die getrennten Hälften also, die Trümmer, Mann und Weib, Geist und Materie — nebeneinander existieren, »*durch einen zwanghaft ablaufenden Mechanismus*« (Middell) verbunden sind zum Zwecke ihres harmonischen Zusammenspiels oder ihrer künftigen sphärensympathetischen Vereinigung, solange ist alles in bester Ordnung, dann gibt es keine Komplikationen, auch in Schillers Selbstverständnis nicht. Erst wenn es ernst wird und die Vereinigung sich — wie? — praktisch vollziehen soll, weiß Schiller nicht weiter, denn übersprungen »*werden kann der Fatalismus, der darin enthalten ist, nur durch ein Ideales, das der Dichter vorerst nicht genauer zu benennen vermag*«[54], allerdings nicht nur der Dichter, sondern alle Geistesgrößen seiner Zeit. Schiller erfindet, um dem Dilemma zu entfliehen, die »MITTELKRAFT«.

DIE MITTELKRAFT ODER DER NERVENGEIST

Die meisten Physiklehrer heute wissen, dass man all das, was näher zu bezeichnen uns nicht vergönnt ist, »Kraft« nennt. Nicht anders Schiller, der obendrein von einer »Mittel-Kraft« spricht, mithin einem »Mittel« im Sinne von »dazwischen«, aber auch von »(ver)mittelnd«. Ursprünglich wollten wir an dieser Stelle schreiben, die Mittelkraft sei eine der größten unsinnigen und unsinnlichen Erfindungen der deutschen Geistesgeschichte gewesen, doch nach der Lektüre zeitgenössischer Abhandlungen aus den Computern der Psychologen und Kybernetiker müssen wir uns revidieren und feststellen: Sie war im Gegenteil eine großartige Erfindung, nur leider nicht n Schiller. Noch heute kann kein Wissenschaftler jenes Phänomen, das der Arzt und Dichter zu beschreiben versucht, gültig erklären — viel weiter als Schiller scheint die Forschung auf diesem Gebiet innerhalb der letzten zweihundert Jahre nicht vorangeschritten zu sein. — Worum geht es?

Schiller hatte während seines Medizinstudiums das physiologische Wissen seines Jahrhunderts kennengelernt, und es drängte ihn, wie es ihn immer drängte, dasselbe zu vervollkommnen, wie er immer alles vervollkommnete, wobei er auf die Reputation der Gelehrten, deren Ideen er verwarf, keine Rücksicht nahm. Ihm kamen verschiedene hygienische Ideen, die er in der Praxis aber nicht überprüfen konnte, weil es an der Akademie keinen Laborbetrieb gab. Uns ist Schiller mittlerweile ziemlich vertraut, jedenfalls soweit, dass wir nicht stocken, wenn wir behaupten: Den Umstand des Apparaturenmangels machte er sich zunutze, indem er sich das Recht herausnahm, dort, wo es keine Labors gab, wenigstens metaphysische Spekulationen anstellen zu dürfen.

Insgesamt legte Schiller an der Karlsschule drei medizinische Arbeiten vor, von denen nur die letzte anerkannt wurde. Von der ersten, »PHILOSOPHIE DER PHYSIO-LOGIE«, ist nur der erste Hauptpunkt mit dem Titel »Das geistige Leben« erhalten, obendrein unvollständig und in deutscher Übersetzung (original war sie natürlich auf Latein verfasst). »*Diese Arbeit wurde von den begutachtenden Professoren zum Teil wegen mehrerer kühner, nicht bewiesener Behauptungen, vor allem wegen der nach Ansicht der Referenten unberechtigten*

152

Angriffe gegen berühmte Gelehrte wie H a l l e r, B o n n e t u. a.
scharf gerügt, zurückgewiesen und für den Druck nicht reif befun-
den. (...) Am 1. November 1780 reichte Schiller eine zweite Dissertation ein ›Über den Unterschied zwischen entzündlichem
und fauligem Fieber‹. *Diese Arbeit war lange verschwunden und*
ist erst 1884 wieder aufgefunden worden. Auch diese Arbeit wurde
als zu wenig eingehend und gründlich abgelehnt.[55]

In Wirklichkeit hatte die Arbeit einen interessanten
Ansatz, der allerdings im Gegensatz zu jenen Theorien
stand, die an der Stuttgarter Akademie den Ton angaben.
Wir müssen ein bisschen ausholen: Um 1700 vertrat der
Mediziner Georg Ernst Stahl eine Theorie namens ANI-
MISMUS, die besagte, dass alle körperlichen Bewegungen
und Prozesse allein durch die Seele hervorgebracht werden.
Mit anderen Worten: Der Geist baut den Körper — eine
Sentenz, die später von Schiller in seinem Stück »WAL-
LENSTEINS TOD« (III, 13) zu »*Es ist der Geist, der sich*
den Körper baut« zurechtgefeilt wird. Heute wird meistens
stillschweigend vorausgesetzt, Wallensteins Auffassung,
der hier in einem Monolog zu sich selbst spricht, sei auch
diejenige Schillers. Aber es handelt sich um Figurensprache.
Schiller ist durchaus anderer Meinung. Vor allem hatten ihn
Albrecht von Hallers Experimente überzeugt. Bei denen
köpfte der Schweizer Mediziner Frösche und wies nach,
dass die Tiere auch nach ihrem Tod auf äußere Reize hin
Muskelkontraktionen zeigten. Damit war Stahls Theorie
widerlegt, denn augenscheinlich musste jedem Körper eine
eigenständige Bewegungsfähigkeit zugesprochen werden,
unabhängig von der Seele. Immanuel Kant fasste dieses
Phänomen im Begriff von der Natur als einem *sich selbst*
organisierendem System zusammen. Schiller hatte an der Karlsschule die Stahlsche Animismus-Theorie kennengelernt,
und sie war als überholt gebrandmarkt. In seiner »AB-
HANDLUNG ÜBER DIE FIEBERARTEN«, seiner
zweiten Dissertation, machte er sich diese Erkenntnis zu-

nutze. Er wies er nach, wie allein das Fieber, das sich nur physiologisch definieren lässt und nicht über die Psyche, in der Lage ist, einen Körper zugrunde zu richten. Seine Beweisführung kommentiert er sarkastisch mit dem Ausruf: »*Soviel zur berühmten Stahlschen Seelenherrschaft.*« Auch in der Vorrede zur »ANTHOLOGIE AUF DAS JAHR 1782« verhöhnt er die Stahlsche Theorie. Dort heißt es mit Bezug auf den Tod: »*Einverleibt dem äskulapischen Orden, dem Erstgebornen aus der Büchse der Pandora, der so alt ist als der Sündenfall, bin ich gestanden an deinem Altare, habe, wie der Sohn Hamilkars den sieben Hügeln, geschworen unsterbliche Fehde deiner Erbfeindin Natur, sie zu belagern mit Medikamenten Heereskraft, eine Wagenburg zu schlagen um die Stahlische Seele, aus dem Feld zu schlagen mit Sturm die Trozige die deine Sporteln schmälert, und deine Finanzen schwächt, und auf dem Wahlplaz des Archaeus hoch zu bäumen deine mitternächtliche Kreuzstandarte.*«[56] In diesem Zusammenhang kanzelt Schiller auch den von Goethe sehr verehrten Johann Caspar Lavater ab, namentlich kritisiert er dessen Physiognomik, die damals mächtig im Schwange ist. Er stellt fest, dass die Seele — im Gegensatz zu Lavaters Behauptung — auf die festen Knochenformen keinerlei Einfluss ausübt und bestenfalls die Weichteile (Haut und Muskeln) beeinflusst, indem sie über die Mimik auf sie einwirkt. In diesem Sinne könne man sagen, »die Seele bilde den Körper, ohne ein Stahlianer zu sein«. Aber Schiller verdirbt sich den Effekt seiner Arbeit durch ein Übermaß an Ehrlichkeit. Er »*gesteht zum Missvergnügen seiner Professoren, er wisse nichts über die krankmachende Beschaffenheit der Luft. Auch die Natur des Ansteckungsstoffes, der zur Entstehung beitrage, kenne er nicht. Schließlich könne er nichts dazu sagen, ob durch fehlgeleitete Gärung im menschlichen Körper fauliges Fieber (sporadisch) ausgelöst werde.*«[57]

Ende des Jahres 1780 erschien die dritte Arbeit, ›Versuch über den Zusammenhang der tierischen Natur des Menschen mit seiner geistigen‹. Sie unterscheidet sich von der ersten lediglich darin, daß

*S c h i l l e r, nicht zuletzt wohl durch das Bestreben, bei seinen Re-
zensenten nicht noch einmal anzustoßen, die Angriffe auf berühmte
Gelehrte unterläßt und sich auch sonst eines gemäßigteren und höfli-
cheren Tones bedient.*

*Sachlich behandeln die erste und dritte Arbeit den gleichen Gegen-
stand, d. h. beschäftigen sich mit dem Leib-Seele-Problem, während
die zweite Arbeit ein rein medizinisches Thema zum Inhalt hat.«
Sie »ist ein Querschnitt durch den Stand der Medizin am Ende des
18. Jahrhunderts und gibt die ganze Verwirrung wieder, die zur Zeit
Schillers auf dem Gebiet der medizinischen Theorien herrschte. Das
und die Tatsache der Entstehung dieser Theorien, meist weniger aus
der Erfahrung als durch Spekulationen, empfindet Schiller selbst als
mißlich ...«*[57]

Schiller war davon überzeugt, dass die Auffassungen einer Identität von Leib und Seele, Körper und Geist, wie
sie unter anderem von Demokrit und Leibniz vertreten wurde, oder einer Dualität der beiden, wie Platon und Descartes
meinten, nicht zutrafen. Spätestens seit Descartes wussten
die Denker um die Möglichkeit, Stoff und Geist voneinander zu trennen, res extensa von res cogita. Beide seien voneinander unabhängige, ewige Substanzen, keine lasse sich
aus der anderen ableiten. Dem Stoff, der Materie, eigne me-
chanische Bewegung, dem Geist, dem Denken, nicht, sein
Wesen sei das Bleibende und Dauernde. Genau das ist der
Grund, warum Schiller äußert: »*Ich bin nicht im Stand, mir eine
Veränderung ohne Bewegung vorzustellen, und dennoch bin ich überzeugt, daß das Denken keine Bewegung ist.*« [58] Aber gegen Platon
und Descartes hatte er vorzubringen, dass, wenn Stoff und
Geist wirklich unversöhnlich voneinander getrennt wären,
der Geist darauf verzichten müsste, auf den Stoff Einfluss
auszuüben und das Vorrecht der Unsterblichkeit zu genießen. Aus diesem Ansatz heraus wird verständlich, warum
dem jungen Schiller auch die Theorie des französischen
Sensualismus nicht behagte, die, im Disput mit Descartes,
das Geistesleben als gesteigertes Sinnenleben begriffen wis-

sen wollte; der Mensch sei »*eine Maschine stofflich-sinnlicher Erregungszustände*« (E. Müller), und auch Berkeleys Auffassung, Stoff existiere nicht, die Annahme der Existenz äußerer Körper zur Erklärung der menschlichen Ideenbildung wäre nicht erforderlich, musste Schiller aus dem gleichen Grunde suspekt sein, denn soviel war ihm klar als Arzt: Stoffliches existierte, und der Geist brauchte den Stoff, um sich äußern zu können. Deshalb durfte sich Schiller nicht zufrieden geben mit der Berkeleyschen Schlussfolgerung: »*Esse est percipi*« (Sein ist, wahrgenommen zu werden). Auch das andere erwähnte Extrem, die Auffassung einer Identität von Körper und Geist, wie sie sich in der Leibnizschen Monadentheorie manifestierte, behagte Schiller nicht. Unleugbar kam diese Lehre seinem Harmoniebedürfnis wesentlich mehr entgegen als die andere, indem sie behauptet, den zusammengesetzten Körpern lägen unteilbare Bausteine, eben die Monaden, zugrunde, die das Einheitliche in der Vielfalt darstellen. Die Monaden seien »*geschlossene, unteilbare, beseelte Einheiten, die durch ihren hierarchischen Aufbau das geordnete System der Welt ausmachen. Sie*« seien »*lebendige Spiegel, welche das Universum auf ihre spezifische Art widerspiegeln und keimhaft das Unendliche erhalten*«. [59] Die Widerspiegelung geschehe durch expressio (in einem einmaligen, zeitlosen Akt) und representatio (im zeitlichen Nacheinander). Doch daran hatte Schiller zu rügen, dass die Einheit von Körper und Seele in der Monade stillschweigend vorausgesetzt wurde, es aber keinen Aufschluss darüber gab, wie es zu dieser Einheit hatte kommen können. Die »*prästabilisierte Harmonie*«, die Koordination der Monaden, war dann doch — schon halb auf dem Weg zu Wolff — der Hebelpunkt für Schillers Kritik; er fragte, ob sie nicht vielleicht bloß »*ein witziger Einfall eines feinen Kopfes*« wäre. So wurde er ein Anhänger der TRIPLEXITÄT, wie man sie seit Aristoteles vertreten und u. a. durch Raimundus Lullus, Peter Abaelardus, Adam Ferguson und Albrecht von Haller weiterentwickelt hatte, einer Dreifaltigkeit aus Substanz, Form und Entelechie, oder (in der heutigen Form) Träger, Muster und Bedeutung. Zu Beginn seiner dritten Dissertation, in der Schiller den Köper eine Maschine nennt, heißt es, der Autor wolle sich damit »*beschäftigen, den merkwürdigen Beytrag des Körpers zu den Actionen der Seele, den großen und reellen Einfluß des thierischen Empfindungssystemes auf das Geistige in ein helleres Licht zu sezen*«.[60] Bereits in seiner ersten Dissertation, der »PHILOSOPHIE DER PHYSIOLOGIE«, stellt Schiller folgende These auf: Es »*muß eine Kraft vorhanden sein, die zwischen den Geist und die Materie tritt und beide verbindet, eine Kraft, die von der Materie verändert werden und die den Geist verändern kann. Dies wäre also eine Kraft, die einestheils geistig, anderntheils materiell, ein Wesen, das einestheils durchdringlich, anderntheils undurchdringlich wäre, und läßt sich ein solches denken? – Gewiß nicht!*

Dem sei, wie ihm wolle, es ist wirklich eine Kraft zwischen der Materie (dieser nämlich, deren Wirkungen vorgestellt werden sollen) und dem Geiste vorhanden. Diese Kraft ist ganz verschieden von der Welt und dem Geist. Ich entferne sie: dahin ist alle Wirkung der Welt auf ihn. Und dennoch ist der Geist noch da. Und dennoch ist der Gegenstand noch da. Ihr Verlust hat einen Riß zwischen Welt und Geist gemacht. Ihr Dasein lichtet, weckt, belebt Alles um ihn – Ich nenne sie Mittelkraft.«

Diese »MITTELKRAFT« »*wohnt im Nerven; denn wenn ich diesen verletze, so ist das Band zwischen Welt und Seele dahin. Ob aber dieser Nerve eine elastische Saite sei und durch Schwingungen wirke, oder ob er Canal eines* äußerst feinen geistigen Wesens sei und dies allein in ihm wirke, oder ob er ein Aggregat von Kügelchen sei und, ich weiß nicht wie, wirke – das ist eben die Frage. Ich bin in einem Feld, wo schon mancher medicinische und metaphysische Don Quixote sich gewaltig herumgetummelt hat und noch jetzt herumtummelt. Soll ich nun mit den alten Einwürfen die Geister der Todten in ihren Gräbern beunruhigen oder die reizbaren Seelen der Schriftlichtodten wider mich aufreizen oder eine neue Theorie auf die Bahn bringen und den Deum ex machina spielen wollen? Keines von allen Dreien will ich thun und mich begnügen, nur etwas Weniges festzusetzen, das ich zur Grundlage des Ganzen nicht entbehren kann, und das ich mit Ueberzeugung glaube. Ich setze also voraus, jeder meiner Leser kenne alle Theorien, die man bisher zur Erklärung der Nervenphänomene ersonnen hat; ich hoffe, er habe sie alle geprüft, alle auf der Wage der Vernunft und Unparteilichkeit abgewogen, zweifle auch nicht, er werde schon zu einer oder der andern sich neigen. Ich selbst bin durch tausend Zweifel einmal zu der festen Ueberzeugung gekommen, daß die Mittelkraft in einem unendlich feinen, einfachen, beweglichen Wesen wohne, das im Nerven, seinem Canal, strömt, und welches ich nicht elementarisches Feuer, nicht Licht oder Aether, nicht elektrische oder magnetische Materie, sondern den Nervengeist heiße. Und also heiße in Zukunft die Mittelkraft. Ein ewiges Gesetz hat die Veränderungen des Nervengeists zu Zeichen der veränderten Kräfte gemacht.«[61]

Allerdings war die MITTELKRAFT als solche nicht Schillers ureigene Erfindung. Vielmehr handelt es sich bei ihr um »*ein Gedankenmodell der zeitgenössischen Medizin, das im Vorfeld der Dissertation bereits heftig debattiert worden ist. Zwischen Juli und November 1776 dokumentierte Balthasar Haugs SCHWÄBISCHES MAGAZIN eine Diskussion über den ›Mittelding‹-Komplex, die Schiller mit Sicherheit zur Kenntnis nahm. Im Hintergrund stand das cartesianische Modell der Substanzentrennung, vor dem sich die Mittelkraft näher auszuweisen hatte; da sie weder Materie noch Geist, sondern eine den anthropologischen Dualismus überschreitende Verknüpfung beider darstellte, ergab sich die Notwendigkeit, ihre besondere Beschaffenheit genau zu erörtern. Die Beiträger des MAGAZINS vermochten freilich keine Einigkeit darüber zu erzielen, wie die Mittelkraft-Lehre experimentell erhärtet und zugleich systematische begründet werden konnte. Erklärten die cartesianisch geschulten Kritiker sie zu einem logischen Skandalon, weil eine Substanz nicht gleichzeitig Körper und Geist, teilbar und unteilbar sein dürfe, so vertrat die Gegenpartei die Auffassung, daß eine Verbindung von materiellen und immateriellen Eigenschaften bei einem Medium durchaus denkmöglich sei. Kontrovers erörterte man nicht nur die Frage nach Struktur und Funktion der Mittelkraft, sondern auch das Problem, wo sie im menschlichen Organismus genau zu lokalisieren wäre. Schon Friedrich Carl Casimir von Creuz vertrat in seinem gegen La Mettrie gerichteten VERSUCH ÜBER DIE SEELE (1754) die Ansicht, daß die menschliche Psyche als Sitz der Mittelkraft aufzufassen sei, während der französische Mediziner Claude-Nicolas Le Cat in seiner von der preußischen Akademie der Wissenschaften preisgekrönten Abhandlung über das Prinzip der Muskelbewegung (1753) behauptete, ihr Wirkungsort könne einzig das System der Nervenbahnen vorstellen. Schiller schließt sich der zweiten Hypothese an, indem er lakonisch zu Beginn des sechsten Paragraphen seiner Dissertation erklärt: ›Die Mittelkraft wohnet im Nerven.‹ Nur konsequent ist es daher, wenn er diese Mittelkraft nachfolgend, im Anschluß an die Terminologie von Hallers physiologischen Vorlesungen, als ›Nervengeist‹ bezeichnet.«*[62] Das ist vielleicht sein eigentliches Verdienst.

Dennoch war Schiller mit seiner MITTELKRAFT weniger glüklich, als es den Anschein haben könnte. Er räsoniert:»*Ich bin nicht im Stand mir eine Veränderung ohne Bewegung vorzustellen, und dennoch bin ich überzeugt, daß das Denken keine Bewegung ist. Wer ist so ungerecht, diß nicht auch von der Mittelkraft gelten zu laßen? Ganz philosophisch unmöglich ist sie also nicht, und wahrscheinlich braucht sie nicht zu sein, wenn sie nur wirklich ist. Die Erfahrung beweist sie. Wie kann die Theorie sie verwerfen?*«[63] Der Schlingel!

Nachdem Descartes und Berkeley ihm nicht, Leibniz nur wenig hatten helfen können, half Schiller sich auf diese Weise selbst. Materialistische Denkansätze etwa bei Haller oder Bonnet, die nach physiologischen Untersuchungen den Zusammenhang von Außenwelteinflüssen, Sinnesreizen und Denken klären wollten, wischte er einfach vom Tisch. Nun gut, Haller hatte sich nicht mit Ruhm bekleckert. In acht Folianten breitete er seine Auffassung vom Nervenfluidum aus, einem geruchs- und farblosen Etwas ohne Temperatur oder sonstige Eigenschaften, wie Materie sie üblicherweise aufzuzeigen hätte, das Fluidum (wohl eine ebensolche Verlegenheitsbenennung wie die »KRAFT« bei Schiller) sei »*durch kein Mikroskop wahrzunehmen, es laufe gleichsam durch die als dünne Röhrchen gedachten Nerven und es laufe so schnell bis zum Gehirn, daß zwischen dem von außen kommenden Anstoß und dem, was wir als Empfindung bezeichnen, kein Zeitintervall festzustellen ist*«.[64] Schiller spöttelt zu recht, »*die rasend schnelle Auf- und Abbewegung des Fluidums würde die Eindrücke bald auslöschen und die Nervenkanäle langsam zerstören. Dadurch aber müßten auch die Gedanken gestört oder erstaunlich verzerrt werden*«.[65] Das bestätrigte also eher seine eigene Auffassung. Die Mittelkraft durfte nicht stofflich sein. Geistig aber ebenso wenig, und doch nennt Schiller sie »NERVENGEIST«. Warum? — Aus zwei Gründen, wie wir glauben: Erstens wollte er die bequemere Lösung, sie als Äther oder Elektrizität zu bezeichnen, vermeiden, weil das zu sehr an Autoritäten wie Haller erinnert hätte, und wir stellen immer mehr fest, wie Schiller sich zeitlebens, von Jugend an, gegen Autoritäten stemmte, vor allem, wenn es sich um Materialisten handelte. Zweitens ging es ihm darum, zwar Stoff und Geist miteinander zu vereinen, aber eben so, dass die Vorherrschaft der Idee unangetastet bleibt oder, wie es in seiner Kritik an Descartes geheißen hatte, dass der Geist weiterhin das Vorrecht auf Unsterblichkeit genießt. Deshalb taucht der »GEIST« im Kompositum wieder auf. Deshalb auch wird für Schiller nun die Materie zum »*hemmenden Weltstoff*«.

Mit seinem »NERVENGEIST«, den er in Abgrenzung zu Haller und Le Cat als »*saitenartige Fiber*« definiert, »*die Schwingungen der mteriellen Welt aufnimmt und in einen neuen Aggregatzustand überführt*«,[66] begibt sich Schiller ins Reich des rein Spekulativen. Indem er die schwierige Frage zu lösen versucht, »*wie die mechanischen Reize, die die Sinnesorgane aufneh-men, sich innerhalb der Nervenbahnen vermöge der dort wirkenden Mittelkraft in jene materiellen Ideen verwandeln, die später zum Ge-hirn gelangen*«, berührt er »*das für die zeitgenössische Neuropsy-chologie ungelöste Problem der Stimulation, Informationsspeicherung und intranervalen Übertragung.*«[67] Auch die heutigen Theo-retiker der Kybernetik befinden sich inmitten desselben Dilemmas. Im Grunde sind sie in den vergangenen zwei-hundert Jahren kaum einen Schritt vorangekommen. »*In der heutigen Formulierung*« lautet die »*Triplexität von Aristoteles (SUBSTANZ FORM ENTELECHIE)*«, wie weiter oben bereits erwähnt, »*TRÄGER MUSTER BEDEUTUNG. Ein materieller Trägerprozess, gleichgültig ob biologisch oder tech-nisch, bietet die Möglichkeit, Muster zu transportieren. Diese Mus-ter können nachfolgend auf andere Träger (oft in gewandelter Form) ›übertragen‹ werden. Die Muster sind also ›mehr und anderes‹ als bloße Aktionsformen der Trägerprozesse, nämlich die ›Mittelkraft‹ im Sinne Schillers oder das Verbindungsglied zwischen physischen und psychischen Ereignissen, ohne mit ihnen identisch zu sein. Wer-ner Heisenberg schrieb 1973 über diese Vermittlerfunktion: ›Wir erwarten nicht, dass etwa ein direkter Weg des Verständnisses von der Bewegung der Körper in Raum und Zeit zu den seelischen Vorgän-gen führen könnte, da wir auch in den exakten Naturwissenschaften gelernt haben, dass die Wirklichkeit für unser Denken zunächst in getrennte Schichten zerfällt, die erst in einem abstrakten Raum hinter den Phänomenen zusammenhängen.*‹«[68]

Schiller bleibt auch später der schöpferischen Spekula-tion treu: »*Die frühe Suche des Medizinstudenten nach einer Ma-terie und Geist verbindenden zusätzlichen Instanz bestimmt noch die dialektischen Konstrukte des Jenaer Professors. Hatte der junge Schiller, um Leib und Seele miteinander vermitteln zu können, eine dritte ›Mittelkraft‹ angenommen, die ›theils geistig, andern theils ma-teriell‹, beide konkurrierende Basispotenzen zu beeinflussen vermöch-te, so wird der gereifte Schiller der ästhetischen Schriften einen sinn-lich-vernünftigen ›Übergang‹ zwischen materiellem ›Stofftrieb‹ und*

geistigem ›Formtrieb‹ als spekulative Synthese konstruieren, die er
›Spieltrieb‹ nennt. Dieser soll sein sozio-kulturelles Interaktionsideal
›lebende Gestalt‹ begründen, in dem die natürliche Lebenskraft des
Menschen sich mit seinem vernünftigen Gestaltungswillen paart.«[69]

ABEL UND DAS GENIE

Eines begreifen wir bei alledem nicht - vorerst jedenfalls.
Wie kommt es, dass der charakterlich, weltanschaulich-phi-
losophisch und literarästhetisch noch so labile Schiller, der
gern anpassungsbereit war und oft die Ideenfronten wech-
selte, wenn ihm eine neue Theorie mehr zusagte als alle
alten, wie kommt es, dass dieser Schiller in seinen ersten be-
deutsamen Gedichten das Gedankengut eines Mannes wie
Abel, der sein Lehrer war, scheinbar so gar nicht reflektiert?

Jakob Friedrich Abel unterrichtete, als junger Magister
von einundzwanzig Jahren aus dem Tübinger Stift geholt,
seit 1772 Philosophie (nebenbei manchmal auch Sprache
und Literatur) an der Karlsschule (ab 1790 dann wieder
in Tübingen an der Universität). Abgesehen davon, dass
Scharffenstein ihn den »*engelsgleichen Mann*« nennt (Abel
hatte die Schwärmerei der nur um weniges jüngeren Burschen immer zu heiligen gewusst), muss dieser Lehrer einen enormen Eindruck auf die Zöglinge gemacht haben,
allein schon von der Quantität seines Wirkens her. Für den
Philosophieunterricht waren fünfzehn Wochenstunden an-
gesetzt (also mehr, als ein Arbeitsloser heute einer Neben-
beschäftigung nachgehen darf, um noch als arbeitslos zu
gelten). Abels (enzyklopädischer) Materialismus donnerte
vergleichsweise radikal herein, er löste die Lehrmeinung
Ploucquets ab, dessen Lieblingsspekulation der Satz der
Identität war, und er überwand die gegenüber Plouequet
anregendere Theorie vom Harmonischen und Schönen in
Gott bei Boek, eine Art Glückseligkeitsethik. Wir wissen,
letztere hatte auf Schiller bereits Einfluss ausgeübt gehabt.

Abel stellt all das auf den Kopf. Er erhebt das Sein ontogenetisch über das Bewusstsein, konstatiert: Gedanken entstünden aus Vorstellungen und diese kämen aus Empfindungen und Sinnesreizen, wie sie Auge, Ohr, Zunge usw. als Eindrücke wahrnehmen und über die Nerven weiterleiten. Sein berühmter Geniebegriff (mit dem seine Schüler dann hausieren gingen) ist daraus zu erklären: Zwar wüchse das Genie aus sich selbst, indem es Schranken von Sitte und Gewohnheit durchbricht, doch werde es durch äußere Umstände geweckt, gegen die es Sturm läuft.

Der GENIE-BEGRIFF ist es auch, der es Schiller zunächst am meisten angetan hat. Er übernimmt ihn expressis verbis, zum Beispiel in der »MELANCHOLIE AN LAURA«, hier sogar im Reim: »*Ach, die kühnste Harmonie / Wirft das Saitenspiel zu Trümmer, / Und der hohe Ätherstrahl GENIE / Nährt sich nur vom Lebenslampenschimmer ...*« (Neben »Götterfunken« und »Staub« ist »Genie« das einzige Wort, das Schiller im Text selbst hervorhebt). Hier haben wir Abel pur: Das Genie wird gespeist durch die äußeren Umstände. Dennoch überhören wir durchaus nicht den skeptischen Tonfall Schillers. Der hat schon etwas zu tun mit der Materie als »hemmendem Weltstoff«, dem (im Lebenslampenschimmer) der Geniale verhaftet bleibt, später werden wir sehen, dass für Schiller Genie und Unsterblichkeit eins sind, Unsterblichkeit aber erst erreicht werden kann durch die Überwindung des Stofflichen und Zurücklassung der Zeit. »Genie«, das machte natürlich was her unter solch jungen Leuten wie den Karlsschülern, die ihre Träume noch in sich und ihre Chancen noch vor sich hatten, und wodurch wird mangelndes Noblesse oblige treffender legitimiert als dadurch, dass der eigene Lehrer einem gestattet, gegen Konventionen, auch gesellschaftlicher Art, anzukämpfen? Die Größe Platons, Catos, der Scipionen erklärt Abel eben aus deren politischem Kampf gegen den Despotismus. Man bedenke: Solche Reden wurden damals öffentlich gehalten und unzensiert gedruckt. Wir sehen uns schon hier gezwungen, manches noch immer fortdauernde Klischee über die Karlsakademie beiseite zu räumen.

Wie reagiert Schiller? — Zunächst glühend emphatisch. Des Räubers Karl Moor Sentenz über das tintenklecksende Säkulum, die idealische Vorstellung, jede Tat sei gesetzlos (weil Gesetz wie Materie ist, also hemmender Stoff, Freiheit dagegen dynamisch, Verschwendung des Ichs folglich und Merkmal des Persönlichen überhaupt), sowie der kühne, ausnahmsweise tatsächlich einmal dialektische Gedanke, dass einer zum Verbrecher wird, um die Menschheit zu verbessern — all das spricht für Schillers Begeisterung. Bloß finden wir schon bald danach, nämlich in den Laura-Oden, außer dem veräußerlichten Geniebegriff nichts mehr von jenem apokalyptischen Schwung und Überschwang, geschweige denn einen abelschen materialistischen Denkansatz. Warum nicht? — Wir vermuten, dahinter steckt pubertärer Trotz (wir dürfen nicht vergessen, der Dichter war damals so um die sechzehn bis achtzehn Jahre alt und nie aus der Schule herausgekommen). Schiller bockte. Er fühlte sich von Abel überrumpelt, in die Zange genommen, herausgefordert. Alle seine frühen Gedichte nehmen sich wie Versuche aus, Beweise gegen Abels Theorie zu sammeln und zu horten. So erklärt sich auch der oft interjektionelle Gestus seiner Textperspektive (»Sieh!«, »Rede!«, »Blick' empor!«, »Nenn' mir!« usw.) aus dem Bestreben, den Widersacher totzuargumentieren. Schiller wollte »*die Seele gleichsam bei ihren geheimsten Operationen ... ertappen*«, d. h. ihre Unabhängigkeit vom sozialen Umfeld postulieren (wie auch schon in den »RÄUBERN«, die ein Experimentierfeld für demonstrative Menschenschicksale sein sollten — aus relativ kleinen Ursachen erwachsen große Wirkungen, denen die Ursachen nicht mehr anzumerken sind), und er wollte die Ergebnisse solchen Zuschnappens vermittelt über die Lyrik seinem Kontrahenten triumphierend entgegenschleudern. Schiller, der meinte, Abels Lehre »führt auf eine Entwertung der reinen Geisteswelt und raubte dem Menschen das höchste moralische Recht, sich jederzeit selbst gestalten und bestimmen zu können«[70], polemisierte mit dem Mut der Verzweiflung, weil er sich selbst in Frage gestellt sah. Sogar in seinem unmittelbar unter dem Eindruck von Rousseaus Tod verfassten Klage-Gedicht (das ursprünglich vierundachtzig Verse lang war und für die Ausgabe von 1800 auf zwölf Verse zusammengestrichen wurde), kann er sich trotz der Bewunderung für den Mann als Genie, als Kollegen sozusagen, als Verwandten Karl Moors (»*Geisterschlacken, die zur Tiefe flüchten / Vor dem Silberblicke des Genies* ...« — der Silberblick wirkt wohl erst heute unfreiwillig komisch), einem Genie, das als Märtyrer und Menschheitsapostel auftritt, als Verweltlicher einstiger klerikaler Engstirnigkeit (»*Rousseau, der aus Christen Menschen wirbt*«) nicht der polemischen Seitenhiebe enthalten:

Brücken vom Instinkte zum Gedanken,
Angeflicket an der Menschheit Schranken,
Wo schon gröbre Lüfte wehn;
In die Kluft der Wesen eingekeilet,
Wo der Affe aus dem Thierreich geilet,
Und die Menschheit anhebt abzustehn ...[71]

Auch in dieser vierten Strophe des Gedichts klingt Schillers Mittelkraft an, denn die »Brücken« stehen in der Mitte und vermittelnd zwischen Tier und Mensch, zwischen dem Instinct, von dem sie ausgehen, und dem Gedanken, zu dem sie hinführen.

Bei all den pubertären Rangeleien und philosophischen Differenzen gab es für Schiller aber eine Gemeinsamkeit mit Abel, mit den schwäbischen Pietisten und den französischen Materialisten, nämlich einen Terminus technicus, der ihm überhaupt erst ermöglichte, so viele Anschauungen unter einen Hut zu bringen, quasi einen semantischen Durchschnitt mehrerer begrifflich-semantischer Mengen. Diese Gemeinsamkeit heißt: Antidespotismus.

MÄNNERSTOLZ VOR FÜRSTENTHRONEN

Sie taucht als pragmatische Komponente in allen Werken
der hier Genannten auf, immer steht im Mittelpunkt das
Selbstbestimmungsrecht des Menschen als Individuum.
Freilich ist auch dabei wieder Vorsicht geboten, denn unsere Menschenrechtsvorstellung, auch die Vorstellung vom
Despotismus, unterscheidet sich doch wesentlich von der
damaligen. Fergusons »GRUNDSÄTZE DER MORAL-
PHILOSOPHIE« liefen z. B. darauf hinaus, den feudalen
Despotismus zwar als Unglück einer Nation abzukanzeln,
stattdessen aber die konstitutionelle Monarchie als eine
Regierungsform feilzubieten, die einzig der Vervollkommnung des Menschen diene. Deshalb auch heißt es bei Schiller in der »PHANTASIE AN LAURA«: »*Nenne, meine Laura, mir den Zauber, / Der zum Geist monarchisch zwingt den Geist
…*« (Für die spätere Ausgabe ersetzt der Dichter »*monarchisch*«
bezeichnenderweise durch »*gewaltig*«). Die konstitutionelle Monarchie, eine Alternative, die für uns keine Berechtigung mehr hat (wenn wir einmal von den Sehnsüchten
tausender Bürgerinnen und Bürger nach dem vermeintlichen Glanz der Königshäuser absehen), erklärt jedoch
zur Genüge, warum sich die fürstlichen Despoten im vol-
len Ernst Landesväter nannten, und zwar in den weitaus
meisten Fällen ungestraft. Dieses Vorrecht genoss auch
Herzog Karl Eugen von Württemberg, dessen Staatsform
einer konstitutionellen Monarchie faktisch entsprach, der
mithin Fergusons kühnsten Freiheitstraum längst erfüllt
hatte. Anders als seine Amtskollegen in den Nachbarlän-
dern, war der Württembergische Herzog gezwungen, unter
Rücksichtnahme auf seine Landschaft (eine Art Parlament)
zu regieren. Die Auseinandersetzungen mit der Ständevertretung mehrten sich (großen Anteil daran hatte ein Mann
wie Johann Jakob Moser, der bei Gelegenheit eines Geld-
streits ausrief, die Landschaft fühle sich nicht mehr an ihre
Verpflichtungen gebunden, weil der Herzog seinerseits all

166

seinen Verpflichtungen gegenüber der Landschaft nicht nachkomme). Ursache für dieses Selbstbewusstsein war der Einfluss, den das — allerdings patrizisch ausgerichtete — Bürgertum auf das Herzogtum nahm, denn im Vergleich zu anderen Staaten war es dem (übrigens auch nicht gerade rückständigen) Land-Adel in der Ständevertretung überlegen. Seit 1770 mischte es fleißig bei Steuerbewilligung und Gesetzgebung mit und achtete vor allem auf die inwändige Beschaffenheit des herzoglichen Geldsäckels. Ein dermaßen an die Kandare genommener Staatschef wird nie und nimmer auf den Gedanken verfallen k ö n n e n, ein Despot zu sein, unabhängig davon, ob er in Wirklichkeit einer i s t, trägt doch seine konstitutionelle Monarchie, speziell das Mitspracherecht der Stände, zur Vervollkommnung des Menschengeschlechts bei, und die Vervollkommnung des Menschengeschlechts lag dem Fürsten als einem aufgeklärten Potentaten am Herzen. Hier haben wir wahrscheinlich einen Grund dafür, warum den Herzog Karl Eugen die antidespotische Tendenz in den Schriften und Reden seiner Zöglinge, seines Volks überhaupt, wenig kümmerten. ABER SCHUBART!, hören wir den verzweifelten Zwischenruf. Richtig, der schmachtete zu jener Zeit für zehn Jahre auf dem Hohenasperg und dankte mittlerweile seinem Gott für die hohe Ehre, die er ihm hatte angedeihen lassen mit dieser Haft, durch welche er zu sich selber gefunden zu haben meinte, und zum wahren Glauben. Nur: Schubart war kein Vertreter bürgerlich-patrizischen Gedankengutes, sondern der eines bäuerlich-plebejischen. Schubarts Systemkritik war, so würden wir heute sagen, eine außerparlamentarische, hinter ihr stand keine politische Macht, und wie man zu allen Zeiten mit der jeweiligen außerparlamentarischen Opposition verfahren ist und verfährt, das wissen wir. Zum zweiten arbeitete Schubart, des Landes verwiesen, erfolgreich als Journalist und erreichte mit seinem »TEUTSCHEN MERKUR« einen respektabel großen Publikumskreis. Dergleichen konnten etwa die

Karlsschüler und ihre Lehrer nicht von sich behaupten, mit einer Ausnahme vielleicht: Schillers »RÄUBER« waren im Ausland, in Mannheim (das in der Pfalz lag, die damals in kulturell-künstlerischen Belangen für Süddeutschland vorbildhaft wirkte), aufgeführt worden, bloß handelte es sich bei diesem Text nicht um einen journalistischen, sondern mit ihm war Kunst zu begutachten, Theater, Grimassenschneiderei, und die wusste der Herzog in ihrer politischen Wirkung sehr wohl von der Journaille zu trennen (nebenbei gesagt: Schubart starb später als Theaterdirektor in Stuttgart). Zum dritten blieb Schubarts Kritik nie weltanschaulich-pauschal (wie bei Schiller, bei dem die Frage des Despotismus' als ethisches Problem abstrakt abgehandelt wird), sondern sie berührte direkte politische Interessen seines Landesfürsten (und wir werden sehen, dass auch Schiller ab dem Moment, da ihm das gleiche widerfährt und er konkret wird, aber eben erst ab diesem Moment, ebenfalls in Ungnade fällt). Dass Schubart die klerikale Orthodoxie verspottete, mochte noch angehen, aber die häufigen Angriffe auf die Person des Herzogs (dessen vielgeliebte Akademie bezeichnete er als »*Sklavenplantage*«, die Gräfin als »*Donna Schmergalina*«[72]) und das Söldnerunwesen, vor allem wegen des Verkaufs meist zwangsrekrutierter schwäbischer Soldaten ins Ausland (ab 1780 auch nach Amerika), durfte der Herzog, aus seiner Sicht, nicht billigen, das war Wehrkraftzersetzung und Hochverrat, und dergleichen wird noch heute in allen Staaten hart bestraft. Hauptsächlich in Zeiten der Subsidienverträge mit Frankreich war der Herzog genötigt, in Kriegsfällen (wie dem Siebenjährigen Krieg) seinen vertraglichen Verpflichtungen nachzukommen und dem Verbündeten jeweils genau ausgehandelte Kontingente an Soldaten und Waffen zur Verfügung zu stellen (so für die Schlachten in Schlesien, wo nach der Bataille um Leuten die Zahl der schwäbischen Deserteure zwölf Mal höher gewesen sein soll als die der Gefallenen). Über eine Reise des Herzogs nach London spekulierte Schubart am 28. März 1776 in seiner Zeitung unter der Überschrift »EINE SAGE«: »*Der Herzog von Württemberg soll 3000 Mann an Engelland überlassen, und dieß soll die Ursache seines gegenwärtigenAufenthaltes in London sein — !!!*«[73] Damit war ein Staatsgeheimnis futsch.

Schubart also saß ein. Schiller dagegen war vorerst ungefährlich. Er verfertigte Gedichte wie das »LEICHEN-CARMEN« für den verstorbenen Festungskommandanten, Generalmajor Rieger. Auch 'mal ein Bühnenstück, zum Beispiel aus Anlass des Geburtstags der Reichsgräfin, unter dem Titel »DER RUMMEL«. Warum nicht? Sollte er! Der Herzog Karl Eugen, während seiner Kindheit in Preußen ausgebildet (er stand die sieben ersten Jahre seiner Regierungszeit unter Vormundschaft), wusste wenigstens seit seinem vierzehnten Lebensjahr genau, worauf es im Staatswesen ankam. Friedrich II. hatte ihm zum Abschied goldene Verhaltensregeln mit auf den Weg gegeben. Neben Hinweisen auf die Haltung der Hofbeamten und Weisheiten über den Umgang mit den großen und mächtigen Nachbarnationen (die insofern nicht fruchteten, als trotz aller Laviererei Karl Eugen im Siebenjährigen Krieg ausgerechnet gegen seinen Erzieher von einst ins Feld ziehen lassen musste), neben derartigen Tipps stand in dem Sendbrief auch zu lesen, der junge Herzog solle sich die genaue Kenntnis des Finanzwesens erwerben, das hülfe gegen Leute, die ihm schmeichelten, die sein Vertrauen erschleichen wollten, die — besonders unter den Regierungsbeamten — ihn absichtlich in Unkenntnis der Geschäfte setzen wollten, um nach eigenem Belieben schalten und walten zu können, die ihm die einfachsten Dinge als besonders schwierig hinstellten, um ihm die Arbeit zu verleiden und ihn in Unmündigkeit zu halten. Dazu bräuchte er einen Sekretär, einen Kammerherrn, der sich in untergeordneter Dienststellung bereits mit den Einzelheiten aufs Genaueste befasst hat. Kurzum: Die Finanzen seien der Nerv des Staates. Wer diese kenne, beherrsche immer auch das übrige. Wir wissen heute: Der alte Fritz hatte recht! Aber daraus ergibt sich eine direkte Folgerung: Wer — mit welchen Mitteln auch immer — die Finanzen als den Nerv des Staates Württemberg traf, traf gleichermaßen den Nerv des Herzogs. Genau das tat Schiller, wahrscheinlich ohne dass er es beabsichtigte. Wie kam es dazu?

ALLES MUSS SICH RECHNEN

Schiller hatte seine »RÄUBER« geschrieben und in Mannheim aufführen lassen, und zwar heimlich. Heimlich wohl vor allem deshalb, weil sein Stück eine Reihe von Anspielungen auf die Aufseher und den Oberaufseher der Karlsakademie enthielt und der Autor von da her Repressalien befürchten musste. Heimlich aber auch, weil die Stuttgarter Führung von dem Vorgang gar nichts wissen konnte, der Mannheimer Buchhändler Schwan hatte die für ihn bestimmten Aushängebogen eigenmächtig an Heribert von Dalberg, den Intendanten des Mannheimer Nationaltheaters weitergeleitet (übrigens verkehrte Karl Eugen mit Dalberg, es geht die Mär, bei dem großen Fest auf der Solitüde, das Schiller später die Gelegenheit zur Flucht bot, soll der Schauspielintendant anwesend gewesen sein). Heimlich freilich war Schiller aus Stuttgart ausgebüxt, um an der Premierenvorstellung teilzunehmen. Wir würden das heute »*unerlaubtes Entfernen von der Truppe*« nennen und mit wenigstens einem Tag »Bau«, also Arrest, bestrafen. In diesem Punkt dachte der Herzog nicht anders, er war schließlich auch Militär. Schillers zweiter unerlaubter Aufenthalt im Pfälzischen, der nicht unentdeckt blieb, führte zu einer solchen Bestrafung. Wohlgemerkt des Disziplinverstoßes wegen, nicht weil das Stück Missfallen erregte, das dürfte Serenissimus zur damaligen Zeit noch gar nicht gekannt haben. Vierzehntägigen Arrest gab es mithin erst beim zweiten Mal, nach der ersten Extratour hingegen (da

170

war Schiller so unvorsichtig gewesen, bei der Rückkehr am Tor seinen Klarnamen preiszugeben), hatte sich der Herzog lediglich mit einem Verweis begnügt. Richtig gefährlich wurde es für Schiller erst, als der Herzog den Druck des Bühnenstücks in die Hände bekam. Im Besonderen verdross folgender Satz aus der ersten (Schauspiel-)Fassung (der dritten Szene des zweiten Aktes): Einen »*honetten Mann kann man aus jedem Weidenstotzen formen; aber zu einem Spitzbuben will's Grütz — auch gehört dazu ein eignes National=Genie, ein gewisses, daß ich so sage, S p i t z b u b e n = K l i m a, und da rath' ich dir, reis' du ins Graubündner Land, das ist das Athen der heutigen Gauner.*«[74] Also, um Athen ging's nicht, sondern um Graubünden. Wie das?

Schillers Intention ist leicht ersichtlich, er wollte dem allerseits gehassten Aufseher der Karlsschule, Kupli, der aus Graubünden stammte, eins überbrennen. Das wussten die Leser draußen natürlich nicht einzuschätzen, sie nahmen den Satz pur als einen Affront gegen das Land. Eines der Druckexemplare fiel Herrn Wredow in die Hände, der einst als Hofmeister in Chur bei der Familie von Salis beschäftigt gewesen war. In seiner Graubündner Ehre gekränkt, veröffentlichte er in den »HAMBURGISCHEN ADREß-COMPTOIR-NACHRICHTEN« einen offenen Brief an den Verfasser der »RÄUBER«, in welchem er sich über Schillers Anmaßung beschwerte. Herzog Karl Eugen nahm davon vorerst keine Notiz. Vielleicht hatte Heinrich Laube Recht, wenn er in seinem Bühnenstück »DIE KARLSSCHÜLER« dem Landesfürsten unterstellte, für ihn sei eine jede Zeitung dieser Provenienz »*deutsche Suppe*« gewesen und er habe sie nicht gelesen. Als nächster trat ein Herr Amstein zu Zizers auf den Plan, seines Zeichens promovierter Jurist und Schwiegersohn des Ministers Ulysses von Salis-Marschlins. Selbiger druckte in der Churer Zeitschrift »DER SAMMLER« Wredows Artikel und verleumdete in einer »APOLOGIE FÜR BÜNDEN GEGEN DIE BESCHULDIGUNG

EINES AUSWÄRTIGEN KOMÖDIENSCHREIBERS« Schiller als einen Verhetzer, ohne ihn jedoch einer »*schändlichen Columnie*« zu bezichtigen. Doch auch das kreppte den Herzog noch nicht. Der geheimdienstliche Informationsapparat lief sintemalen noch etwas schwerfällig an. Die Elaborate erreichten den Chef ebenso wenig, wie jenes private Schreiben, Schiller solle widerrufen. Eines Tages jedoch half jemand nach, auf dass die Anwürfe staatsnotorisch wurden. Dieser Jemand war der Garteninspektor Johann Jakob Walter aus Ludwigsburg, korrespondierendes Mitglied der von Amstein zu Zizers begründeten »BÜNDNERISCHEN ÖKONOMISCHEN GESELLSCHAFT«, deren gemeinnützige Wochenschrift »DER SAMMLER« war. Der Herzog, die Denunziation vor Augen, denkt: »Oha, Bündnerische ökonomische Gesellschaft!« Die Betonung liegt auf *bündnerisch* und ökonomisch.[75] Aber nicht nur, weil er seit seiner Lehrzeit bei Friedrich II. auf die Finanzen achtete, erregt der Fall jetzt des Herzogs Aufmerksamkeit, sondern auch und vor allem wegen konkreter wirtschaftspolitischer Überlegungen. Württemberg — völlig anders als Goethes Herzogtum Sachsen-Weimar-Eisenach — war Exporteur eigener Waren, im besonderen von Rindvieh, Leinwandprodukten, Wolle, Holz, Schafen, Pferden, Leder, Seide, Eisenwaren. Die Calwer Zeughandelscompgnie als »*konfiderables Kleinod*« exportierte z. B. verarbeitete Kammwolle nach Italien, Frankreich, in die Schweiz, nach Norddeutschland und Polen für jährlich etwa eine Halbe Millionen Gulden. Das Geschäft in Württemberg blühte so, dass Ende der achtziger Jahre sogar eine günstige Handelsbilanz entstand: die Einfuhr von fremden Produkten mit zwei Millionen Gulden wurde von der Ausfuhr eigener mit drei Millionen Gulden um eine Million übertroffen, und das mehrere Jahre lang. Deshalb liegt der Oberst von Nikolai, ansonsten ein glaubhafter Kronzeuge, sicher falsch, wenn er aus dem Wohlbefinden des bäuerischen

Standes die Schlussfolgerung zieht, Württemberg hätte seinen Wohlstand nur der Landwirtschaft zu verdanken (ein verständlicher Irrtum, wenn man, wie Nikolai im Jahre 1781, beobachtet, dass »*in einem mittelmäßigen schwäbischen Dorfe*« während einer Kirchweih innerhalb dreier Tage für 1.125 fl. 53 Kr. Gegessen und getrunken wurde und ein einziger Wirt an einem einzigen Tage des Marktes 1.600 Paar Würste à drei Kreuzer, sechs Schweine à zwanzig Gulden und zwei Rinder à zwanzig Florentiner verkaufte). Nein, Handwerk und Gewerbe — das patrizische Bürgertum — leisteten den Löwenanteil am feudalistischen Wirtschaftswunder, doch wollen wir natürlich nicht übersehen, dass eine zahlreiche und harte Besteuerung die beginnende Kapitalakkumulation und die erweiterte Reproduktion begünstigte (neben ordentlich verabschiedeten Abgaben, einseitig ausgeschriebenen Umlagen, abgenötigten Verwilligungen und Vorschüssen gab es auch gewaltsam und widerrechtlich weggenommene Gelder, letztere sind durchschnittlich mit 564.818 fl, 25 kr, pro Jahr zu veranschlagen).

Bei unserer Aufzählung haben wir allerdings einen Exportschlager vergessen, der in des Herzogs Liste immerhin an vierter Stelle zu finden war: Frucht und Wein (wen wundert's, dass der Obstbaumzüchter Johann Kaspar Schiller, der Vater des Dichters, bei Hofe in hohem Ansehen stand, denn durch seine wissenschaftliche Arbeit trug er zur Ertragssteigerung bei). Auf diesem Gebiet aber gab es harte Konkurrenz. Die Schweiz, selbst obstbauend und durch Billigangebote Württembergs unterlaufen, hatte vor Jahr und Tag eine Fruchtsperre ausgerufen. Diese zu beseitigen, den dortigen Markt für sich zurückzuerobern, galt des Herzogs langwährendes Ringen. Da kam nun der Regimentsmedicus Schiller daher und diffamierte ihm seine Verhandlungspartner! Ein schlechter Rechner, wer sich das gefallen ließ. Persönlichste Interessen traten hinzu: In seinen Hohenheimer Ställen hielt der Potentat vorzugsweise Schweizervieh, das zu verlieren er fürchtete, wenn das Gezänk um die Moral der Graubündner zu diplomatischen Verwicklungen führte. Bestrafung war angezeigt und, in den Augen des Herrschers, gerechtfertigt. Karl Eugen befahl Schiller zu sich. In einem nach Aussage von Wilhelm Petersen »*heftigen, derben*« Gespräch gebot er dem jungen Mann »bey Strafe der Cassation ... keine Comoedien mehr« zu schreiben. Nun, gar so heftig und derb kann die Unterredung nicht verlaufen sein, da Schiller im Anschluss »*anscheinend gelassen, ja heiter*« in einen Garten ging, um dort zu kegeln. Dennoch beteuert Petersen: Schillers »*Inneres war tief bestürmt*«.[76]

Wir sehen jetzt immer klarer, dass Schillers Flucht nicht politisch motiviert war, wenngleich natürlich das Schreibverbot von daher rührt. Schiller fühlte sich als Schriftsteller verraten, und mit allem hatte der Herzog gerechnet, nur mit einem nicht: dass man einem Talent, gar einem genialischen, das besessen ist von seiner Berufung in Poesie, das Schreiben nie und nimmer verbieten kann, zumal ihm das Schreiben schließlich auch nicht *erlaubt* worden ist; es spielen da also ganz andere Zwänge eine Rolle, außerhalb staatsrechtlicher Gesetzlichkeit, und wer schreiben muss, weil es in ihm schreibt (gebrauchen wir getrost das metaphysische Indefinitpronomen), der schreibt halt. So etwa können wir uns Schillers Verfassung vorstellen, die ihn letztlich zur Flucht trieb. Nicht politische Opposition im Sinne Mosers oder Schubarts, sondern eine auf die zukünftige berufliche Entwicklung, speziell auf die Publikationsmöglichkeiten, zielende Kalkulation leitete Schiller. Nur daraus erklärt sich, dass er am Morgen des 22. September 1782, von Streicher schon zur Eile genötigt, statt die Fahnenflucht zu beschleunigen, noch einmal schnell eine Ode dichtete als Gegenstück zu einer Klopstockischen, die ihm kurz zuvor beim Zusammenpacken seiner Bücher in die Hände gefallen war. Nur daraus erklärt sich, warum Schiller nach dem offiziellen Verbot noch zweimal bemüht war, den Herzog umzustimmen, sogar vom Ausland her. Dabei schmierte er seinem Chef jedes Mal Honig ums Maul. Der hohe Herr habe seine Talente erst geweckt, auf ihn würden Schillers Erfolge deshalb auch zurückfallen usw., doch alles mit dem devoten Kratzfuß des Untertanen oder, genauer, in den konventionellen sprachlichen Versatzstücken. »*Der ich in aller devotester Submission ersterbe Ewr. Herzogl. Durchlaucht untertänigsttreugehorsamster Frid. Schiller. Regimentsmedicus.*« So bettelt keiner, der nicht die geringste Chance sieht, als loyaler Staatsbürger behandelt zu werden und jemals unbeschadet ins Vaterland zurückkehren zu dürfen. Das setzt ein blütenreines Gewissen voraus, jedes Schuldgefühl, irgendwann einmal irgendwem gegenüber irgendetwas geäußert oder getan zu haben, was der Obrigkeit nicht zu Nutzen und Frommen gereichte, muss hier vollständig fehlen, in jedem anderen Fall hätte die Aussicht auf eine harte Bestrafung den Bettelbrief verhindert. Schiller hatte das abschreckende Beispiel vor Augen. Er wusste, wie es Schubart erging, er hatte den Journalisten auf dem Hohenasperg besucht, dürfte also auch den Eisenring in der Wand wahrgenommen gehabt haben, die tägliche, stündliche, minütliche Bedrohung, an diesem Stück Eisen festgekettet werden zu können aus welcher Laune heraus auch immer, und er dürfte vernommen gehabt haben, wie Schubart über der Erbärmlichkeit seines Daseins fromm geworden war und auf eine selbstzerstörerische Weise dankbar gegenüber seinem fürstlichen Kerkermeister. Nein, Schiller war sich keiner Schuld bewusst, und er wollte wohl auch keine Schuld tragen an irgendetwas. Es sei daran erinnert, dass der vor die Druckausgabe der »RÄUBER« gesetzte Titelkupfer mit der Inschrift »in tirannos« den Autor merklich verwirrte, da er ihn nicht bestellt hatte. Als er die zweite, »*verbesserte*« Ausgabe in Händen hielt, setzte er prompt eine Erklärung in die Zeitschrift »ZUSTAND DER WISSENSCHAFT UND KÜNSTE IN SCHWABEN«, des Inhalts: »*Auch ist die ohnehin heillose Edition durch ein höchst elendes Kupfer verunstaltet. Der Verfasser ist durch diese Stümperarbeit im höchsten Grade beleidigt.*«[77] Selbst wenn er damit ausschließlich die spiegelverkehrte Reproduktion des Kupferstichs gemeint haben sollte (wie Middell betont) oder die Druckfehler im Text — so etas macht man nicht, darüber sieht man doch großzügig hinweg, wenn es einem um Höheres geht und um mehr als nur um die Befriedigung der eigenen Eitelkeit, zum Beispiel eben um einen politischen Gegenentwurf. Noli turbare circulus meos! Keine politischen Gegenentwürfe zu dieser Zeit. Schiller, der nach Auskunft Petersens keine Zeitung las, entpuppte sich mehr und mehr als Ästhetizist. Als sich »*die besseren Köpfe der Akademie*« aus Anlass der Befreiungskriege Nordamerikas gegen England (1775 - 1783) in diverse Parteien spalteten, kümmerte dergleichen Schiller einen feuchten Kehricht. Übereinstimmende Aussagen bezeugen, dass er sich aus solchen Kontroversen herauszuhalten verstand. Noch 1789 nennt er die ersten ihn erreichenden Nachrichten von der bürgerlichen Revolution in Frankreich »*sehr unterhaltende Partikularitäten von dem Aufruhr in Paris*«.[78]

Mutig freilich bleibt Schillers Fahnenflucht trotzdem zu nennen — und um nichts weniger als Fahnenflucht handelt es sich. Die vielen Histörchen, die später von Petersen, Goethe, Schiller selbst, oder von Andreas Streicher und dem Dichter Heinrich Laube um diese Flucht und ihre Ursachen gesponnen wurden, sind nun mal Histörchen, Anekdoten. Die verhängnisvollen Sätze, die Schiller in einem Brief an Karoline von Beulwitz vom Dienstag, dem 25. August 1789 abgefeuert hat, haben wohl — im Verein mit Schubarts Metapher von der »Sklavenplantage« — das größte Unheil, die willigste Verführung zur Geschichtsbeugung gestiftet.: »*Durch eine traurige düstre Jugend schritt ich ins Leben hinein, und eine herz- und geistlose Erziehung hemmte bei mir die leichte, schöne Bewegung der ersten werdenden Gefühle. Den Schaden, den dieser unselige Anfang des Lebens in mir angerichtet hat, fühle ich noch heute — ach ich fühle ihn in diesem Augenblicke!*[79] Auch mit scheelem Blick auf die Karlsakademie sind wir allzu kurzschlüssig bereit, unsere heutigen Auffassungen von Erziehung und Disziplin (wir wollen sie an dieser Stelle lieber nicht wirklich genau untersuchen) in die damalige Zeit zu transportieren.

DAS WESENSBAND, DAS SICH UM TIERE UND MENSCHEN SCHLINGT

Wir stellen nicht in Abrede, dass die gewaltsame Übernahme Schillers in die Militairacademie (sein Vater wehrte sich dreimal erfolglos, denn er wollte seinem Sohn den Wunsch erfüllen, an der Tübinger Universität Theologie zu studieren), der Wechsel in der Berufsausbildung (vom Juristen zum Mediziner), die äußeren Disziplin- und Ordnungszwänge des Kasernenlebens, die inneren Zwänge eines auf Denunziation und Willkür aufgebauten hierarchischen Machtwesens, verweigerte Wünsche, die kraftmeierische Männergesellschaft usw., dies alles waren Erfahrungen, die den jungen Schiller bedrückten und zu seiner zeitweiligen Schwermut wesentlich beitrugen. Schillers späterer Freund und Fluchthelfer, der Komponist Andreas Streicher, beobachtete, dass der Dichter durch das Anhören trauriger oder lebhafter Musik außer sich selbst geriet und es nichts weniger als viele Kunst erforderte, durch passendes Spiel auf dem Klavier alle Affekte in ihm aufzureizen. Schiller selbst hat diese Fähigkeit in seinem Gedicht »LAURA AM KLAVIER«[80] manifestiert.

> *Wenn dein Finger durch die Saiten meistert —*
> *Laura, itzt zur Statue entgeistert,*
> *Itzt entkörpert steh ich da.*
> *Du gebietest über Tod und Leben.*
> *Mächtig wie von tausend Nervgeweben*
> *Seelen fordert Philadelphia; —*[81]

»Schiller … erwähnt am Ende der 1. Strophe den unter dem Künstlernamen ›Philadelphia‹ bekannten 1735 in Philadelphia geborenen Varietékünstler Jacob Meier. Berühmt wurde er durch seine Zaubertricks als eine Mischung aus Unterhaltungskunst und magisch-medizinischen Praktiken. Die Verbindung von Taschenspielertricks, Kunst, Magie, Okkultismus, Heilkunde und Sensation kann möglicherweise ein Hinweis darauf sein, was Anfang der 1780er Jahre Zunehmend das Interesse der Musikliebhaber gewann. Gemeint ist die Mode der Improvisatorinnen, die auf einem technisch verbesserten Klavierinstrument exzessiv zu spielen begannen.«[82] Ein Verfahren, das Carl Philipp Emanuel Bach als ein sich steigerndes »tranceartiges Extemporieren« bezeichnet und sowohl dem Musikverständnis wie dem Seelenzustand Schillers entgegenkommt. Schon zu Beginn des Gedichts (»… itzt zur Statue entgeistert, / Izt entkörpert steh ich da«) vollzieht sich »die völlige Paralysierung des Körpers« (Dagmar Ottmann) und seine Entrückung. Er »gleitet über in einen Zustand des reinen ›Geist‹-Seins: die Trance. … Die Resonanz von Körper und Geist wird unter dem Einfluss der tönenden Opulenz der Improvisatorin so weit ausgereizt, dass sich das Gefühl der Körperlichkeit verflüchtigt. Der Zuhörer verfällt in einen Rausch.«[83]

Auch außerhalb der Musik war Schiller in der Lage, sich in solche rauschhaften Zustände zu versetzen. Wilhelm Petersen, der in jenem Jahr, in dem die ANTHOLOGIE veröffentlicht wurde, eine »Geschichte der deutschen Nationalneigung zum Trunke« herausbrachte, erzählt: ›In ihrer äußeren Wirkung betrachtet war die Begeisterung bei Schiller in der That korybantischer Art. Wenn er dichtete, brachte er seine Gedanken unter Stampfen, Brausen und Schnauben zu Papier, eine Gefühlsaufwallung, die man oft auch an Michel Angelo während seiner Bildhauer=Arbeiten bemerkt hat«.[84] Als der von Schlaflosigkeit geplagte Schiller damit an der Reihe war, über die »gehörige Pflege der Leidenden Aufsicht« zu führen, »setzte er sich ans Bett eines Kranken. Statt diesen aber zu befragen und zu beobachten, geriet der Dichtende in solche brausenden Bewegungen und heftige Zuckungen, daß dem Kranken angst und bange ward, sein zugegebener Arzt möchte in Wahnwitz und Tobsucht verfallen sein.«[85]

Aus alledem erhellt: Der weiter oben zitierte Brief vom 19. Juni 1780 an die Schwester Christophine (»... *kann es vielleicht noch seyn, daß ihr die Freude nicht mehr erlebt, mich aus der Academie treten zu sehen ...*«) ist nur aus einer solchen besonderen, affektgeladenen Situation heraus zu verstehen. Nicht so sehr das Erlebnis der eigentlichen Beerdigung scheint Schiller im Innersten aufgewühlt zu haben. Gleichzeitig bietet er, auch in dem Trostbrief vom 15. Juni an den Vater des verstorbenen von Hoven »konventionelle Tröstungen aus einer gedruckten Totenrede« an (Gero von Wilpert) an. Diese Praxis war zu jener Zeit üblich, wir wissen, dass z. B. Mozart sie in seinen Briefen gar meisterlich beherrschte, niemand wäre damals auf den Gedanken gekommen, daran Anstoß zu nehmen. Wir heute aber müssen mit dieser Mentalität rechnen und zumindest bedenken, inwieweit briefschriftliche Gefühlsausbrüche originär sind oder kanonisiert. Das gilt auch für Schiller. Sein wiederum erst vier Tage nach dem obengenannten Trostschreiben verfasster Brief an die Schwester (wir ahnen, um wie viel näher ihm die Männerfreundschaft stand) sagt nichts über eine grundsätzliche Depression aus. Vielmehr tangiert sein Lamento den schon behandelten Liebe-Begriff seiner Philosophie. Die Liebe als ein »*Wesensband, dass sich um Tiere und Menschen schlingt, ... so dass ... (der Mensch) sein eigenes Selbst dabei vergisst und fähig wird, sich in seinen Nebenmenschen zu vertauschen und dessen Schmerzen und Lüste mitzufühlen, als wären es seine eigenen*«[86]. Empathie also. Das entspricht sowohl der allgemeinen Stimmung während des Zeitalters der Empfindsamkeit, als auch der schillerschen Definition des Mitleidens: Mitleiden sei Wollust und Schmerz in einem,

Wollust aus der scheinbaren Verschmelzung mit der anderen Wesenheit, Schmerz daraus, dass man die Leiden des anderen auf sich selbst übertrüge. Dies hieße in der Konsequenz, den Tod des Freundes zu seinem eigenen Tode zu machen. Dürften wir einen Vorschlag unterbreiten, wie sich dergleichen formulieren ließe, so schrieben wir: »*Tausendmal beneidete ich Ihren Sohn, wie er mit dem Tode rang, und ich würde mein Leben mit eben der Ruhe statt seiner hingegeben haben ...*«

Doch noch eine andere Komponente steckt in der Bedeutung dieses Satzes. Der Suizid als ästhetische Kategorie. Schiller hatte das Selbstmordmotiv bereits literarisch verarbeitet, nämlich in den »RÄUBERN«, und wir erkennen die Komplexität und Diffizilität des Gegenstands — so einfach, wie es sich in seinem Brief an die Schwester auszunehmen scheint, war es denn doch nicht, der Welt Valet zu sagen. Moor, der »Verbrecher aus verlorener Ehre«, räsoniert im Gespräch mit dem Tode, wie es wohl wäre, wenn er sich per Fangschuss von den Qualen der Leiblichkeit befreite. Aber schon, indem er darüber räsoniert, ist er gerettet. »*Zeit und Ewigkeit — gekettet aneinander durch ein einzig Moment*« (4. Akt, 5. Szene), dies ist die Erkenntnis, die den letzten Schritt verhindert, denn auf den Vorgang des Sichtötens als einem punktuellen Jetzt würde das Unendliche folgen (wir fühlen uns an die letzten drei Strophen der »PHANTASIE AN LAURA« erinnert). Vollkommenheit und Glückseligkeit allerdings schienen Schiller ausschließlich erreichbar im Jenseits, einem freilich nicht mehr vulgär-idealistisch abgezirkelten Raum, weil — so Schiller — das Denken wohl die endliche Zeit zu fassen vermöchte, nicht aber die Ewigkeit. Zum Glück für Karl Moor. Dieser, räsonierend, lediglich die Endlichkeit der Zeit fassend, zieht sich eigenhändig ans dem Sumpf. Was bliebe ihm, dem Mörder, im Jenseits zu vollenden, was würde er, der Mörder, im Jenseits zur Vollkommenheit bringen? Niemand konnte es wissen, also sollte es auch jeder halten, wie er wollte, wenn er mochte.

Weil nun Verzweiflung, Pessimismus den Pietisten nachgeradezu verboten war, findet Schiller für Moor den einzig gangbaren Ausweg: im Selbst ist Jetzt und Ewigkeit, die Persönlichkeit ist unsterblich. — Prompt sind wir wieder bei der Sympathie-Harmonie-Liebe-Theorie angelangt (wir müssen schon zugeben: ein in sich geschlossenes System!), aber wir sehen wohl auch jenen Schiller ein wenig anders, der den berühmt-berüchtigten Brief an seine Schwester schrieb. »Nicht in der Welt sein« heißt für ihn keineswegs zwangsläufig »tot sein«, sondern: »nicht der endlichen Zeit leben«. »Die Welt verlassen« bedeutete auch: »sich in der Ewigkeit vollenden«.

Entsprechend gleichgültig war Schiller die Stereotypie des Alltags: Wegen nachlässiger Frisur (der Zopf!) und schmutzbefleckter Kleidung (Schuhwichse auf den Gamaschen) ist er mehrmals gerügt worden. Die haptisch zu erfassende Gegenwart war sein Gefilde nicht, ihn zog es »*in des Zeitstroms wogendes Gewühl*« (»VORWURF AN LAURA«). Dessen war er sich bewusst, und er vermochte diesen extraordinären Anspruch gekonnt auszustellen; gelegentlich rückte er sich seine Freunde zurecht mit der laxen Bemerkung: »*Ich bin ein Jüngling aus feinerem Stoffe als viele und selten traf ich das rechte Ziel, oft, oft gleitete ich neben aus ...*«[87] Man darf getrost davon ausgehen, dass er sowohl bei seinen Erziehern und Ausbildern, als bei der überwiegenden Mehrheit seiner Mitschüler nicht sonderlich beliebt gewesen war, jedenfalls nicht so außerordentlich, wie es später im Beigeschmack des Ruhms herauskommt. Wir müssen uns also davor hüten, in Schiller ausschließlich den Geschundenen, Getretenen, Entmündigten, Erniedrigten, Gedemütigten — und was dergleichen mehr ist — hervorzukehren. Dass er z. B. nach Abschluss seiner Ausbildung an der Karlsakademie nicht die Erlaubnis erhielt, sich als Arzt niederzulassen, entspringt nicht einer Laune des Herzogs, wie immer wieder behauptet wird sondern Grund dafür waren Kom-

Abb. 5: Preismedaillen, die Schiller 1773 für griechische Sprache und 1779 für Medizin erhielt.

petenzstreitigkeiten. Die Karlsakademie hatte (noch) nicht den Rang weiner Universität und die Tübinger Universität, die (wie auch das Stuttgarter Gymnasium) Konkurrenz heraufdämmern sah, erkannte die Dissertationen und Diplome der Akademisten nicht an, zumal Schillers Jahrgang den allerersten medizinischen Kurs der Schule belegt hatte. Schiller hätte eine zusätzliche Prüfung an der Tübinger Universität ablegen müssen, bevor ihm erlaubt worden wäre, im Lande zu praktizieren. Da er keinerlei Aussicht hatte, als niedergelassener Arzt sein Auskommen zu verdienen, hat ihm der Herzog im Grunde genommen einen Gefallen getan, indem er ihn vermittels des (freilich miserabel besoldeten) Regimentsmedicuspostens vor Ärgerem bewahrte.

Ein anderer Beleg: Der Fachrichtungswechsel während Schillers Elevenzeit von der Juristerei zur Medizin scheint genauso wenig schikanös verlaufen zu sein, eher weist er auf die zweifellos vorhandenen pädagogischen Fähigkeiten des Herzogs hin (wir sprechen — wie gesagt — nicht von der Pädagogik nach unserem heutigen Verständnis). Einem Bericht von Hovens zufolge, war die Clique um den angehenden Dichter in ihren juridischen Studien so weit zurückgeblieben, dass sie nur noch durch einen solchen Fachwechsel gerettet werden konnte. Motto: Omne tulit punctum, qui miscuit utile dulci.[88] Schiller kam das Medizinstudium zupass. Zwar besaß er auch noch danach außer einem Apothekeralmanach, den er am 18. Mai 1781 beim Buchhändler J. Metzler erwarb, um beim Ausfüllen seiner Rezepte nicht allzu große Fehler zu machen, keinerlei Fachliteratur in seiner Privatbibliothek, jedoch beteuerte er immer wieder, dass ein Schriftsteller sich auf dem Felde der Gelehrsamkeit geübt haben müsse, weil er so sein Denken diszipliniere und zu den gültigen Menschheitsfragen vorstoße. Während des Medizinstudiums kam er mit Philosophie, Anatomie, Chemie und Botanik in Berührung, also Fächern, nach denen es ihn schon lange dürstete. Unseren bisherigen Erfahrungen zufolge scheint uns diese Version glaubhafter als die von Streicher verbreitete, Schiller hätte sich gegen den Zwang des Fachrichtungswechsels verzweifelt gewehrt und sich lieber den Tod gewünscht. Das ist nicht einmal mehr nur übertrieben, sondern gelinde gesagt eine Verfälschung des wahren Sachverhalts. Halten wir uns an Schiller. Wenn er dichtet: »*Geisterreich und Körperweltgefühle / Wälzet EINES Rades Schwung zum Ziele, / HIER sah es mein Newton gehen …*« (»DIE FREUNDSCHAFT«), so ist das bis ins possessive, eifersüchtige Liebesverhältnis zweier Geistesverwandter hinein (»*mein Newton*«) bitter ernst gemeint. Schiller liebte die naturwissenschaftliche Spekulation, damit auch die Medizin, jedenfalls solange er sie studierte oder später darüber präludierte.

Die Karlsakademie war nach damaligen Vorstellungen durchaus ein seriöses Bildungsinstitut, Repression nicht das einzige Pfund, mit dem sie wucherte, und dass die Tübinger Universität gleich dem Stuttgarter Gymnasium in ihr Konkurrenz aufkommen witterte, spricht ebenso für die Qualität der neuen Einrichtung wie der Umstand, dass bald nach deren Gründung begüterte Ausländer (Russen, Polen, Italiener) ihre Söhne beim Herzog anmeldeten. Tatsächlich hatte Karl Eugen versucht, mit seiner Akademie die — wie er sagte — Fehler zu vermeiden, die ihm bei anderen, vergleichbaren Bildungsstätten lästig aufgefallen waren. Auf mehreren vorbereitenden Reisen nämlich hatte er besucht:

In Pisa eine Anstalt, in der hundertzwanzig junge Russen erzogen wurden, worüber er sich sehr wunderte, denn diese jungen Leute in Italien zu dulden, hieß gleichzeitig, ihnen die Verfassung des Landes und »*manch anderes Geheimnis*« anzuvertrauen, in Neapel eine Erziehungsanstalt für Söhne des Adels und der Bürgerschaft, die sich durch eine seiner Meinung nach unzweckmäßige Lehrart und durch ungenügende Beaufsichtigung der Sitten auszeichnete, in derselben Stadt eine miserable Anstalt »*für Weiber*« und eine Seemannsschule, die vor Dreck stank und in der Erziehung hart war, die Militärschule zu Paris, an der er Lärm, Wanzen und Dummheit zu tadeln hatte, das Westminsterkolleg in London, wo ihn die Haufen menschlicher Exkremente abstießen, die überall herumlagen, und schließlich Cambrigde, wo diejenigen Schüler, die nachts heimlich aus den Kollegien entwichen, um in die Wirtshäuser oder Bordelle zu schleichen, lediglich eine lateinische Strafarbeit zu befürchten hatten. Die Schlussfolgerung des Herzogs: Auf soldatische Disziplin konnte und durfte er nie und nimmer verzichten im Kampf gegen Schmutz, Zügellosigkeit und Dummheit. Dementsprechend richtete er eine Hausordnung ein: Wecken im Sommer 5 Uhr, im Winter 6 Uhr (dies war sicher ein Mitbringsel vom Preußenkönig Friedrich II., der es genauso hielt), von 7 bis 11 Uhr Unterricht und freie Arbeit, von 11 bis 12 Uhr Putz- und Flickstunde (die Uniformknöpfe mussten gewienert, die Zöpfe geflochten und gepudert werden, letzteres ergab einen Puderverbrauch pro Jahr von rund vierzig Zentnern), 12 Uhr Mittagessen (Fleischbrühe, Rindfleisch mit Gemüse oder Gebackenes mit Obst, ein Viertel Wein), 14 bis 18 Uhr Unterricht und beaufsichtigtes Privatstudium, 18 bis 19 Uhr Erholung, 19.30 Uhr Abendessen (Suppe, Mehlspeise, an heißen Tagen Salat mit Eiern oder saure Milch), 21 Uhr Nachtruhe (die acht Stunden Mindestschlaf fürs Militär in Friedenszeiten wurden schon damals streng eingehalten). Kost, Logis, Unterricht, Lehrmittel und Kleidung waren für die Zöglinge frei (für manchen Burschen Grund genug, das Elternhaus zu verlassen), die Ausgaben bestritt der Herzog zu zwei Dritteln aus eigener Tasche, aus dem Privathaushalt, weil die Kassen der Kirche und der Landstände trotz Erpressung nur geringe Zuschüsse gewährten. Nach drei Jahren des Experimentierens wird das Klassenlehrersystem durch das Fachlehrersystem ersetzt (man zitiert von der Tübinger Konkurrenzfirma — vielleicht aus Rache? — junge, begabte Philosophen herbei, die billig in der Anschaffung sind, sich aber schon bald rentieren). In den unteren Abteilungen (wir würden heute Klassenstufen sagen) lehrte man Latein (das Griechische konnte man, wenn man es wünschte, später gemeinsam mit Englisch, Französisch oder Italienisch im Nebenfach erlernen), des Weiteren gehörten Geschichte, Geographie, Mathematik, Reiten, Fechten und Turnen (!) zur allgemeinen Ausbildung. In der mittleren Gruppe war die Philosophie ausschließlicher Bildungsgegenstand, in der dritten Abteilung mündete die allgemeine in die Berufsausbildung, wo man alle Fachwissenschaften haben konnte, die nur denkbar waren — eben bloß mit einer Ausnahme: der Theologie (auch hier scheint uns der Einfluss Friedrichs II. unverkennbar; Voltaire berichtet, wie der König einen Stettiner Pastor verhöhnt.[89]). Umso mehr wurden damals schon Volkswirtschaftler geschult, wie überhaupt der (oft noch wechselnde) Lehrplan auf die praktische Erfordernisse des Landes zugeschnitten war, und eines dieser Erfordernisse hieß: Ertragssteigerung in der Landwirtschaft.

Siebenundvierzig Wochenstunden hatten die Zöglinge im Durchschnitt zu bewältigen (einschließlich der sogenannten Privatarbeit), allerdings müssen wir uns dabei die Modernität des Systems vor Augen halten: Nicht alle

Zöglinge gingen in die Berufswissenschaft, »je mehr die Arbeitsteilung zunahm, um so mehr schrumpfte die Zahl der zu Lehrenden zusammen und um so individueller konnte der Unterricht geformt werden«.[90] In Ablehnung des üblichen Promotionssystems an den Gymnasien, nämlich des gemeinsamen Voranschreitens der Schüler in die nächsthöhere Klassenstufe, wie es noch heute gebräuchlich ist, führte der Intendant, Stabsoffizier Dionysius von Seeger, Parallelabteilungen ein, in denen er die Zöglinge nach Jahrgängen und Berufszielen untereinander mischte. Das förderte das Gemeinschaftsgefühl und spornte die Begabteren an. Es heißt: Seegers organisatorisch geschicktes Regime entwickelte Corps-Geist, unterband Desertionen, verhinderte Laster und Seuchen. Auch die Prügelstrafe (damals ein legitimes Erziehungsmittel) versuchte man, unter Kontrolle zu bringen. War in der ersten Abteilung bei leichter wiegenden Vergehen der Gebrauch des Stocks erlaubt, so war in den oberen Abteilungen jedwede körperliche Züchtigung bei Strafe sofortiger Demission verboten. Freilich gab es andere, vielleicht sogar wirkungsvollere Repressalien: Die Gemaßregelten hatten sich im Speisesaal aufzustellen, daraufhin wurden ihnen Zettel angeheftet, die über das jeweilige Vergehen Auskunft gaben. Der Herzog, an den Delinquenten vorüberdefilierend, entschied höchstpersönlich über das Strafmaß. Zumeist bestand es darin, dass er dem Zögling den allmittäglichen Wein oder gar die gesamte Mahlzeit entzog, während der Bedauernswerte, in einer Ecke stehend, seinen mampfenden Gefährten zuschauen musste. War das Vergehen geringerer Art, hatte der Herzog gute Laune oder konnte er einen der Übeltäter besonders gut leiden, ging das Ganze mit einer Maulschelle — einem Backenstreich, wie es hieß — ab. Auf einem dieser Strafzettel stand:

»*Eleve Goß jun., weil er sich durch die Reinigungsmagd Koffee machen lassen und der ein Hemd davor gegeben; Eleve Schiller und*

Baz, weil sie in der Gesellschaft des Eleven Groß jun. Koffee bei besagter Kammermagd getrunken.«[91]

Auch von Hoven hat sich einmal eine solche Backpfeife eingefangen. Ein anderer Akademist soll sich wie folgt aus der Affäre gezogen haben: Vom Spaziergang zurückkehrend, waren Serenissimus frohgestimmt, und um vor seiner Franziska, die ihm am Arm hing, zu brillieren, fragte er den schuldscheinbespickten Eleven, was er wohl entscheiden würde, wenn er an seiner, des Herzogs, Stelle wäre. Der Schüler hakte sich bei der Gräfin unter, nahm sie beiseite und sagte: »Komm, Fränzel, und lass den dummen Jungen stehn!«

Man könnte auf den Gedanken kommen, dass in Stuttgart alles recht familiär ablief, gar wenn wir bedenken, dass anderswo Spießrutenlaufen en voc war (dreißig Mal durch die Gasse), z. B. bei Friedrich II. in Preußen. Sollten wir den einschlägigen Berichten von Petersen, Scharffenstein, von Hoven und anderen glauben dürfen, gab es für Schillers und seiner Freunde Klagen nicht immer objektive Gründe, sind deren teils deftige Anwürfe gegen den »SCHINDER« mit Vorsicht zu genießen, zumal die Knaben über keinerlei Vergleichsmöglichkeiten mit den Gepflogenheiten an anderen Instituten verfügten und einfach zu jung und zu unerfahren waren, um gültige Urteile abliefern zu können. Natürlich tauchen unter den subjektiven einige einsichtige Veranlassungen für Schillers — sagen wir — Unbehagen auf. Genannt haben wir schon den ersten verweigerten Wunsch, Theologie zu studieren, der immerhin ein Kindheitstraum war. Als Schillern die zweite große Verweigerung ereilt, war er auch noch nicht erwachsen. Wer möchte wohl im Alter von fünfzehn oder sechzehn Jahren vorgeschrieben bekommen, was er von nun an sein ganzes weiteres Leben lang beruflich zu tun habe, in diesem Falle Jurisprudenz zu betreiben, diese verknorpelte Wissenschaft, und das alles einzig aus dem Grund, weil der Herzog für seine aufstrebende Verwaltung dringend Nachwuchs benötigte?

Das konnte einen schon nerven. Ein weiterer Sachverhalt: Schillers Griechisch-Kenntnisse waren bei seinem Eintritt in die Karlsschule vorzüglich, von nun an aber galt das Lateinische als Unterrichts-, Disputier- und Bildungssprache, und dass Schiller fortan gezwungen war, sich die griechische Kunst und Kultur — die ihm, wie wir nicht zuletzt aus seinen Anthologiegedichten erfahren, so viel bedeutete —, vermittelt über römischen Geist und lateinische Sprache aneignen zu müssen, empfand er zeitlebens zurecht als großen Mangel. Ein nicht zu unterschätzendes Handicap im Anpassungsprozess an die militärische Umgebung bildete auch Schillers bereits mehrfach erwähnte gesundheitliche Labilität. Rittmeister Georg Albrecht Friedrich von Faber sah sich schon 1774 gezwungen, auf die Ausfallstunden des Zöglings hinzuweisen. Nachdem Schiller bereits sieben Mal wegen Krankheit gefehlt hatte, machte er beim achten Mal gleich vom 2. September bis zum 7. Oktober Kasse, »*welch öftere Krankheiten auch Ursach sind, daß er bey all seinem Fleiß doch gegen andere ziemlich weit zurückgeblieben ...*«[92] Einmal war Schiller sogar in allen Fächern der Schlechteste seines Kurses. Lassen wir einmal dahingestellt sein, inwieweit er hier schon getrickst hat, um aus seiner damaligen Berufslaufbahn auszusteigen. Dass dieser Mensch physisch litt, muss als erwiesen gelten (wer sich für den körperlichen Zerfall Schillers im besonderen interessiert, der studiere den erschütternden Leichenschaubefund des Dr. E. Chr. Huschke vom 8. Mai 1805 in Weimar).

Last but not least waren es die Aufseher, die über den militärischen Drill zu wachen hatten und den Eleven schon deshalb das Leben schwer machten. Aufseher brauchen immer gar nicht viel dazu zu tun, allein ihre Anwesenheit ist Nötigung. Wie in jedem Staat, jeder Organisation war auch hier die mittlere Leitungsebene der Schwachpunkt im Betriebe. Die in Sachen Humaniora herzerweichend ungebildeten Büttel konnten und wollten der aufklärerisch-pädagogischen Methodologie des Herzogs nicht folgen, und nur dem kompromissreichen Organisations- und Führungstalent des Intendanten Seeger ist es zu verdanken, dass es zwischen den Uniformierten und den Zivilbeamten, die ihrerseits mit allen Pflichten der militärischen Disziplin unterlagen, nicht zum offenen Schlagabtausch gekommen ist. Oberaufseher Nieß, später zum Leutnant befördert und in Hermann Kurz' Roman »SCHILLERS HEIMATJAHRE« zu zweifelhafter Ehre gelangt, ist ein Paradebeispiel. Scharffenstein klagt, der Oberaufseher Nieß aus der Klasse der Chargierten und die anderen Aufseher aus der Klasse der gemeinen Soldaten seien in ihrem Fache sicher exemplarische Männer; Nieß besonders hätte eine Übersicht, einen esprit de detail, eine Betriebsamkeit ohnegleichen, und er führe ein Kommando, dass man in seiner Nähe kaum zu atmen wagte. Nach Scharffensteins Auskunft war Schiller »*einer der unreinlichsten Burschen, und wie der Oberaufseher Nies brummte: ein Schweinpelz.*«[93] Wer ein solches Milieu kennt, weiß: So sind die eigentlichen Spaßverderber und Niederducker, die tagtäglich, stundstündlich befehlsmäßig verordneten Widernatürlichkeiten, die bis in den nächtlichen Schlaf kriechen und ihn zerfetzen, und niemals wird aus solchem Privatinferno eine empfindsame Seele gerettet werden durch die Einsicht, der Urheber dieses Werkes hätte in bester Absicht gehandelt. Allein dass die Zopflänge auf den Punkt festgelegt war (vom Maß der Bepuderung ganz zu schweigen) und dass die Enden sämtlicher Zöpfe eine schnurgerade Linie bilden mussten, wenn die Zöglinge am Herzog vorbeidefilierten, oder dass die Bettdecken nach dem »Bettenbauen« auf gleiche Höhe gebracht sein mussten (in der Stuttgarter Kaserne waren die Schlafsäle mit jeweils fünfzig Schlafstellen versehen!), oder dass die Uniformknöpfe zu blitzen hatten, die Gamaschen natürlich auch, all das muss einem Menschen mit Geist — gelinde gesagt — befremdlich erschienen sein, erst recht einem, der in seiner Ludwigsburger Kindheit allerlei Freizügigkeiten genossen und eine offensichtlich sanfte Elternliebe erfahren hat, einem Menschen obendrein, der sich — in den Stadien des Schöpfertums — um irgendwelche Äußerlichkeiten einen Dreck scherte. Die Folge: Das Kind Fritz Schiller, beim Vorbeidefilieren am Herzog, entleert sich in die Hosen, seine Kameraden riechen es. Das sei bitte nicht als unflätiges Aperçu verstanden! Wir führen diese Anekdote an, weil es etwas über die psychische Verfassung des jungen Schiller an der Karlsakademie aussagt, zu gewissen Teilen sicher auch über seine physische Verfassung, und manches von dem erklärt, was er später an Bemerkungen über den Herzog gemacht hat. Auch dürfen wir eines nicht vergessen: Wenn wir weiter oben darauf hingewiesen haben, dass der Potentat des Landes sich im buchstäblichen Sinne als Vater seiner Untertanen verstand, so trifft diese Modulation natürlich auch für Schillers Verhältnis zum Herzog zu. Die gestörte Vater-Sohn-Beziehung, die in der literarischen Umsetzung bei den »RÄUBERN« ihren Anfang nimmt und sich dann durch Schillers gesamtes dramatisches Schaffen fortsetzt, bezieht hierher ihren Nährstoff, nicht etwa aus Schillers realer Beziehung zu seinem leiblichen Vater. Alle Anweisungen, Strafen, Auszeichnungen, huldvollen Gespräche stehend bei Tisch (auch eine Belobigung), die Karl Eugen vornahm, waren nicht die eines Regierungschefs schlechthin, sondern die eines (Über-)Vaters, eines Mannes also, der das unbedingte natürliche Recht hatte, mit seinen Töchtern und Söhnen (den Landes*kindern*) nach Gutdünken zu verfahren, denn was er auch anstellen mochte, nach seinem Selbstverständnis meinte er es gut, er war der Vater. Das verkompliziert für uns Heutige die Sache ungemein, zumal wir ein ziemlich konträres Verständnis von autoritärer Staatsgewalt haben. Schiller, wenn er dem Herzog noch aus dem Ausland devot schreibt, nähert sich ihm als ein verlorener Sohn. Schiller, der ausgerufen haben soll: »*Wir wollen ein Buch machen, dass aber durch den Schinder absolut verbrannt werden muss!*«[94] (so Scharffenstein über die Haltung seines Freundes zu den »RÄUBERN«),

dieser Schiller wütet als ein verstoßenes Mitglied der Familie, das an seines Vormunds Gerechtigkeitssinn glaubt und
appelliert und umso enttäuschter ist von der Unzulänglichkeit menschlichen Strebens auf der mittleren Leitungsebene. Sein herzoglicher Vater muss ihn doch verstehen, muss
ihm doch helfen. Muss! Und wehe nicht!!

Schiller — wie alle eitlen Jünglinge — war sehr verletz-
lich. Wir sehen das an der Affäre mit Georg Scharffenstein,
dem er die Freundschaft aufkündigte, weil er von ihm
kritisiert worden war. »D u   h a s t   n i c h t s   a u f   m i c h
g e h a l t e n! — wie oft (aber immer nur, wenn Du in Zorn
gerietst, sonst heucheltest Du Achtung und Bewunderung),
wie oft, wie oft hab ichs hören müssen von Dir und dem
Boigeol, bitter, bitter, wie mein ganzes Wesen eben ein
Gedicht sei, wie meine Empfindung vorgegebene Empfindung. Von Gott, Religion, Freundschaft etc. Phantasei,
kurz, alles bloß vom Dichter, nicht vom Christen, nicht
vom Freund herausgequollen — o weh, o weh, was das
mein Herz angriff, und ihr habts gesagt, Gott weiß es, Gott
zeugt es, gesagt habt ihrs, o mit den trügenden Zügen, mit
der ernstesten Miene — o weh! o weh! und wie schmerzt
mich das von euch! — von Dir!«[95] Gewiss waren Scharffenstein und Boigeol (gleichfalls ein Schulfreund) im Recht,
liest sich doch selbst dieser Absagebrief in seiner geschick-
ten rhetorischen Konstruktion wie ein Schauspielmonolog.
Nun aber möge jeder sich selbst ausrechnen, was ein junger
Mensch von solchem Ehrgefühl empfindet, wenn er für die
lächerlichsten Nichtigkeiten bestraft wird, z. B. dafür, dass
er gemeinsam mit zwei anderen Eleven im Austausch für
ein Hemd bei der Kammermagd Kaffee erbettelt und getrunken hat (allerdings besaß der Kaffee damals noch einen
anderen Stellenwert als heute, einen ständischen, er war das
Rauschmittel der Privilegierten, für die Schüler ergo nicht
nur etwas kostbar Köstliches, sondern vor allem Unstan-
desgemäßes). Nicht die Idee des aufklärerischen Absolu-

tismus' war es, mit der Schiller nicht fertig wurde, sondern der rohe Alltag, welcher der großen Idee im Wege stand. Die Vorstellung vom Despotismus konnte der junge Denker ideell überwinden, die sinnliche Wahrnehmung seiner praktischen Auswirkungen nicht, denn die hatte er nicht gemacht, über die konnte er nicht nach Belieben verfügen, die geschahen mit ihm und mit denen geschah er, immer in Sorge, als Mittelwesen zurückzufallen auf die Stufe des Viehs. Dem verstorbenen jungen von Hoven ruft er (1781) hinterdrein:

> *Wohl dir, wohl in deiner schmalen Zelle;*
> *Diesem komischtragischem Gewühl,*
> *Dieser ungestümmen Glückeswelle,*
> *Diesem possenhaften Lottospiel,*
> *Diesem faulen fleißigen Gewimmel,*
> *Dieser arbeitsvollen Ruh,*
> *Bruder! – diesem teufelvollen Himmel*
> *Schlos dein Auge sich auf ewig zu ...*[96]

Wir wissen, wer da die Arbeit macht und das Gewimmel, das Gewühl, das Lottospiel: Es sind die nämlichen, die den Zöglingen die Strafzettel an die Uniformjacken heften, die Länge ihrer Zöpfe kontrollieren, die Wolldeckenhöhe beim Bettenbauen begutachten. Die mittleren Leitungskader waren es also, die ganz wesentlich geholfen haben, Schiller zu dem zu machen, was wir heute den »KLAS-SIKER« nennen. Vielleicht avancierte er deswegen zum Lieblingsschriftsteller des deutschen Kleinbürgertums aller Zeiten. Und vielleicht, weil Kleinbürgertum sich immer und überall findet in einer jeden Gesellschaft, ist Schiller nie vergessen worden, nicht während der Befreiungskriege, nicht während der Restauration, nicht während der Revolutionen, nicht im Wilhelminischen Deutschland, nicht in der Weimarer Republik, nicht im zwölfjährigen Tausendjährigen Reich, nicht in der DDR, die sich mit der BRD um die Besitzansprüche an seinem Erbe stritt, und im »wiedervereinten« Deutschland erst recht nicht. Eine erstaunliche Karriere. Anderen bedeutenden Schriftstellern im Um- und Nachfeld Schillers erging es dagegen dreckig: Büchner mit Verlaub, der eine ganze Weile völlig vergessen war, aber das ist schon wieder eine neue Philosophie, denn die richtet sich ja gerade gegen die Stände- und Klassengesellschaft, also auch gegen das Kleinbürgertum, das dann natürlich einen solchen Autor fallen lassen muss.

Schiller, wie gesagt (und wir betonen unmissverständlich: der j u n g e Schiller in Stuttgart), wettert zwar gegen den Despotismus, was meint: gegen den als ungerecht empfundenen Zorn seines herzoglichen Vaters, aber Fergusons Vorstellung, man könne die Menschheit vermittels einer konstitutionellen Monarchie läutern, ist ihm eben mehr als nur nicht fremd. Das zeigen selbst die angeblich so anarchischen »RÄUBER«: Karl Moor stellt sich der Justiz, indem er zur Unverletzlichkeit und Heiligkeit des Sittengesetzes, dem *»erhebendsten Ausdruck von Gott in der aufklärerisechen Ethik«* (so E. Müller) zurückfindet. Will Moor die Freiheit seiner Person erhalten und seinen Untergang abwenden, seinen spirituellen, so muss er Geist und Stoff wieder miteinander versöhnen (in Harmonie-Sympathie-Liebe zueinanderbringen), muss er zum Gesetz zurückfinden, das Schiller als einen hemmenden Weltstoff versteht. Das ist natürlich schon ein kategorischer Imperativ, aber wahrscheinlich deswegen auch noch himmelweit von Büchner verschieden. Hier »verwechselt Schiller die Sittlichkeit als Prinzip der Freiheit mit geltenden Rechtsvorschriften, der Sinn der ganzen Räubergestalt ist in Frage gestellt, Moor beugt sich nicht dem Ideal und damit Gott, sondern einer irdischen Instanz, das heißt, er verleugnet seine Persönlichkeit, die er im Selbstmordmonolog noch so kühn behauptet hat, und handelt wie ein x-beliebiger kleiner deutscher Untertan. Der arme Familienvater, dem er sich stellen will … kann ihn niemals entsühnen. Zwar erspart uns das Schauspiel den Galgen und das Rad, der fast anekdotische Schluß ›dem Manne kann geholfen werden‹ ist so schwach und steht in einem so krassen Widerspruch zu dem revolutionären und unheimlichen ›Aber ...‹, mit dem das Stück begonnen hat, daß wir den Gedanken nicht los werden, der Schluß sei eine Verlegenheit, ein Trick, eine Rücksichtnahme auf das biedere Publikum und eine billige Verherrlichung der Polizeiordnung des bestehenden Nachtwächterstaates«.[97]

Rücksichtnahme auf das biedere Publikum freilich sehen wir weniger als die vorhin angedeutete philosophische Folgerichtigkeit, den Moor der Gefahr zu entheben, als Mittelwesen auf die Stufe des Viehs zurückzufallen, sich stattdessen dem hemmenden Weltstoff zu überantworten, um sich in der Ewigkeit zu vollenden. Aber natürlich verrät die Art und Weise, in der der Knoten gelöst wird, wieder die Unentschiedenheit im politischen Ausdruck, die Unentschlossenheit im Handeln, die Doppelzüngigkeit, die Zurücknahme erster Attacken, Ängstlichkeit — Staatsbürgertum. Dies alles musste am besten Schiller selbst an sich kennen. Es gibt ein Gedicht, das sich uns aus dieser Vermutung heraus erklärt und das seinerseits uns die frühen Texte Schillers nahebringt, diese pubertär-protzerischen bis kraftmeierischen, diese politisch-taktisch indifferenten, diese blasiert-zynischen, diese experimentell-pragmatischen Thesen zu einer Philosophiekonzeption subjektiv-idealistischer Prägung, ausgearbeitet von einem unbändigen Willen, der bereit war, für die Durchsetzung seiner Ideale die Wahrheit zu opfern:

> ... *Lösch, o Jüngling mit der Trauermiene!*
> *Meine Fakel weinend aus,*
> *Wie der Vorhang an der Trauerbühne*
> *Niederrauschet bei der schönsten Scene,*
> *Fliehn die Schatten – und noch schweigend horcht das Haus. –*
> (MELANCHOLIE AN LAURA, Schlussverse)[98]

194

Also alles Theater! — könnte man sarkastisch kommentieren. Zumindest was die Laura-Oden betrifft, lässt sich ein dramaturgisches Verständnis für die Wirkung der vom gordischen Knoten plötzlich befreiten Pointen (wie auf der Schauspielbühne) beim besten Willen nicht leugnen, auch ein gewisser Hang zum Exhibitionismus ist unüberlesbar, »... *und noch schweigend horcht das Haus.*« Da hallt er nach, der rhetorische Pomp der schönsten (!) Szene, über welcher der Vorhang niederrauschte, und ein immer noch schweigend horchendes Haus, ein jeder Beifalls- oder Missfallenskundgebung enthobenes Publikum impliziert nicht kritische Anteilnahme, wie wir sie aufs Panier geschrieben haben, sondern Überrumpelung, stumm duldendes Staunen, Verdatterung, ja Entsetzen über die Größe und Unnahbarkeit des dichterischen Genies, das da hat sprechen lassen. Dürfen wir Schiller dafür schelten, den jungen? Kaum. *Und die Sonne Homers, siehe! sie lächelt auch uns.*

ANMERKUNGEN

[1] Eberhard Kretschmar, Schiller. Sein Leben in Selbstzeugnissen, Briefen und Berichten. Berlin 1938, S. 23 f.

[2] ebenda, S. 115

[3] Gotthold Friedrich Stäudlin. Lebensdokumente und Briefe. Herausgegeben von Werner Volke. Veröffentlichungen der Dutschen Schillergesellschaft, Band 41. Stuttgart 1999, S. 20

[4] Ernst Müller, Der junge Schiller. Tübingen und Stuttgart 1947, S. 234

[5] Zitiert nach: Karl Hoffmeister, Schillers Leben für den weitern Kreis seiner Leser. Ergänzt und herausgegeben von Heinrich Viehoff. Erster Theil. Stuttgart 1846, S. 108

[6] Ein Tobolsk (Тобольск) existiert tatsächlich. Die Stadt in Russland (Oblast Tjumen), die in Esperanto Tobolsko heißt, wird auch als alte Hauptstadt Sibiriens bezeichnet.

[7] Friedrich Schiller (Hg.), Anthologie auf das Jahr 1782. Tobolsko (d. i. Stuttgart) 1782, S. [X] f. (Mit einem »sehr mittelmäßigen Apollokopf als Vignette [Karl Hoffmeister]«.)

[8] Wolfgang Seyffert, Schillers Musenalmanache. Berlin 1913

[9] ebenda

[10] Hoffmeister, a. a. O., S. 109 f.

[11] Schiller, Anthologie, a. a. O., S. 151

[12] Hoffmeister, a. a. O., S. 111

[13] Wilhelm Iffert, Der junge Schiller und das geistige Ringen seiner Zeit. Eine Untersuchung auf Grund der Anthologie-Gedichte. Halle 1962, S. 2, Anm. 24

[14] Ebenda, Anm. 25

[15] Müller, a. a. O., S. 267

[16] Schiller, Anthologie, a. a. O., S. 139

[17] Iffert, a. a. O., S. 9

[18] Schiller, Anthologie, a. a. O., S. 80. Bei späteren Veröffentlichungen ist dieses Gedicht stark verändert worden.

[19] ebenda, S. 169. Ein Gedicht, das von Schiller später verworfen und nicht in seine Sammlung aufgenommen worden ist. Erst Körner nahm sie in den »Sämmtliche Schriften«, Bd. I, auf, nachdem sie in der unrechtmäßigen Ausgabe der Gedichte von 1800 aus der Anthologie nachgedruckt worden war.

[20] Iffert, a. a. O., S. 23

[21] Eike Middell, Friedrich Schiller. Leben und Werk. (= Reclams Universalbibliothek, Bd. 800) Leipzig 1980, S. 43

[22] ebenda

[23] Müller, a. a. O., S. 24. Drei Epigramme (»QUIRL«, »SPINOZA« und »DIE ALTEN UND NEUEN«) kehren »die Spitze gegen materielle, irdisch-niedrige Gesinnung«. Anhand eines Epigramms wie »SPINOZA« streiten sich die Gelehrten über die Autorenschaft. Fedor von Zobeltitz (s. Anm. 28) glaubt, es sei »*zu gering*«, als dass es von Schiller stammen könnte.

[24] Schiller, Anthologie, a. a. O., S. 59.

[25] Schillers Werke (hg. von Artur Rutscher), Berlin – Leipzig – Wien – Stuttgart o. J., Band 8 - 10, S. 10 der Anmerkungen

[26] Vergl.: Steffi Przyklink, Das Fremdwort beim jungen Schiller. Greifswald 1935 sowie: Karl und Marie Groos, Die akustischen Phänomene in der Lyrik Schillers. Stuttgart (= Zeitschrift für Ästhetik und allgemeine Kunstwissenschaft. Hg. Max Dessoir. V. Band, 4. Heft, Sonderabdruck)

[27] Schiller, Anthologie, a. a. O., S. 19 f.

[28] Fedor von Zobeltitz (Hg.), Anthologie auf das Jahr 1782 (= Nachdrucke literarhistorischer Seltenheiten Nº. 5). Berlin o. J., Nachwort, S. 8

[29] Müller, a. a. O., S. 263

[30] zitiert nach: Siegfried Wollgast, in: Philosophenlexikon (Hg. Autorenkollektiv). Berlin 1982, S. 951

[31] ebenda, S. 951

[32] ebenda, S. 952

[33] ebenda

[34] Immanuel Kant, Kritik der reinen Vernunft (= Reclams Universalbibliothek, Bd. 274). Leipzig 1971, S. 819

[35] ebenda

[36] Schiller, Anthologie, a. a. O., S. 11

[37] Krämer, Sandra, Friedrich Schiller: Ein Arzt auf Abwegen. In: Deutsches Ärzteblatt 102, Ausgabe 22 vom 03. 6. 2005, Seite A-1572 / B-1319 / C-1244

[38] Schiller, Anthologie, a. a. O., S. 168 f.

[39] ebenda, S. 102. Eine von Schiller später verworfene Ode.

[40] »Schillers Vater (...) scheint Bedenken gegen diese Art der Unterrichtung von zukünftigen Ärzten gehabt zu haben. Er soll einmal vergeblich die Leiche eines Erfrorenen zur Sektion und zum Studium der Anatomie angeboten haben. Denn auch die Anatomie wurde in der Hauptsache theoretisch gelehrt, da nur wenige Sektionen vorgenommen wurden.« (Prof. Dr. Dr. H. C. J. Hämel, Friedrich Schiller. Festansprache des Rektors anlässlich der Feier der Universität Jena zum 150. Todestag Schillers im Volkshaus Jena am 12. Mai 1955. Wissenschaftliche Zeitschrift der Friedrich-Schiller-Universität Jena. Jahrgang 5, 1955/56, Gesellschafts- und Sprachwissenschaftliche Reihe, Heft 1, S. 3 f.

[41] Anja Schonlau, Syphilis in der Literatur. Über Ästhetik, Moral, Genie und Medizin (1880 – 2000). Würzburg 2005, S. 72 f.

[42] Hämel, a. a. O. (s. Anm. 40), S. 7

[43] Schonlau, a. a. O., S. 73 f.

[44] Bernd Werner, Friedrich Schiller (1759–1805) und die Medizin: Der Mensch als innigste Mischung von Körper und Seele. Deutsches Ärzteblatt 2012; 109(18): A 913–8

[45] Schillers Werke, Nationalausgabe, Bd. 22, S. 23

[46] Vgl. Krämer, Sandra, Friedrich Schiller: Ein Arzt auf Abwegen. In: Deutsches Ärzteblatt 102, Ausgabe 22 vom 03. 06. 2005, Seite A-1572/B-1319/C-1244

[47] Rüdiger Safranski, Schiller oder die Erfindung des deutschen Idealismus. München Wien 2004/2012. E-Book

[48] Safranski, ebenda. Allerdings erhebt sich für uns die Frage, ob hier wirklich die konventionellen Beileidsbekundungen beiseitegelassen worden sind, oder ob nicht vielmehr der ganze Brief eine einzige Konvention ist.

[49] Schiller, Anthologie, a. a. O., S. 86 f. Wohl auch wegen dieses Gedichts, das Schillern eindeutig zugeschrieben werden kann, wird angezweifelt, dass der Dichter gleichzeitig Urheber der »ODE AUF DIE GLÜCKLICHE WIEDERKUNFT UNSERS GNÄDIGSTEN FÜRSTEN« sei, die sich ebenfalls in der ANTHOLOGIE findet.

[50] Wendelin von Maltzahn, Schiller's Briefwechsel mit seiner Schwester Christophine und seinem Schwager Reinwald. Mit dem Bildniß der Christophine Reinwald, geb. Schiller. Leipzig 1875, S. 1 ff.

[51] ebenda

[52] Volker Hesse, Jeden Monat ein anderes Leiden. Der kranke Schiller. https://www.uni-jena.de/Sonderausgabe_Schiller_Krankheiten-path-18,60,130,180,1892,50902.html, zuletzt 20.09.2017

[53] Dietrich von Engelhardt, Schillers Leben mit der Krankheit. In: Georg Braungart, Bernhard Greiner (Hg.), Schillers Natur. Leben, Denken und literarisches Schaffen. Sonderheft 6 der Zeitschrift für Ästhetik und Allgemeine Kunstwissenschaft. Hamburg 2005, S. 62

[54] Middell, a. a. O., S. 46

[55] Hämel, a. a. O., S. 4. Einer der Fachgutachter für Schillers erste Dissertation, Christian Klein, Chirurgien Major als ordentlicher Wundarzt und Lehrer in der Anatomie und Chirurgie, urteilt: »Zweimal habe ich diese weitläufigste und ermüdende Abhandlung gelesen, den Sinn des Verfassers aber nicht erraten können. Sein etwas zu stolzer Geist, dem das Vorurteil für neue Theorien und der gefährliche Hang zum besser Wissen allzuviel anklebt, wandelt in so dunkel gelehrten Wildnissen, wo hinein ich ihm zu folgen mir nimmermehr getraut.« (Zitiert nach: Rüdiger Safranski, Schiller oder die Erfindung des deutschen Idealismus, S. 82)

[56] Schiller, Anthologie, a. a. O., S. VI.

[57] Bernd Werner, Schillers Fieberlehre. In: Hamburger Ärzteblatt 07 – 08 2010, S. 16. Vgl. auch Wolfgang Riedel, Die anthropologische Wende: Schillers Modernität. In: Walter Hinderer (Hg.), Friedrich Schiller und der Weg in die Moderne. Würzburg 2006. S. 147 f.

[57] Hämel, ebenda

[58] Karl Hoffmeister (Hg.), Supplemente zu Schillers Werken. Aus seinem Nachlaß im Einverständniß und unter Mitwirkung der Familie Schillers. Erste Abtheilung. Nachlese und Variantensammlung. Stuttgart 1840, S. 48

[59] Philosophenlexikon, S. 538 (Anna Simonaits)

[60] Versuch über den Zusammenhang der thierischen Natur des Menschen mit seiner geistigen. Eine Abhandlung welche in höchster Gegenwart Sr. Herzoglichen Durchlaucht, während den öffentlichen akademischen Prüfungen vertheidigen wird Johann Christoph Friedrich Schiller, Kandidat der Medizin in der Herzoglichen Militair-Akademie. Neue unveränderte Auflage. Wien 1811, S. 7

[61] Zitiert nach Schiller-Archiv, http://www.friedrich-schiller-archiv.de/philosophische-schriften/philosophie-der-physiologie/. Schiller schrieb seine erste Dissertation zunächst

auf Deutsch und übersetzte sie dann ins Lateinische. Von der deutschen Version sind nur die ersten elf Paragraphen des ersten Kapitels erhalten geblieben. Wie der »Plan« verrät, waren insgesamt fünf Kapitel entworfen. Von der Übersetzung ins Lateinische sind nur Fragmente bekannt. (nach der Information des Friedrich Schiller Archivs auf dessen Website) Trotz aller Ermahnungen geht Schiller auch noch in seiner dritten Dissertation mit einer gewissen Chudsbe vor: Er »*belegt seine Ausführungen in seinen medizinischen Arbeiten auch durch Zitate aus Werken zahlreicher Dichter, darunter besonders auch S h a k e s p e a r e s. Ja, er leistet sich dabei einen nicht ungefährlichen Scherz, indem er zur Demonstrierung einer psychophysischen Wirkung eine Szene aus seinen eigenen Räubern zitiert. Er hütet sich aber davor, sich als den Verfasser zu nennen, sondern tut so, als ob er das Zitat einer englischen Tragödie entnommen habe. Er fügt eine Fußnote an, die lautet: ›,Leben des Moor‹, Tragödie von Krake ... Die Arbeit wurde gedruckt. Im Vorwort findet sich neben einer Widmung an den Herzog die für die Einstellung S c h i l l e r s zur Medizin bezeichnenden Sätze: ›Philosophie und Arzneiwissenschaft gehen unter sich in vollkommenster Harmonie: Diese leiht jener von ihrem Reichtum und Licht, jene teilt dieser ihr Interesse, ihre Würde, ihre Reize mit.*«* (Hämel, a. a. O., S. 6)

[62] Peter-André Alt, Schiller. Eine Biographie. Band I 1759 – 1791. München (Beck) 2009, S. 160 f. Alt ergänzt: »Ungewöhnlich bleibt, dass Schiller die Schnittstelle für die Kooperation von Leib und Seele im nervalen System und nicht, wie die moderne Anthropologie, direkt im Gehirn ansiedelt. Sowohl Platner als auch Abel (in der Seelenlehre) fasse das Gehirnmark als Schaltinstanz, die Reize zu abstrakten Ideen verwandelt. Schiller folgt hingegen den älteren Annahmen Hallers, der in seinem Grundriß der Physiologie für Vorlesungen (zuerst als Primae linae physiologiae 1747) den Nervensaft für ein ›Werkzeug hält‹, welches die Interaktion von Leib und Seele herbeizuführen vermag.« (S. 161)

[63] Schillers Werke. Nationalausgabe. Bd. 20, S. 14

[64] Müller, a. a. O., S. 128

[65] ebenda

[66] Alt, a. a. O., S. 162

[67] Alt, a. a. O., S. 161

[68] Werner Stangl, http://arbeitsblaetter.stangl-taller.at/ WISSENSCHAFTPAEDAGOGIK/Kybernetik.shtml (zuletzt abgerufen am 28. 05. 07)

[69] Dr. Wilfried Noetzel, Mit Anmut und Würde. Professor Dr. Schillers Anthropologie und Lebenskunstphilosophie. In: Aufklärung und Kritik 2/2005, S. 165 ff.

[70] Müller, a. a. O., S. 96

[71] Schiller, Anthologie, a. a. O., S. 34. Überschrift in der Schreibweise »Roußeau«, mit »M« unterzeichnet. Gelegentlich Epigramm oder Strafgedicht genannt. Von dieser vierten Strophe stellen die Interpreten im Allgemeinen fest, dass sie aus dem Rahmen falle.

[72] »Die Schmähung ›Donna Schmergalina‹ stammt aus Wielands Roman Die Abenteuer von Don Sylvio von Rosalva von 1764 und ist besonders perfide. Bei Wieland kommt eine ebenso reiche wie heiratswillige Dame Mergelina vor, die Don Sylvio trotz ihrer Avancen und ihrer materiellen Vorzüge zurückweist, weil sie abgrundtief hässlich ist. Sein Knappe Pedriko nennt sie dann beiläufig Schmergelina. Schubart änderte nur das ›a‹ in der Namensmitte, um auf Franziska [von Hohenheim, die Geliebte des Herzogs; D. C. M.] anspielen zu können.« (Jürgen Oelkers, Schillers Schulen. Vortrag im Städtischen Museum Ludwigsburg am 6. November 2009. Zitiert nach: https://www.ife.uzh.ch/ dam/jcr:00000000-4a53-efb4-0000-000056119465/Ludwigsburg.pdf, S. 7 (zuletzt am 18.09.2017)

[73] Ursula Wertheim und Hans Böhm (Hg.), Schubarts Werke in einem Band. Weimar 1959, S.

[74] Friedrich v. Schillers sämmtliche Werke. Zweyter Band. Wien 1825. S. 100

[75] Eine detaillierte Schilderung der noch länger währenden Affäre gibt es bei: Emil Jenal, Friedrich Schiller und die Graubündner. In: Bündnerisches Monatsblatt. Zeitschrift für bündnerische Geschichte, Landes- und Volkskunde. 1924, Heft 3, S. 86 ff.

[76] Müller, a. a. O., S. 287

[77] Schillers Werke. Nationalausgabe. Bd. 22, S. 131

[78] Literarischer Nachlaß der Frau Caroline von Wolzogen. Erster Band. Leipzig 1848. S. 294

[79] Schillers Briefe. Mit geschichtlichen Erläuterungen. Ein Beitrag zur Charakteristik Schillers als Mensch, Dichter und Denker und ein und ein notwendiges Supplement zu dessen Werken. Erster Band. Berlin (o. J.), S. 577

[80] Schiller war von der technologischen Entwicklung und der spieltechnischen Beherrschung des Klaviers als Instrument fasziniert (»*Wenn dein Finger durch die Saiten meistert* …«), zumal seine Zimmerwirtin, Luise Dorothea Vischer, eine vorzügliche Pianistin gewesen sein soll. In seinen Stücken taucht das Klavier immer einmal wieder als »Lieblingsinstrument für die Inzidenzmusik« (Dagmar Ottmann, s. u., gemeint ist szenische Musik) auf. »Wie sehr das Klavier Schillers Leben begleitete, sieht man daran, daß Schiller 1782 mit seinem Freund und Musiker Andreas Streicher aus Stuttgart floh — dessen Clavichord im Gepäck.« (Dagmar Ottmann, s. u.)

[81] Schiller, Anthologie, a. a. O., S. 19

[82] Dagmar Ottmann, Klang der Sirenen und Sprache des Herzens: Zu Schillers Musikästhetik. In: Walter Hinderer (Hg.), Friedrich Schiller und der Weg in die Moderne. Würzburg 2006. S. 526

[83] ebenda, S. 529

[84] Ludwig Eckardt, Erläuterungen zu den deutschen Klassikern. Dritte Abtheilung: Erläuterungen zu Schiller's Werken. I. Die Räuber. Jena 1856, S. 61

[85] Eberhard Kretschmar. Schiller. Sein Leben in Selbstzeugnissen, Briefen und Berichten. Mit 55 Bildern im Text und auf Tafeln. Berlin 1938,. S. 24

[86] Müller, a. a. O., S. 122

87 Hans Brandenburg (Hg.), Feuertrunken. Eine Dichterjugend. Schillers Briefe bis zu seiner Verlobung. Ebenhausen bei München 1909. S. 43

[88] Horaz, Ars poetica. Original: »Omne tulit punctum, qui miscuit utile dulci / lectorem delectando pariterque monendo.« Deutsch: »Allen Beifall gewinnt, wer das Nützliche unter das Angenehme mischt / dadurch, dass er den Leser ebenso erfreut wie ermahnt.«

[89] Voltaire, Denkwürdigkeiten aus dem Leben des Herrn de Voltaire, aufgezeichnet von ihm selbst. Berlin 1983

[90] Müller, a. a. O., S. 51

[91] Kretschmar, a. a. O., S.18

[92] Müller, a. a. O., S. 57

[93] Kretschmar, a. a. O., S. 17

[94] Nationalausgabe, Bd. 42, S. 16

[95] zitiert nach: Kretschmar, a. a. O., S. 27

[96] Schiller, Anthologie, a. a. O., S. 29 f.

[97] Müller, a. a. O., S. 186 f.

[98] Schiller, Anthologie, a. a. O., S. 172

ABBILDUNGEN

Goethe

Abb. 1: Bildpostkarte »Lied des englischen Kapitäns«, Universität Osnabrück, http://www.bildpostkarten.uni-osnabrück.de, veröffentlicht unter der CC-Lizenz.

Abb. 2: Das Goethehäuschen auf dem Kickelhahn. Aus: Die Gartenlaube, 1872, No. 40, S. 656, Illustrator unbekannt.

Abb. 3: Goethes Handschrift im Kickelhahn-Häuschen im Zustand von 1869. Die Gartenlaube, a. a. O., S. 657

Abb. 4: Goethe, Dampfende Täler bei Ilmenau. Illustration ursprünglich in: Goethe-Gedenkstätte Jagdhaus Gabelbach. 10 Originalfotos in Mäppchen. Nationale Forschungs- und Gedenkstätten der klassischen deutschen Literatur in Weimar o. J., reproduziert nach: Goethezeitportal, http://www.goethezeitportal.de/index.php?id=6764)

Abb. 5: Goethes Gartenhaus, Arbeitszimmer. Photogr. u. Verlag: E. Schulte, Weimar. Nicht gelaufen. – Links der eiserne Pyramidenofen. Schmiedearbeit des Jenaer Kupferschmiedes Christian Gottlieb Pflug (1747-1825). Reproduktion nach: Goethezeitportal, http://www.goethezeitportal.de/index.php?id=2577

Abb. 6: Johann Wolfgang Goethe, Rekrutenaushebung in Apolda, März 1779. Corpus der Goethezeichnungen, Bd. I – VII. Bearbeitet von Gerhard Femmel. Hg. von den Nationalen Forschungs- und Gedenkstätten der klassischen deutschen Literatur in Weimar. Leipzig 1958 – 1973, Bd. I Nr. 307

Schiller

Abb. 1: Hohe Carlsschule hinter dem Neuen Schloss. Kolorierter Stahlstich nach einer Zeichnung von Karl Philipp Conz. Aus: Harald Schukraft: Kleine Geschichte des Hauses Württemberg, Tübingen, 2006, S. 175

Abb. 2: Ein von Schiller ausgestelltes Rezept. Foto: DLA/Marbach, Repro nach: Sandra Krämer, Friedrich Schiller: Ein Arzt auf Abwegen. In: Deutsches Ärzteblatt 2005; 102(22): A-1572 / B-1319 / C-1244

Abb. 3.: Anthologie auf das Jahr 1782, Titel der Originalausgabe.

Abb. 4: Vorschläge Schillers für die medizinische Prüfungsarbeit des Jahres 1780 auf der Stuttgarter Karlsakademie. Aus: Eberhard Kretschmar, Schiller. Sein Leben in Selbstzeugnissen, Briefen und Berichten. Mit 55 Bildern im Text und auf Tafeln. Berlin 1938, S. 21

Abb. 5: Preismedaillen, die Schiller 1773 für griechische Sprache und 1779 für Medizin erhielt. Aus: Ursula Wertheim, Friedrich Schiller. Mit 151 Abbildungen. Leipzig 1981, S. 13

INHALT